ChatGPT를 활용한

LEARN IT

파이썬 워크북

이경숙 지음

길벗캠퍼스

이경숙(Lee KyungSook, 이나겸) | eksook2015@naver.com
컴퓨터교육 전공, 교육공학 박사, 현재 연구교수로 프로그래밍을 비전공자가 쉽게 접근할 수 있도록 수업을 설계하고 강의하고 있다.

ChatGPT를 활용한 파이썬 워크북

초판 1쇄 발행 • 2023년 6월 7일

지은이 • 이경숙
발행인 • 이종원
발행처 • (주)도서출판 길벗
브랜드 • 길벗캠퍼스
출판사 등록일 • 1990년 12월 24일
주소 • 서울시 마포구 월드컵로 10길 56(서교동)

대표 전화 • 02)332-0931 | 팩스 • 02)323-0586
홈페이지 • www.gilbut.co.kr | 이메일 • gilbut@gilbut.co.kr

책임편집 • 신유진(backdoosan@gilbut.co.kr) | **디자인** • 강은경 | **제작** • 이준호, 손일순
영업마케팅 및 교재 문의 • 박성용(psy1010@gilbut.co.kr) | **영업관리** • 김명자 | **독자지원** • 윤정아, 최희창

전산편집 • 앤미디어 | **CTP 출력 및 인쇄** · **제본** • 금강인쇄

- 길벗캠퍼스는 (주)도서출판 길벗의 IT대학교재 출판 브랜드입니다.
- 잘못된 책은 구입한 서점에서 바꿔 드립니다.

ISBN 979-11-407-0454-5 93000
(길벗 도서번호 060097)

정가 26,000원

머리말

프로그램 작성이 기본적인 디지털 문해(Digital Literacy) 능력인 시대가 되어 가고 있다. 프로그래밍을 잘하려면 어떻게 해야 할까? 프로그래밍이 재미있어야 한다. 간단한 문제이지만 해결하기 위해 생각하는 걸 좋아해야 한다. 프로그래밍은 본인의 생각 과정을 프로그래밍 언어로 시각적으로 표현하고 결과를 즉각적으로 알 수 있는 매우 좋은 도구이다.

코딩은 수학과는 달리 작은 아이디어를 실체화된 코드로 구현하고 그 결과를 바로 확인하는 과정에서 희열과 재미를 느낄 수 있는 특별한 학습 영역이다. 이 책은 이러한 코딩의 장점을 충분히 활용하여 프로그램 작성을 조금 더 쉽고 재미있게 할 수 있도록 구성되었다. 프로그래밍 언어는 독자적인 규칙을 토대로 구축된 세계로 그 규칙을 익히기 위해 외우고 반복하는 작업이 필요하다. 여러분은 그 규칙을 이용하여 원하는 대로 프로그램을 작성할 수 있는 능력을 키워야 한다. 이를 위해 작은 문제라도 여러분이 생각한 대로 코드를 작성하고 그것이 여러분이 의도한 대로 실행되었을 때 느끼는 기쁨과 희열을 경험해야 한다.

중요한 것은 아주 작은 문제(초보자의 수준에 맞는 아주 작은 단위의 문제)를 외우려 하지 말고, 생각하는 걸 귀찮아 하지 말고, 시행착오를 거치면서 코드를 만들어 보는 습관을 갖는 것이다. 이 책은 이러한 연습(Workbook)을 할 수 있도록 구성하였다. 이 책으로 학습한 후 파이썬을 읽고 쓸 수 있는 기본 능력을 갖추고 ChatGPT를 효율적으로 활용할 수 있는 프로그래머가 되어 있기를 바란다.

이 책에 피자 이미지와 작가 캐리커쳐를 그려준 같이 있으면 편안한 이세빈 학생에게 고마움을 전합니다.

이경숙

차례

<5장> 리스트와 딕셔너리

<6장> 함수 (1)

<7장> 함수 (2)

<8장> 자료구조와 알고리즘

<9장> 클래스 (1)

<10장> 클래스 (2)

<11장> tkinter

<12장> GUI 기반 피자 주문 프로그램

<13장> 파일 처리

<14장> 예외 처리·문자열·람다 함수·map 함수

<15장> ChatGPT API Key

• 책 내용을 따라할 수 있는 실습 파일은 길벗 홈페이지를 통해 제공됩니다.

길벗 출판사 홈페이지(www.gilbut.co.kr) 검색란에 'ChatGPT', '파이썬 워크북'을 검색 → 해당 도서 자료실의 **'실습예제'** 항목 → **실습에 필요한 예제 소스** 내려받기

주차별(15주) 학습 진도표

주차별	챕터	주제	주차별 내용
1주	1장	프로그래밍을 위한 실습 환경 및 오리엔테이션	ChatGPT를 활용하기 위해 ChatGPT 계정을 만들고 파이썬 프로그래밍을 작성할 Python과 Anaconda를 설치한다.
2주	2장	변수와 데이터	변수에 데이터할당과 연산을 학습하고 표준 입출력 함수를 사용한 입출력을 학습한다. [ChatGPT] 피자 메뉴를 화면에 출력하고 피자 메뉴를 하나만 선택, 주문 금액을 계산하고 주문내역을 화면에 출력하기
3주	3장	제어문(if)	여러 경우의 수 중 조건에 맞는 하나의 선택을 하기 위한 조건식과 제어문을 학습한다. [ChatGPT] 피자에 따라 가격이 다를 때 정확히 피자 주문내역 계산하기
4주	4장	반복문	나열되어 있는 명령문의 규칙성을 찾아 반복문으로 간단하게 처리하는 반복문을 학습한다. [ChatGPT] 피자 메뉴를 여러 개 주문하고 계산하기
5주	5장	리스트와 딕셔너리	[ChatGPT] 리스트와 딕셔너리를 활용하여 데이터를 좀 더 효율적으로 저장하고 출력하도록 프로그램 변경하기
6주	6장	함수(1)	[ChatGPT] 피자 메뉴와 음료수 메뉴를 선택하는 기능을 함수로 정의하고 함수 이름으로 호출하기
7주	7장	함수 (2)	지역 변수와 전역 변수 그리고 디폴트 매개변수 개념을 학습한다.
8주	중간고사		
9주	8장	자료구조와 알고리즘	기존의 알고리즘을 파이 썬 언어로 코딩하는 과정을 학습하기 위해 선택 정렬과정을 단계적으로 학습한다.
10주	9장, 10장	클래스 (1), (2)	클래스의 개념과 정의를 학습한다. 본인이 작성한 모듈을 import 하여 사용하는 과정에서 라이브러리 사용 방법을 학습한다.
11주	11장, 10장	tkinter, GUI 기반 피자 주문 프로그램	tkinter 라이브러리에 대한 전체적인 부분을 이해한 후 세부적인 사항은 ChatGPT에게 질문하며 학습한다.
12주	13장	파일 처리	변수에 저장된 내용을 파일로 출력하고 파일을 입력받아 변수에 저장하는 파일 입출력을 학습한다.
13주	14장	예외 처리 · 문자열 · 람다 함수 · map 함수	예외 처리 과정과 주요한 파이썬 함수를 학습한다.
14주	15장	ChatGPT API Key	ChatGPT를 활용에 필요한 API Key를 받고 ChatGPT를 활용한 기초 프로그래밍을 학습한다.
15주	기말고사		

| 1장 |

프로그래밍을 위한 실습 환경

학습 목표

프로그래밍은 컴퓨터가 이해할 수 있는 명령어를 작성하여 원하는 작업을 수행하는 과정이다. 이번 장에서는 대형 언어 모델인 ChatGPT와 인기 있는 프로그래밍 언어 파이썬에 대해 간단히 소개하고, ChatGPT 계정 생성과 파이썬 프로그램을 설치하는 방법을 살펴본다.

지금까지 사용하고 있는 검색과 ChatGPT는 무엇이 다른 걸까?

• ChatGPT는 검색과 무엇이 다른 걸까?

검색 엔진은 웹에서 검색한 질문에 대한 답을 찾아 제공하는 반면, ChatGPT는 확률적 예측 Generator(생산자)이다. 즉, ChatGPT에 질문을 하면 그 질문의 핵심 단어를 파악하고, 지금까지 ChatGPT가 학습한 데이터를 바탕으로 가장 확률이 높은 답변을 생성하여 제공한다. 따라서 ChatGPT의 답변은 질문할 때마다 답변이 달라지는 것이다.

• ChatGPT를 잘 사용하려면 어떻게 해야 할까?

ChatGPT는 대화형(Chat)이라는 것에 큰 의미가 있다. 대화할 때 중요한 것은 상대방의 질문이나 대답의 핵심을 알아차리고 반응하는 것이다. 이때, 상대방 말의 핵심을 알아채지 못하면 대화가 겉돌며 대화가 진행되지 않는다. ChatGPT의 가장 큰 능력은 질문의 핵심이 무엇인지 파악하고 그에 대한 대답하는 것이다. ChatGPT를 잘 활용하기 위해서는 핵심을 파악할 수 있는 질문을 제공하는 것이 중요하며, 이는 그 분야를 잘 안다는 것을 의미한다. ChatGPT를 100% 활용하려면 질문을 잘하는 것도 중요하다. 이러한 특징으로 인해, ChatGPT가 발표된 이후 프롬프트 기술자가 미래의 유망한 직업 중 하나로 평가되고 있다.

ChatGPT에게 질문을 하면 ChatGPT는 절대 모른다고 하지 않는다. 늘 그럴듯하게 대답하고 이 답변에서는 잘못된 지식도 있다. 하지만 ChatGPT는 이것이 거짓이라는 것을 모른다. 이는 ChatGPT는 사실을 검색해서 사실을 전달하는 검색엔진이 아니라 예측모델이기 때문에 ChatGPT가 지금까지 학습한 내용을 바탕으로 가장 확률이 높은 대답을 생산해 내는 것이다. 즉, 일정한 패턴이 있는 사건(Event)일수록 ChatGPT가 정답을 얘기할 확률이 높아 인간보다 일을 잘할 수 있다는 것이다. 그래서 전문가들이 ChatGPT가 대체할 직업군들을 말할 때 규칙성을 갖는 Contents를 다루는 전문영역들이 대체될 것이라고 예측하는 것이다.

ChatGPT에게 코딩을 시켜보니 너무 잘한다. 그러면 왜 프로그래밍을 배워야 할까?

프로그래밍은 규칙성을 찾아서 그것을 컴퓨터가 이해할 수 있는 언어로 작성하는 작업이다. 즉, 프로그램은 가장 패턴이 있는 Contents 중 하나기 때문에 ChatGPT가 코딩을 잘하는 것이다. 지금은 OpenAI 4가 발표되었으며, ChatGPT는 기본적인 프로그래밍 전문가 이상의 코딩 실력을 갖추고 있다. 이러한 새로운 시대에 프로그램을 배워야 하는 이유는 무엇인지 생각해 보자.

ChatGPT는 코딩을 공부하고는 있기는 한데 왜 코딩을 배워야 하는거지? 라고 스스로 다시 생각해 보게 하는 새롭게 맞닥트린 환경이다. 이 환경을 발돋움을 위한 도구로 이용할 지 걸림돌이 되게할지 선택해야 할 시기이다. 이제 ChatGPT와 AI 시대에서 우리가 배우는 코딩의 필요성과 실질적인 용도, 예측하기 어려운 미지의 시대에 우리의 역할을 고민하면서 이 책을 어떻게 활용하고 공부하는지 안내하겠다.

1 〉 프로그래밍

프로그래밍이란 데이터를 입력받아 처리하고 그 결과를 출력하는 것이다.

1. 입력장치(키보드)로 문제에 대한 정보(데이터)를 입력한다.
2. 계산기(Computer)가 문제를 계산한다.
3. 출력장치(컴퓨터 화면)에 해결책을 제시한다.

이런 과정을 추상화해 설계한 것이 폰 노이만 아키텍처이다.

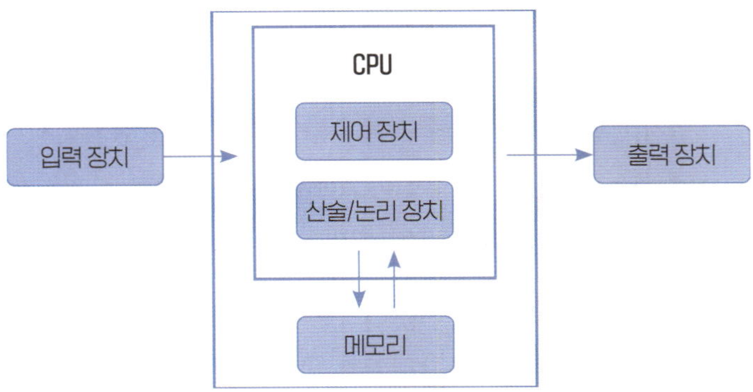

그림 1-1. 폰 노이만 아키텍처

프로그램이란 계산기(Computer)를 움직이는 언어를 말한다. 하지만, 계산기(Computer)의 언어는 디지털 숫자 0과 숫자 1로만 이루어져 있어서 사람과 대화를 할 수 없다. 한국인과 스페인 사람이 각자의 언어로 대화하기 위해 번역 애플리케이션을 사용하는 것처럼 인간도 컴퓨터와 대화할 수 있는 번역기가 필요한데, 이 번역기를 프로그래밍 언어라고 한다. C언어, C++, JAVA, 파이썬 등 여러 가지가 있지만, 이 중에서도 우리는 파이썬 번역기를 선택해서 학습할 것이다.

프로그래밍 책은 일종의 사전의 역할을 하기에 당장은 필요 없지만, 나중에 필요한 경우를 대비해 많은 정보를 갖고 있다. 이런 사전 형식의 책을 갖고 혼자 공부하는 것의 단점은 핵심이 아닌 부분을 공부하면서 앞으로 나아가지 못하고, 어렵다는 느낌을 받는 경우가 많다는 점이다.

이 책은 워크북 형식으로 구성되어 있어 파이썬 프로그래밍의 기본 뼈대를 익히는데 중점을 두고, 이를 위한 핵심 개념과 기술을 다룬다. 이러한 내용을 깊이 있게 다루면서, 이 책 수준의 프로그래밍 정도는 다른 참고 자료 없이 혼자서도 코딩할 수 있는 능력을 키우도록 하는 것이 이 책의 목표이다.

프로그래밍을 하다 보면, 많은 지식을 알고 있는 것처럼 보이지만 실제로는 아주 기본적이고 핵심적인 내용을 정확히 모르는 경우가 있다. 이렇게 프로그래밍을 학습한 경우 간단한 코딩도 스스로 할 수 없어 한 학기가 끝날 수도 있다. 이는 지식을 넓게 알려고 욕심을 부린 결과일 수도 있다. 물론 많은 지식을 습득하는 것은 좋지만, 지나치게 많이 알고 있으면 좋다는 생각에 빠져 가장 기본적이고 중요한 개념을 연습하고 반복하는 과정을 시간낭비라고 생각하고 새로운 내용과 코드를 자꾸 읽고 외우려고 할 때 학습의 '간섭현상'이 생길 수 있다. 이는 먼저 배운 지식이 나중에 배우는 지식과 잘 융합되면서 새로운 지식이 생성되어야 하는데, 기존 지식이 확고하지 않아서 새로운 지식까지 헷갈리게 하는 경우이다. 이러한 경우, 프로그래밍이 재미없어지고 지루해질 수 있다.

프로그래밍을 잘하고 싶다면 필요한 것은 하나이다. 게임이 너무 재미있어 멈출 수 없는 것처럼 프로그래밍이 너무 재미있어서 멈출 수 없도록 하는것이다. 이를 위해서는 스스로 알아야 할 범위를 정확히 파악하는 '메타인지' 능력을 기르는 것이 중요하다. 이를 돕기 위해 여러분이 스스로 해야 할 가장 최소한의 범위를 제시한다. 이 부분을 정확히 알고 새로운 지식을 익힌다면 좀 더 쉽게 새로운 지식을 융합시킬 수 있을 것이다. 그리고 이 범위를 넘는 코딩 영역은 그 확고한 기본 지식을 바탕으로 ChatGPT를 잘 활용하면 된다.

2 〉 ChatGPT와 파이썬

현명하게 활용할 수 있는 능력을 키우고, ChatGPT에 업무를 지시하기 위해 파이썬을 공부하자.

2.1 ChatGPT에게 업무 지시

① ChatGPT에게 내가 원하는 프로그램을 작성하도록 지시한다.

② 현재까지는 무료 ChatGPT는 완성된 프로그램을 제시하지 않고 중간에 실행을 중단하거나 정의만 하고 실제 실행을 위해 필요한 명령어를 제시하지 않는 경우도 있다. 하지만 우리가 이렇게 80% 정도 완성된 프로그램을 갖고도 내게 필요한 프로그램으로 수정해서 사용할 수 있는 능력이 있다면 프로그램 작성 효율이 아주 높아질 것이다.

③ ChatGPT가 제공하는 코드가 실행되도록 일부 추가하여 실행할 때 만약 오류 메시지가 출력된다면 오류 메시지를 ChatGPT에게 입력하여 질문하고 그것을 바탕으로 수정하여 다시 프로그램을 완성하면 된다. 앞에서 설명했듯이 ChatGPT에게 핵심이 되는 질문을 하면 유용한 정보를 더 쉽게 얻을 수 있다.

이 모든 과정을 위해 파이썬을 사용할 줄 알아야 한다. 한국어 읽기 쓰기가 우리를 성장시켰듯이 이제 우리가 살아가야 할 세상에서 또 하나의 '코드 읽기 쓰기' 능력이 필요한 것이다. 즉, 프로그램 코드를 읽고 쓸 줄 알아야 한다.

프로그래밍이 중요한 디지털 문해(Digital Literacy) 영역이 된 것이다. 여러분은 이제 프로그래밍을 위한 새로운 '읽기, 쓰기' 능력을 배워야 한다. 이제는 AI

ChatGPT와 같은 뛰어난 업무 지시 도구가 있으므로, 기본적인 지식을 정확하게 습득하고 정확하게 일을 시킬 줄 알면 된다. 넓고 일반적인 영역의 일은 ChatGPT에게 지시하고 우리는 그 결과물을 읽고 수정하여 사용할 줄 아는 능력자면 된다.

ChatGPT가 일반에게 공개되면서 거의 공포에 가까운 관심을 일으켰다. 프로그램을 배우려는 우리에게 너무나 중요한 문제이다. 이 책은 ChatGPT에게 작성하게 한 프로그램을 스스로 작성할 수 있는 능력을 키울 수 있도록 단계적으로 구성되어 있다.

우리는 한글을 읽고 쓰지만 모두 소설가가 되거나 글을 쓰는 직업을 갖지 않는다. 그러나 한글을 읽고 쓰는 것이 가장 기본인 것처럼 ChatGPT와 함께 사는 세상은 프로그램을 읽고 쓰는 것이 기본이 되는 세상이다.

그러면 프로그램을 어느 정도 알아야 할까? 여러 의견이 있을 수 있지만, 프로그램을 처음 배운다면 ChatGPT에게 원하는 일을 명확히 시키고 그 결과가 내가 필요한 결과인지 분별할 수 있는 정도로 알면 된다고 생각한다. 즉, 기본을 정확히 읽고 쓸 수 있도록 하자.

Return to Basic

ChatGPT에게 조각 피자 프로그램을 tkinter로 작성하도록 지시했는데 처음부터 완전한 프로그램을 작성하지는 못했다.

여러 번의 시도 끝에 완성된 코드를 제시했는데 주문 버튼을 클릭해도 주문내역이 넓고 일반적인 영역의 일은 거의 완성된 코드를 제시했고, 중간에 코딩이 중단되기도 하여 멈추면 다시 질문하여 작업하는 과정을 반복하였다.

아래는 피자와 음료수 각각에 대해 여러 개 선택할 수 있도록 변경된 코드입니다.

```
import tkinter as tk

class PizzaOrderApp:
```

```
def __init__(self, root):
self.root=root
root.title("조각 피자 주문 프로그램")

# 피자 메뉴와 가격
self.pizza_menu={
"페퍼로니 피자": 10000,
"치즈 피자": 12000,
"콤비네이션 피자": 15000,
"불고기 피자": 16000,
"해산물 피자": 18000
}

# 음료수 메뉴와 가격
self.drink_menu={
"콜라": 1500,
"사이다": 1500,
"생수": 1000
}

# 피자 선택 체크 버튼
self.pizza_vars={}
self.pizza_frame=tk.LabelFrame(root, text="피자")
self.pizza_frame.pack(padx=10, pady=10, fill="both", expand="yes")
for pizza, price in self.pizza_menu.items():
self.pizza_vars[pizza]=tk.IntVar()
spinbox=tk.Spinbox(self.pizza_frame, from_=0, to=10, width=2, justi-
fy="right", state="readonly",
textvariable=self.pizza_vars[pizza])
spinbox.pack(side="right", padx=(0, 10))
label=tk.Label(self.pizza_frame, text=f" pizza  ( price 원)")
label.pack(side="right")

# 음료수 선택 체크 버튼
self.drink_vars={}
self.drink_frame=tk.LabelFrame(root, text="음료수")
self.drink_frame.pack(padx=10, pady=10, fill="both", expand="yes")
for drink, price in self.drink_menu.items():
self.drink_vars[drink]=tk.IntVar()
spinbox=tk.Spinbox(self.drink_frame, from_=0, to=10, width=2, justi-
fy="right",
state="readonly", textvariable=self.drink_vars[drink])
spinbox.pack(side="right", padx=(0, 10))
```

```
label=tk.Label(self.drink_frame, text=f" drink  ( price 원)")
label.pack(side="right")

# 주문 버튼
btn=tk.Button(root, text="주문", command=self.order)
btn.pack(pady=10)

# 주문내역 출력 레이블
self.order_text=tk.StringVar()
self.order_text.set("주문내역:\n")
order_label=tk.Label(root, textvariable=self.order_text, justify="left")
order_label.pack(padx=10, pady=10, fill="both", expand="yes")
```

무료 버전에서 답변이 멈추면 다음과 같이 다시 명령을 내려서 어느 정도 프로그램을 완성하였다.

중간에 멈췄어. order 함수부터 다시 작성해줘.

네, 다음 'order' 함수입니다.

```
def order(self):
total_price=0
order_list="주문내역: \n"

# 선택한 피자 메뉴와 가격 출력
order_list+="피자: n"
for pizza, price in self.pizza_menu.items():
if self.pizza_vars[pizza].get():
order_list+=f" -  {pizza}  ({price} 원) x {self.pizza_vars[pizza].
get()}\n"
total_price+=price * self.pizza_vars[pizza].get()

# 선택한 음료수 메뉴와 가격 출력
order_list+="음료수: n"
drink_price=self.drink_menu[self.drink_var.get()]
order_lisk+=f" - {self.drink}  ({price} 원) x {self.drink_qty.get()}\n"
total_price+=drink_price
```

2.2 ChatGPT 결합과제 구성

tkinter를 사용하여 피자와 음료수를 주문할 수 있는 프로그램을 작성하도록 무료 ChatGPT를 활용하여 작성을 지시했다. ChatGPT는 90% 정도 완성된 코드를 제공하여, 나머지 10%를 수정한 결과물을 다음과 같이 제시한다.

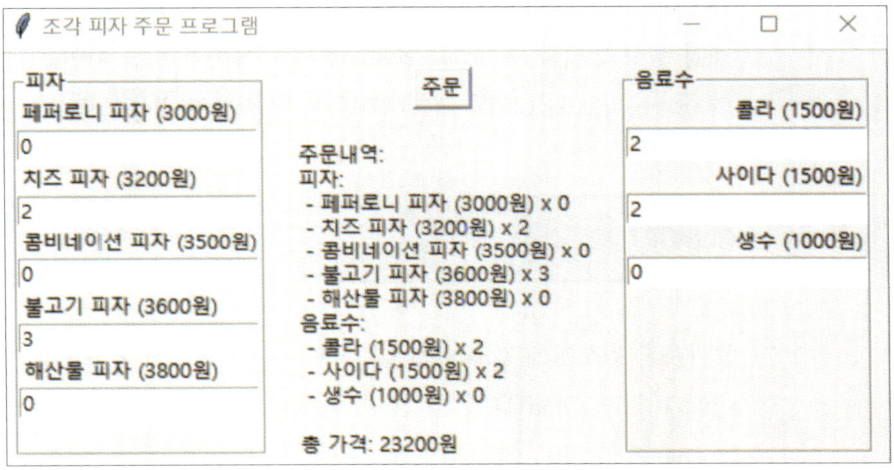

이 책에서는 각 장에서 배운 내용으로 작성할 수 있는 결과를 제시하고 스스로 ChatGPT 결합과제를 통해 코드를 완성해 가면서 학습할 수 있도록 구성하였다.

파이썬 프로그램은 텍스트 기반 코딩 프로그램이지만 import를 이용해서 GUI 프로그램도 쉽게 작성할 수 있다. 〈11장〉에서 tkinter 라이브러리를 import 하여 GUI 프로그램을 완성하는 것을 목표로 학습을 시작해 보자.

- **GUI(Graphic User Interface)** : 우리에게 익숙한 그래픽 기반으로 클릭을 통해 명령을 수행하는 애플리케이션이다.
- **CUI(CLI, Command Linde Interface, 명령 줄 인터페이스)** : 명령어 인터페이스는 텍스트 터미널을 통해 사용자와 컴퓨터가 상호작용하는 방식을 뜻한다. 명령 프롬프트(도스창, 쉘)

3 〉 ChatGPT와 파이썬 프로그램 준비

OpenAI의 GPT-3.5 아키텍처를 기반으로 한 대화형 인공지능 모델인 ChatGPT 계정 생성 방법과 파이썬을 프로그램을 사용하기 위한 파이썬(Python) 에디터와 아나콘다(Anaconda) 에디터의 설치 및 실행 방법을 알아본다.

3.1 ChatGPT 계정 생성

브라우저 검색창에 'ChatGPT'를 검색하고 검색 결과가 표시되면 'Introducing ChatGPT – OPenAI'를 클릭하여 홈페이지에 접속하거나, 주소창에 'https://openai.com/blog/ChatGPT'를 입력하여 ChatGPT에 접속한다.

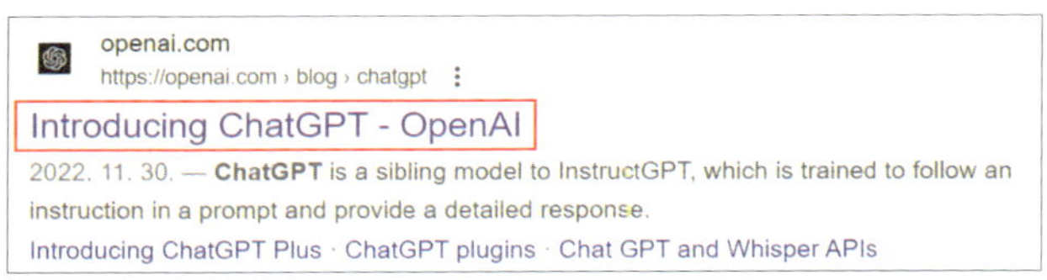

홈페이지에 접속하면 다음과 같은 화면이 표시된다. 유료화된 부분이 있지만, 여기서는 무료 버전을 사용한다. 계정을 만들기 위해 〈Try ChatGPT〉 버튼을 클릭한다.

Welcome to ChatGPT 화면이 표시되면 계정을 생성하기 위해 〈Sign up〉 버튼을 클릭한다.

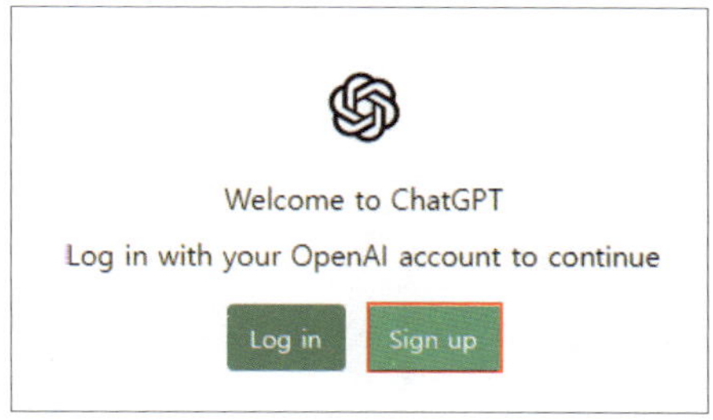

계정을 생성하기 위한 Create your account 화면이 표시되면 본인의 이메일과 계정 패스워드를 입력하고 〈Continue〉 버튼을 클릭한다. 이메일은 구글이나 마이크로소프트 계정을 사용하는 것을 권장한다.

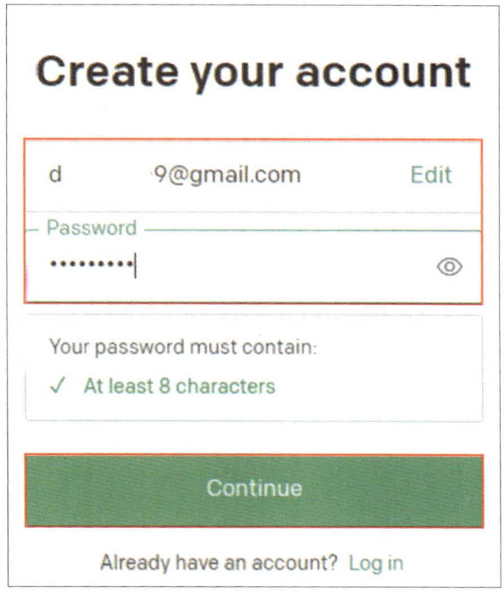

앞서 입력한 이메일로 확인용 메일이 전송된다. 이메일을 확인하고 〈Verify email address〉 버튼을 클릭한다.

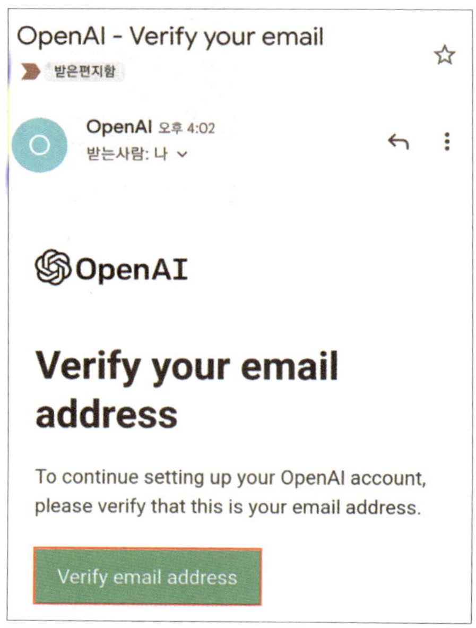

Welcome to OpenAI 화면이 표시되면 계정이 생성된 것이다.

이제 생성한 계정을 로그인하기 위해 다시 ChatGPT의 메인 화면에서 〈Try ChatGPT〉 버튼을 클릭한다.

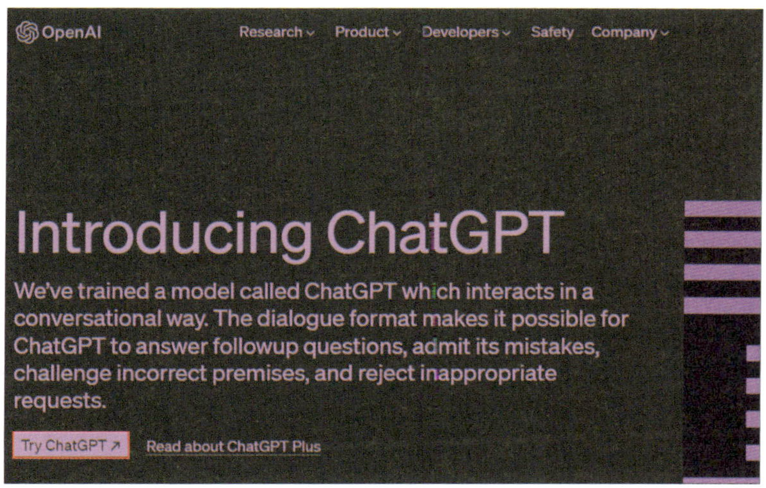

Welcome to ChatGPT 화면이 표시되면 〈Log in〉 버튼을 클릭한다.

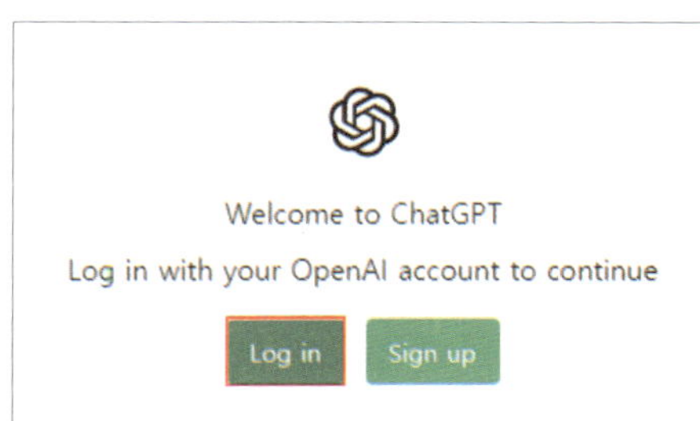

계정 생성 시 입력한 이메일과 비밀번호를 입력하고 〈Continue〉 버튼을 클릭한다.

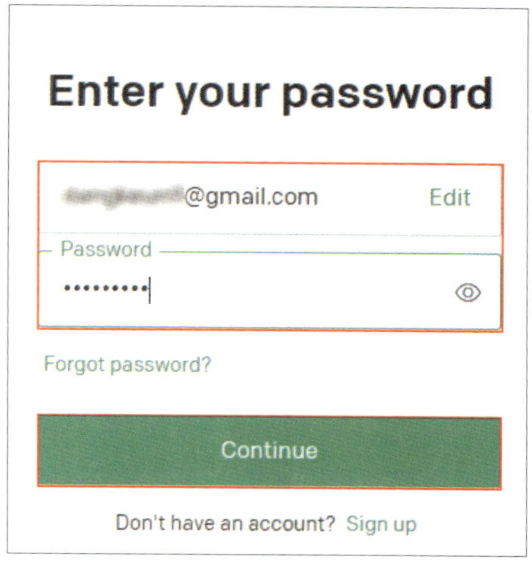

Tell us about you 화면이 표시되면 본인의 성과 이름 정보를 입력하고 〈Continue〉 버튼을 클릭한다.

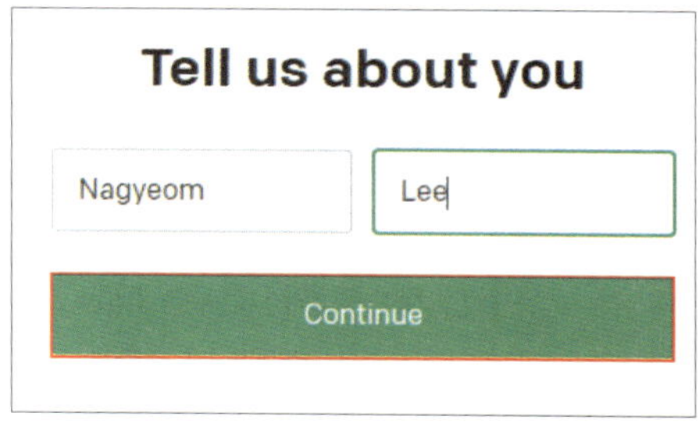

Verify your phone number 화면이 표시되면 전화번호를 입력한다. 핸드폰 번호 010에서 앞의 0을 제외한 10자리 번호를 입력하면 된다.

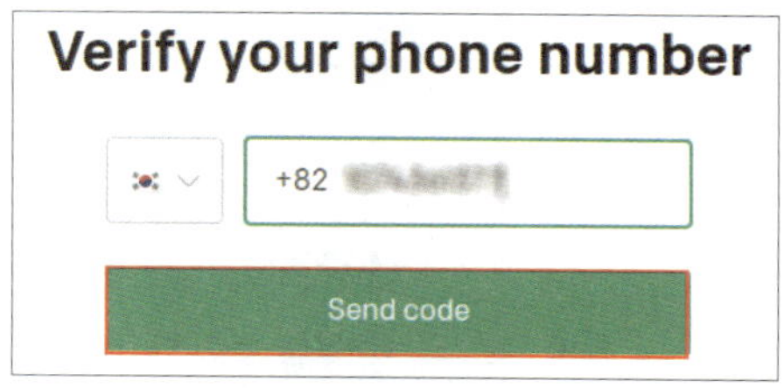

입력한 핸드폰 번호로 인증번호가 입력된 메시지가 전송된다.

Enter code 화면의 코드 입력란에 문자 메시지에 입력된 코드 6자리를 입력한다.

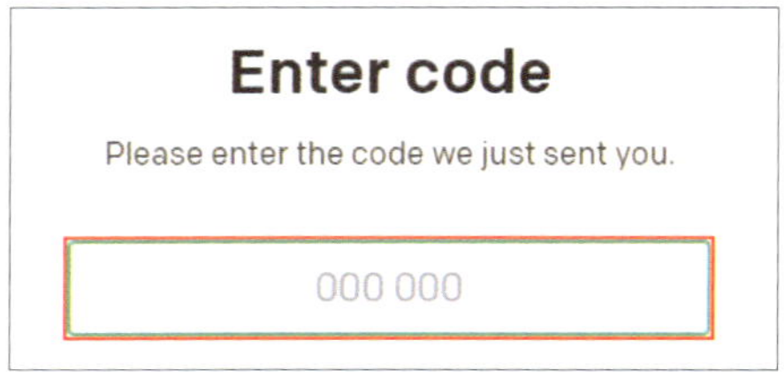

다음과 같이 화면이 표시되면 내용을 확인하고 〈Next〉 버튼을 클릭한 다음 〈Done〉 버튼을 클릭한다.

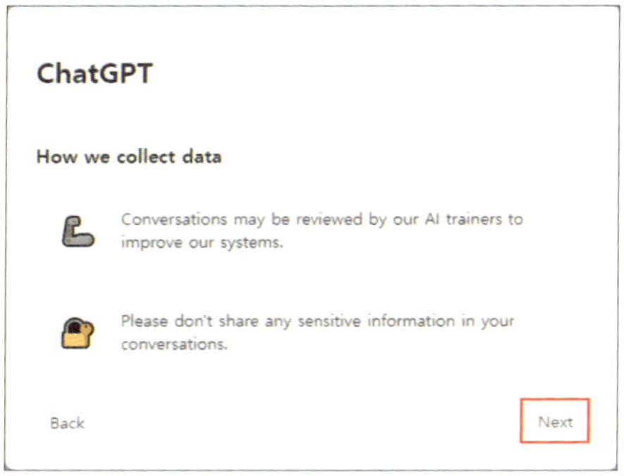

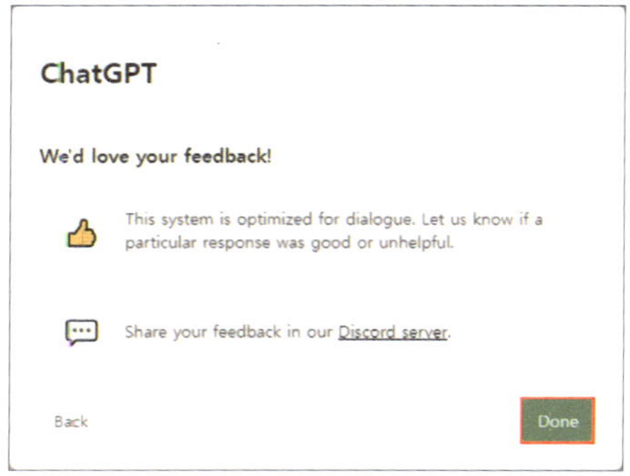

다음과 같은 화면이 표시되면 이제 ChatGPT를 사용할 준비가 끝난 것이다.

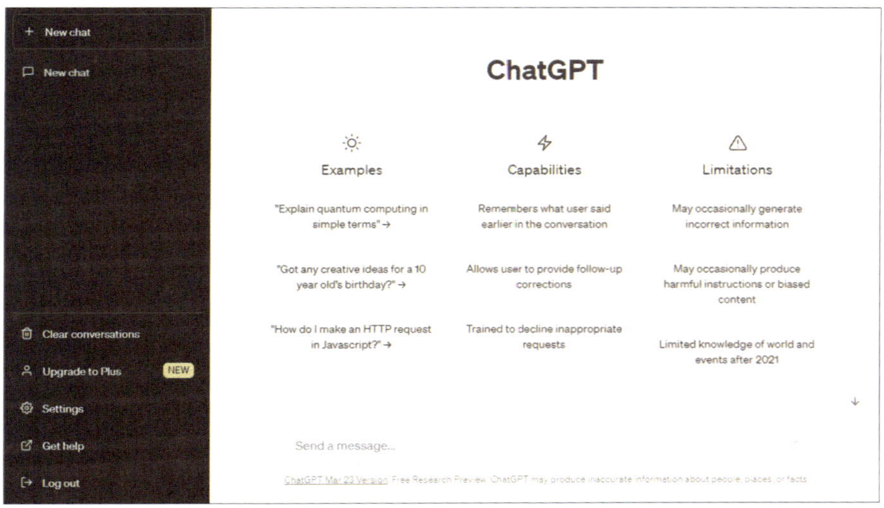

3.2 파이썬 에디터

파이썬 설치

파이썬 홈페이지(python.org)에 접속하고 메뉴의 'Downloads' → '본인이 사용하는 운영체제'를 클릭한다.

Python Releases for Windows 화면이 표시되면 현재까지 무료로 배포된 프로그램 중 문제가 나타나지 않는(Stable) 프로그램의 목록이 보인다. Stable Releases에서 해당하는 installer를 클릭해서 저장하고 설치하면 된다.

저장한 Python 프로그램을 실행시켜 setup 대화상자가 표시되면 'Use adminprivileges when installing py.exe'와 'Add python.exe to PATH'를 체크 표시하고 'Install Now'를 클릭한다.

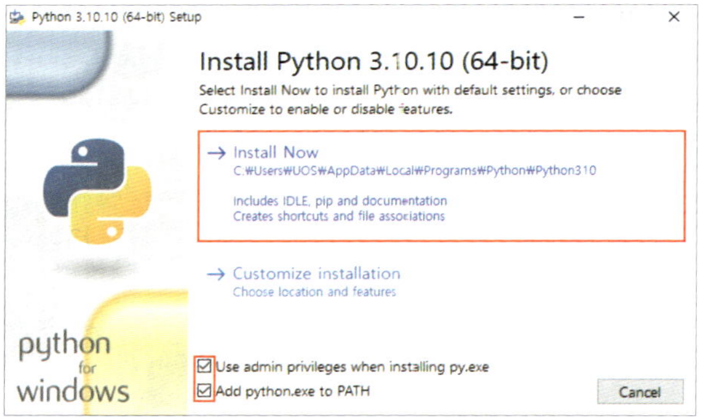

Setup Progress 화면이 표시되고 설치가 시작된다.

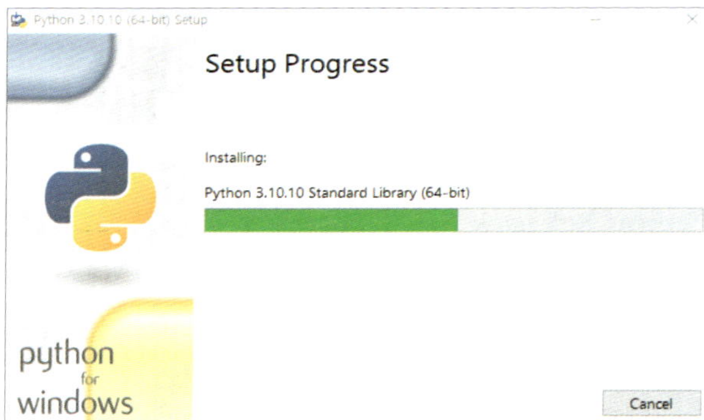

설치가 완료되었다는 메시지가 표시되면 〈Close〉 버튼을 클릭하여 완료한다.

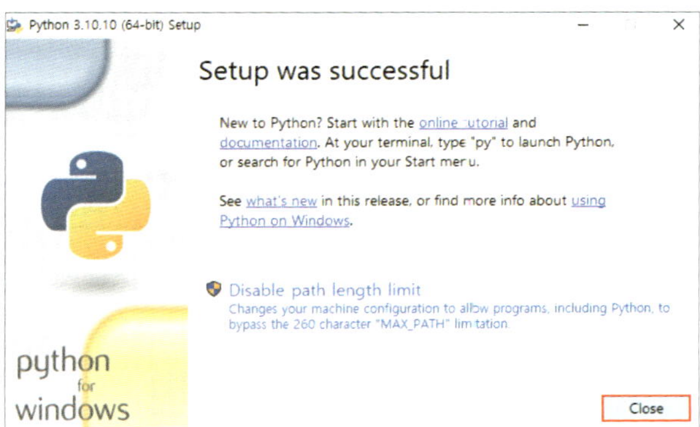

파이썬 실행

'윈도우' 아이콘(⊞)을 클릭하고 'Python 3.10' 폴더에서 'IDLE (Python 3.10 64-bit)'를 선택하여 실행한다.

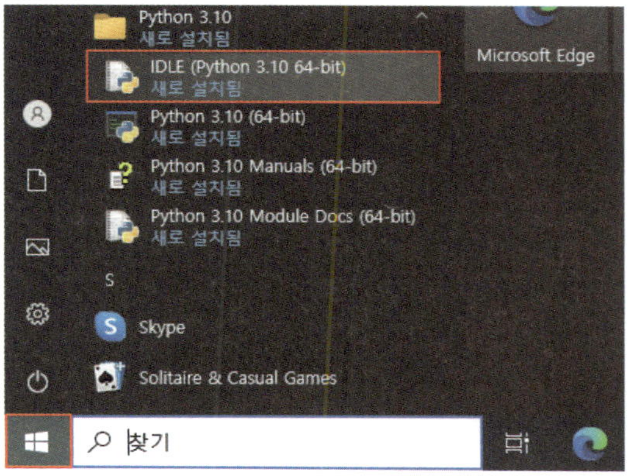

IDLE Shell 화면이 표시된다. 실행 결과가 나타나는 화면이다.

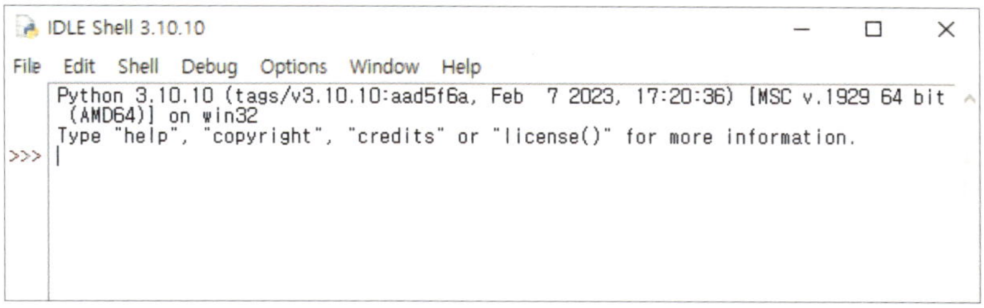

메뉴에서 〔File〕→〔New File〕을 클릭해서 에디터를 실행한다.

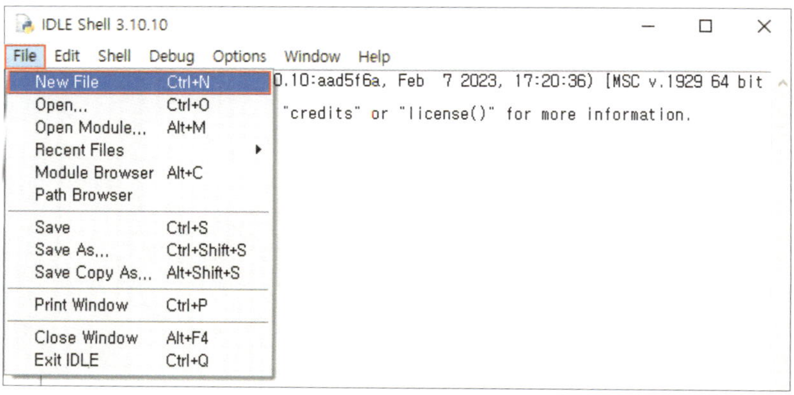

에디터 창이 표시되면 프로그래밍 코드를 작성한다.

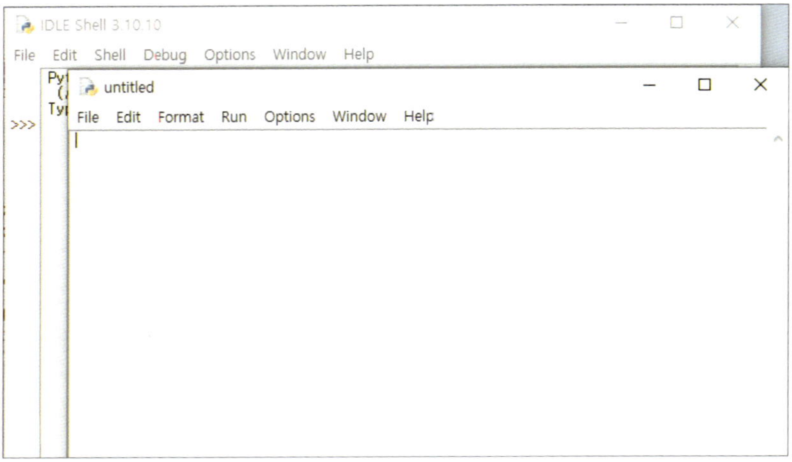

작성한 코드를 실행하기 위해 [Run] → [Run Module]을 클릭한다.

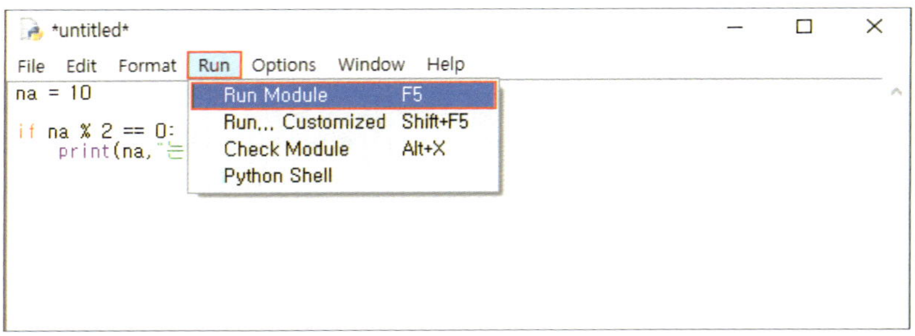

Save Before Run or Check 대화상자가 표시되면 〈확인〉 버튼을 클릭한다.

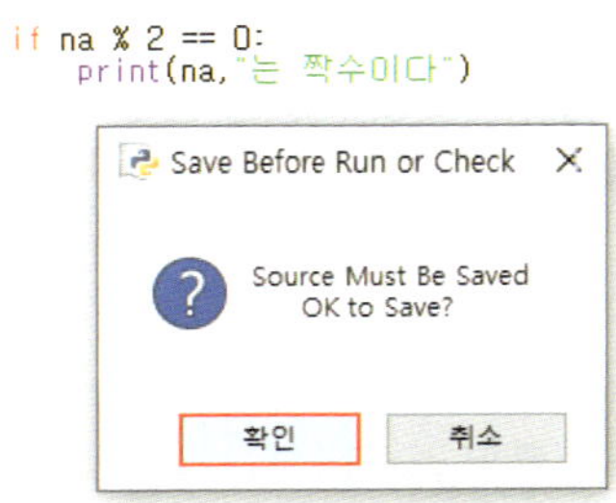

다른 이름으로 저장 대화상자가 표시되면 원하는 폴더 위치를 지정하고 〈저장〉 버튼을 클릭하여 저장한다.

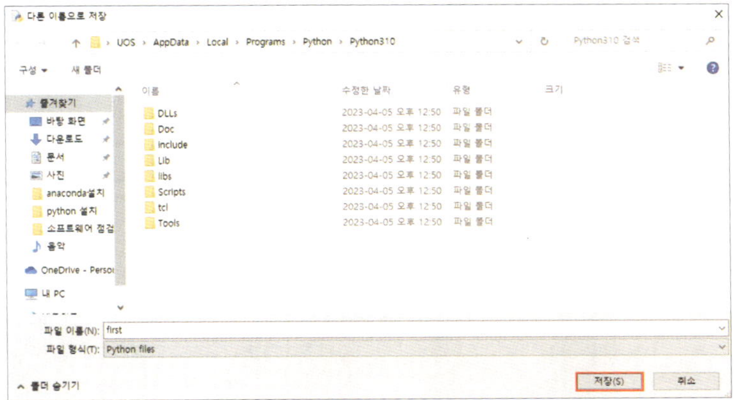

코드의 실행 결과는 IDLE Shell에 나타난다.

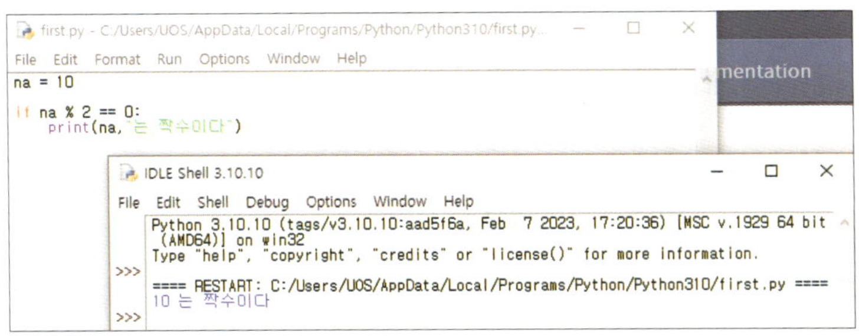

IDLE Shell에서 명령어를 한 줄 코딩하고 한 줄씩 실행할 수 있다. 이 책에서는 New File을 열고 프로그램을 작성하여 실행하는 방법으로 학습하도록 한다.

3.3 아나콘다

python.org는 가장 기본적인 에디터로 아나콘다(Anaconda)는 여러 프로그램의 에디터가 있다. 아나콘다 홈페이지(anaconda.com)에서 다운로드하여 설치하면 범용적으로 사용하는 라이브러리가 함께 설치되어 파이썬 프로그램을 사용하는 데 매우 편리하다.

아나콘다 설치

Download에서 본인이 사용하는 운영체제에 해당하는 프로그램을 다운로드하면 된다. 본인이 사용하는 운영체제에 맞게 아나콘다를 다운로드한다.

〈저장〉 버튼을 클릭하여 다운로드한 프로그램을 저장한다.

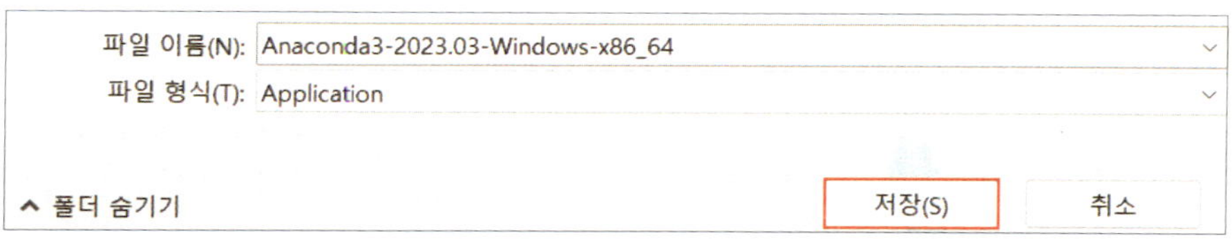

다운로드한 프로그램을 실행하여 setup 대화상자가 표시되면 〈Next〉 버튼을 클릭한다.

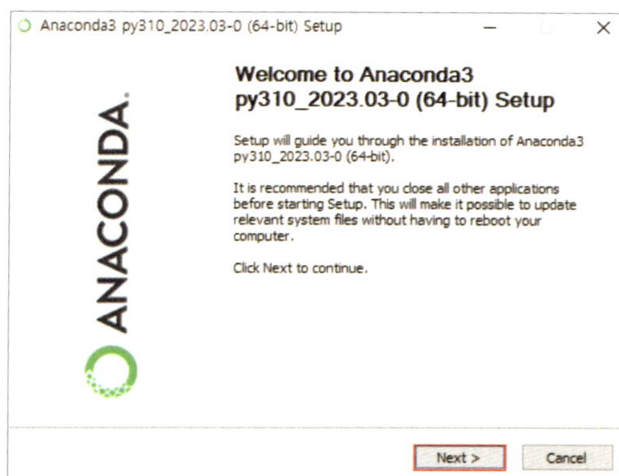

License Agreement 화면이 표시되면 〈I Agree〉 버튼을 클릭한다.

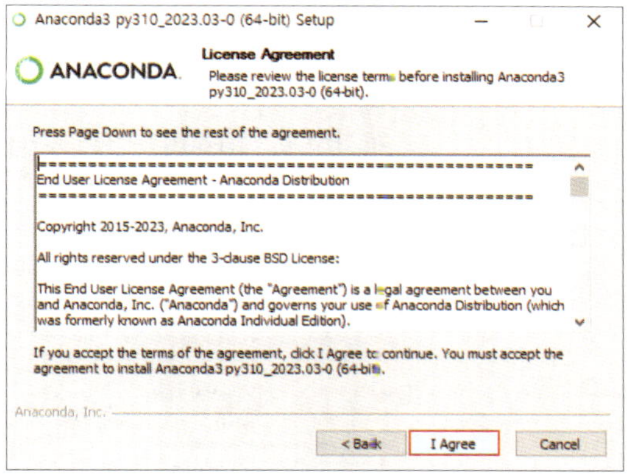

Select Installation Type 화면이 표시되면 추천되는 'Just Me'를 선택하고 〈Next〉 버튼을 클릭한다.

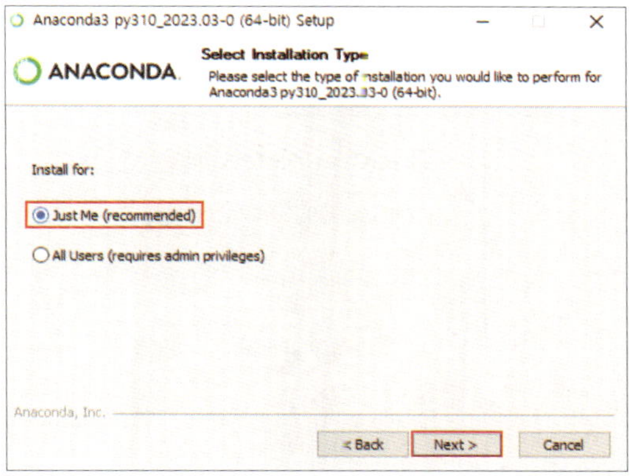

Choose Install Location 화면이 표시되면 〈Browse〉 버튼을 클릭하여 경로를 변경할 수 있지만, 변경하지 않고 지정된 경로에 저장하는 것이 좋다. 경로를 확인하고 〈Next〉 버튼을 클릭한다.

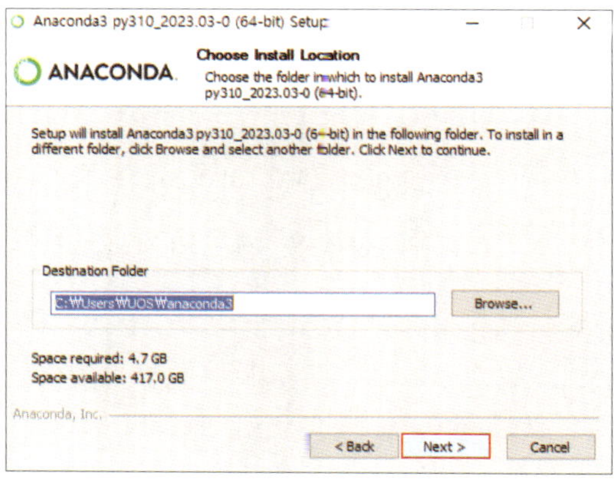

Advanced Installation Options 화면이 표시되면 Anaconda 프로그램을 설치되지 않은 디렉토리에서도 접근할 수 있도록 'Add Anaconda to myPath'를 체크 표시하고 〈Install〉 버튼을 클릭하여 설치한다.

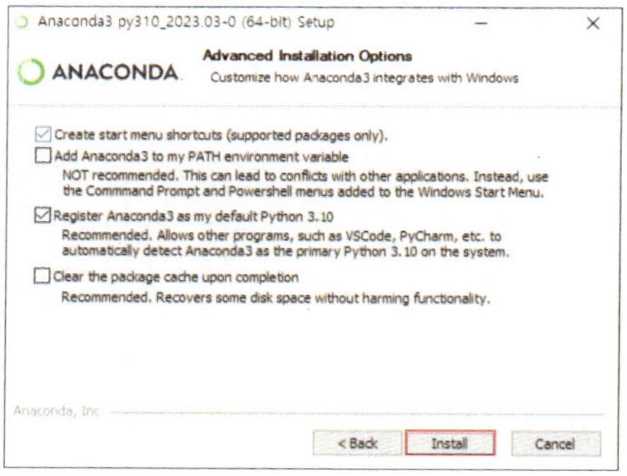

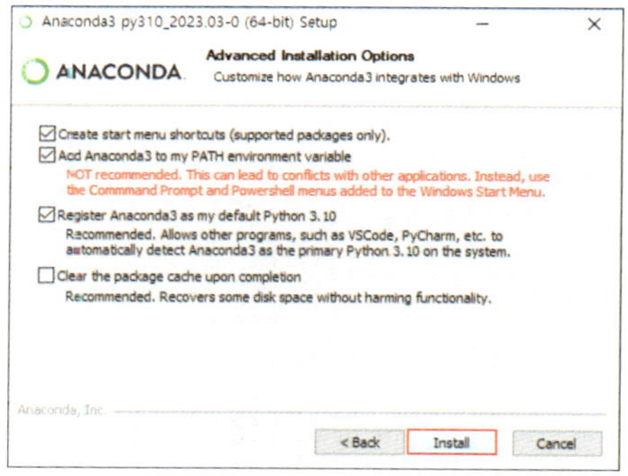

완료(Completed)되면 〈Next〉 버튼을 계속 클릭한다.

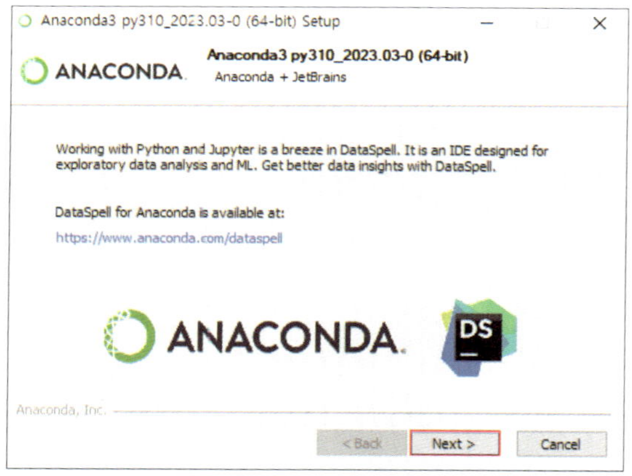

다음과 같은 화면이 표시되면 설정을 건드리지 않고 〈Finish〉 버튼을 클릭한다.

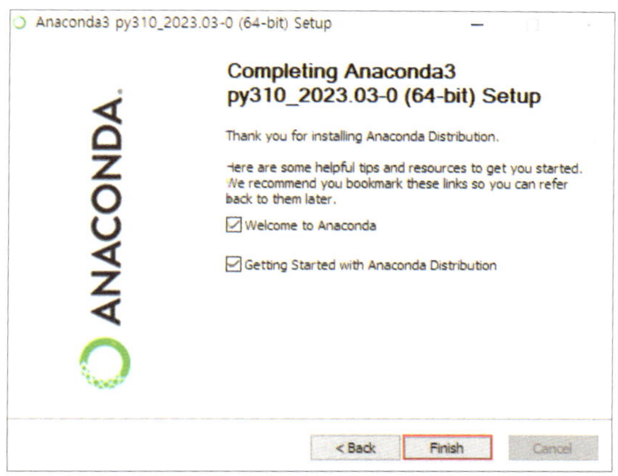

아나콘다 실행

'윈도우' 아이콘(⊞)을 클릭하고 'Anaconda3' 폴더 → 'Jupyter Notebook'을 클릭한다.

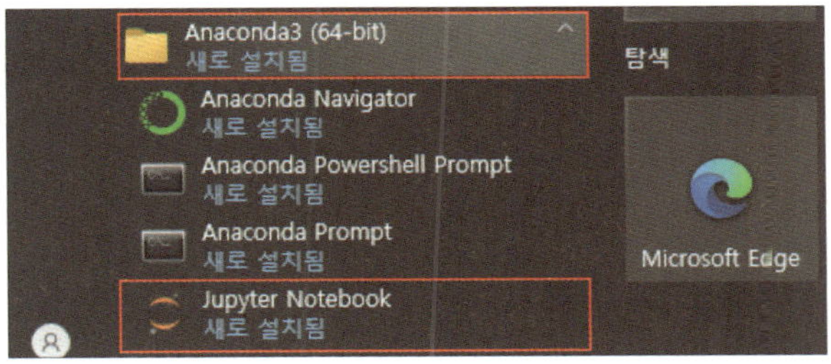

처음 아나콘다(Anaconda)를 시작하면 사용할 웹브라우저를 선택할 수 있는 대화상자가 표시된다. 대화상자에서 본인이 사용하기 편한 웹브라우저를 선택하고 다시 이 선택을 보지 않으려면 '항상 이 앱을 사용하여 .html 파일 열기'를 체크 표시한 다음 〈확인〉 버튼을 클릭한다.

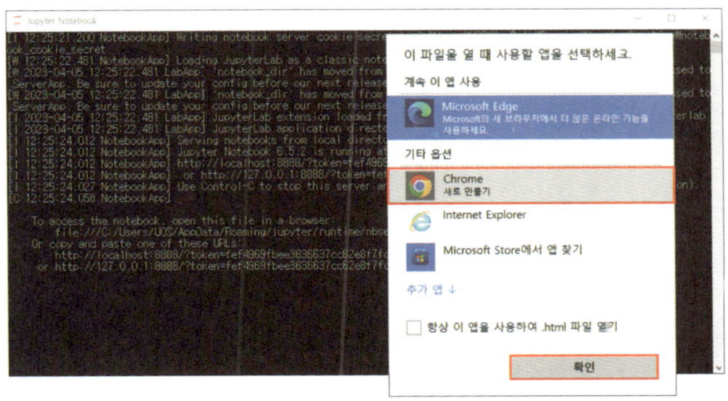

다음과 같이 홈페이지가 화면이 표시된다. 여기서 본인이 작업한 프로그램을 저장할 폴더를 선택한다.

Desktop 폴더를 선택하고 오른쪽 상단의 〈New〉 버튼을 클릭하고 표시되는 팝업의 'Python 3ipykernel)'을 선택한다.

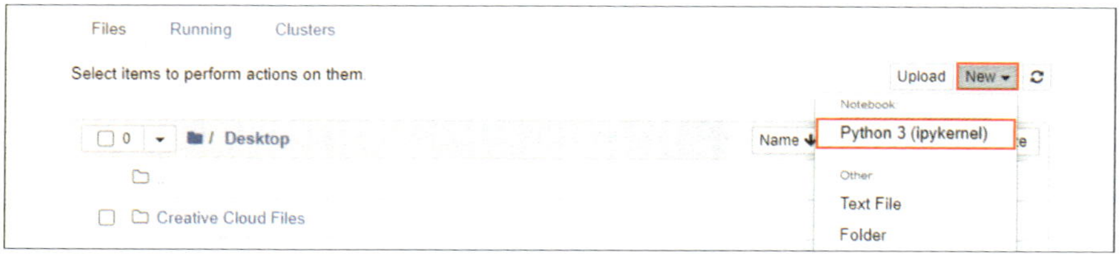

다음과 같이 프로그램을 작성할 수 있는 셀이 나타난다. 여기에 프로그램을 작성하고 상단에 있는 〈Run〉 버튼을 클릭한다.

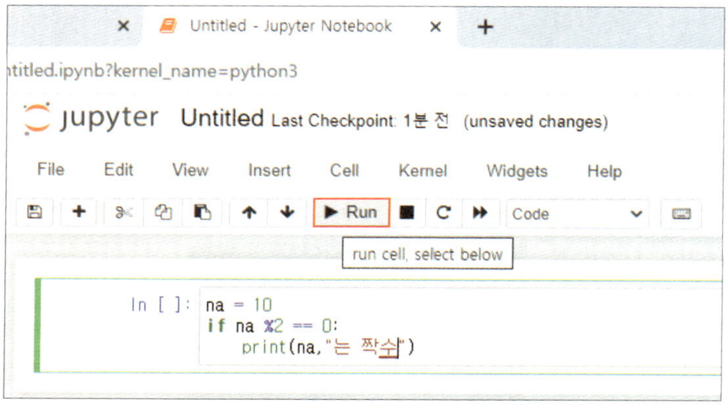

해당 셀이 실행되고 결과가 출력된다.

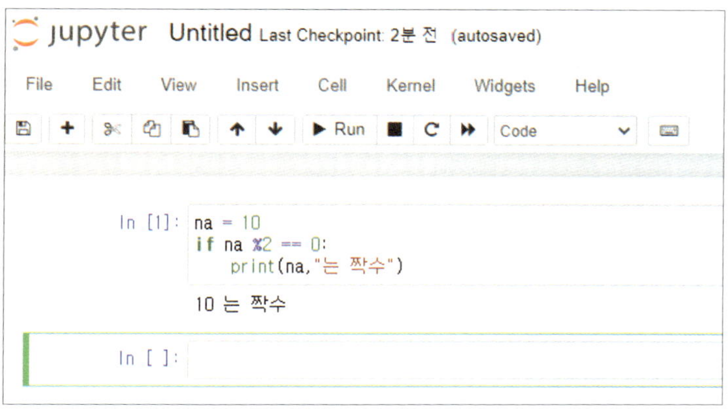

| 2장 |

프로그래밍 기초

학습 목표

오른쪽 그림은 ChatGPT가 작성한 피자와 음료수를 주문받고 주문 결과를 출력하는 GUI 프로그램의 결과 화면이다. 〈2장〉에서는 이 결과물을 만들기 위해 필요한 파이썬에 기본적인 내용을 학습한다. 프로그램을 이해하는 데 가장 중요한 변수와 데이터를 맵핑하는 방법과 실제 연산을 실행하고 그 결과를 출력하여 확인하는 과정을 학습해 보자.

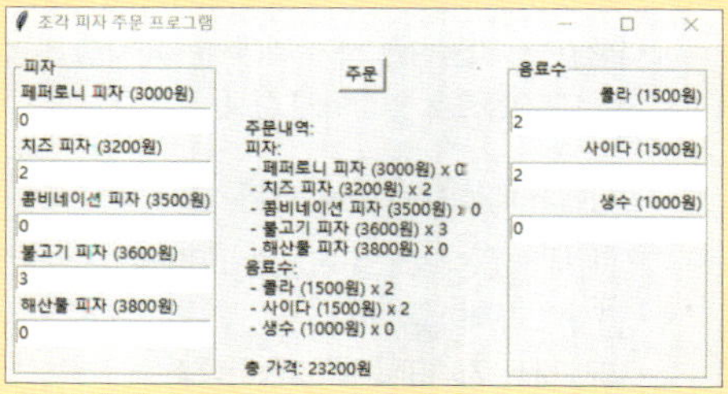

만들어 보기

ChapGPT 결합과제에서 학습한 표준 입출력 함수와 연산자를 사용하여 작성해 보자.

프로그램 업그레이드 하기

이 프로그램을 실제 사용하기 위해 어떤 기능이 더 필요할지 생각해 보자.

GUI 프로젝트 결과물

```
피자를 선택해주세요/한 종류의 피자만 선택가능합니다.
페퍼로니 피자 ( 3500 원)
치즈 피자 ( 3500 원)
콤비네이션 피자 ( 3500 원)
불고기 피자 ( 3500 원)
해산물 피자 ( 3500 원)
피자 이름을 입력하세요: 치즈 피자
수량을 입력하세요:여러 조각을 선택가능합니다 3
--------------------------------------------------------------------------
음료수를 선택해주세요/한 종류의 음료만을 선택가능합니다.
콜라 ( 1500 원)
사이다 ( 1500 원)
생수 ( 1500 원)
음료수 이름을 입력하세요: 사이다
수량을 입력하세요:여러 잔을 선택가능합니다 2
==============================
주문 내역:
==============================
피자:
- 치즈 피자 ( 3500 원) x 3
------------------------------
  피자 총 가격: 10500 원
==============================
음료수:
- 사이다 ( 1500 원) x 2
------------------------------
  음료수 총 가격: 3000 원
==============================


총 가격: 13500 원
```

ChatGPT 결합과제1

ChatGPT 결합과제2

변수 선언과 표준 출력 함수 사용, 표준 입력 함수를 사용하여 작성하기

- 피자의 종류와 음료수의 종류에 따라 다른 가격을 선택할 수 없다.
- 연산까지 가능하게 하기 위해서는 피자의 가격이 모두 3300원으로 일정하고 음료수의 가격도 모두 1500원으로 일정하게 한다.

| 2장에서 배울 내용 살펴보기 |

2장에서 배울 내용으로 기능을 구현하는 데는 제한점이 있어 아래와 같은 조건을 제시한다.

- 피자의 가격이 동일하다.
- 피자 메뉴 하나만 선택 가능하다.
- 음료수의 가격이 동일하다.
- 음료수 메뉴 하나만 선택 가능하다.

1 〉 프로그램

프로그램 == 데이터(변수에 저장, data) + 명령어(instruction)

문제 해결을 위해 필요한 데이터를 변수에 저장하고 처리방식(명령어)과 명령어들의 순서를 결정(알고리즘)하는 것의 집합이 프로그램이다. 쉽게 표현하면 데이터와 명령어의 집합이다.

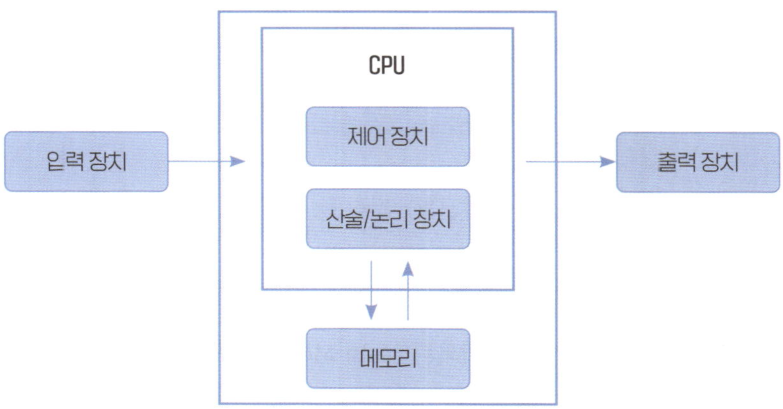

그림 2-1. 폰 노이만 아키텍처

폰 노이만의 컴퓨터 구조와 함께 이해해 보자. 컴퓨터의 기본 구조로 폰 노이만이 제시한 컴퓨터의 구조이다. 컴퓨터가 프로그래밍을 실행시킬 때 데이터(값)를 메모리(변수명으로 접근)에 저장하고 저장된 값을 순차적으로 CPU로 불러들여 명령어로 처리하는 방식이다. 프로그램을 실행하기 전에 프로그램을 구성하는 데이터(값)와 명령어는 메모리에 저장되고 나서 차례대로 CPU가 처리한다.

1.1 데이터

우리는 해결해야 할 문제가 생겼을 때, 먼저 문제가 무엇인지를 파악한다. 문제 해결을 위해 필요한 정보(데이터)를 생각(메인 메모리에 입력)하여 뇌(CPU)가 처리(명령어)하고 해결책(출력)을 마련한다. 이 과정을 컴퓨터에서는 데이터(Data)를 메인 메모리에 입력하고, 키보드와 같은 표준 입력 장치를 통해 정보를 받아들인 다음 CPU가 이 데이터를 명령어 순서대로 처리하여 결과를 표준 출력 장치(모니터)로 알려 준다. 데이터를 다루기 위해 입출력 함수를 사용해야 한다.

- **표준 입력 장치(키보드)** : input() 함수
- **표준 출력 장치(모니터)** : print() 함수

1.2 변수

입력받은 정보(데이터)가 저장된 위치는 주소로 접근 가능하지만, 이를 프로그래머가 기억하기 쉽도록 이름을 붙이는데 이것을 '변수명'이라고 한다. 이 변수(Variable)가 저장된 위치(기억장소)는 컴퓨터의 **RAM(주기억장치, 메모리(Memory), 메인 메모리(Main Memory))**이다. 파이썬은 데이터를 처리하기 쉽도록 여러 형태의 데이터형을 제공한다.

- 기본 데이터형, 컨테이너(리스트, 딕셔너리), 클래스

1.3 명령어

명령어(Instruction)는 데이터가 저장되어 있는 변수들을 논리적 순서에 맞게 처리하는 과정이다.

- 제어문, 반복문, 함수

2 〉 변수와 데이터의 관계

변수와 데이터는 프로그래밍에서 중요한 개념 중 하나로, 서로 밀접한 관계를 가지고 있다. 변수는 값을 저장할 수 있는 메모리 공간을 의미하며, 데이터는 변수에 저장되는 값 자체를 의미한다. 이때, 변수와 데이터의 관계는 대입 연산자와 자료형에 의해 규정된다. 대입 연산자와 자료형을 통해 변수와 데이터의 관계를 살펴보자.

2.1 변수의 데이터 할당

프로그램을 배울 때, 데이터를 변수에 할당하는 방법을 이해하는 것은 매우 중요하다. 대입 연산자(할당 연산자, assignment operator)가 이 역할을 한다. 변수와 데이터의 관계를 설명하면 다음과 같다.

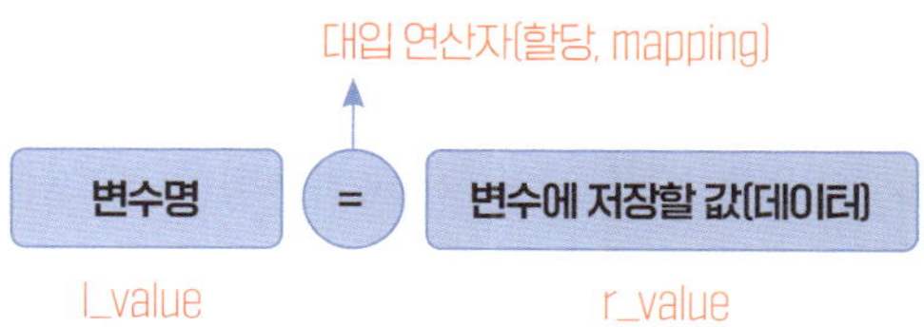

- 변수는 대입 연산자와의 위치에 따라 의미가 달라진다.
- 변수가 l_value면 저장공간(기억공간, 기억장소, 메인 메모리)을 나타낸다.
- 변수가 r_value면 그 변수의 값(데이터)을 의미한다.
- 변수가 대입 연산자 없이 사용되고 있으면 r_value(데이터)로 해석한다.

입력된 데이터는 메인 메모리에 저장되고 저장된 위치는 주소(숫자)다. 이 주소(숫자)를 여러분이 기억하기 쉽도록 이름을 붙이는데, 이를 '변수'라고 한다.

이렇게 기억장소의 주소와 변수명을 맵핑하는 방식은 프로그램의 특징을 결정하는 데 아주 중요한 방식이다. 파이썬의 주소맵핑 방식은 초보 학습자도 파이썬 프로그램을 쉽게 사용할 수 있도록 도와주는 주요한 특징이지만 이해하기는 어렵다. 먼저 이 부분에서는 이해하기 쉬운 방법(c, c++ 언어)으로 데이터가 저장된 위치(주소)와 변수명의 맵핑을 설명한다. 58쪽에 기억장소 주소와 변수명의 맵핑을 파이썬의 방식으로 설명하였다. 처음 프로그램을 학습하는 학습자는 이 부분은 넘기고 학습하는 것을 권장한다.

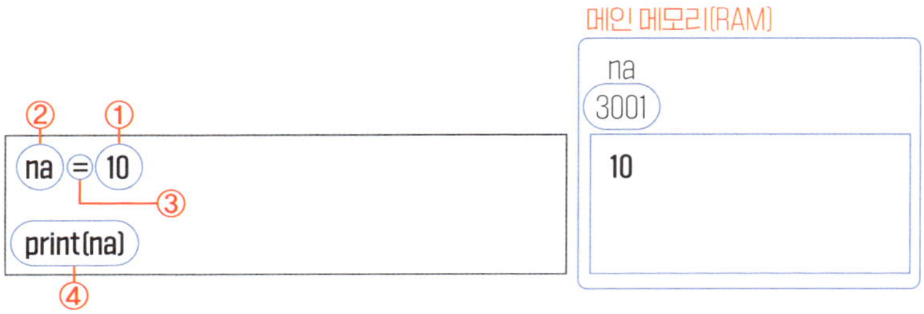

위의 프로그램을 작성하고 'first.py'이라는 이름으로 저장한 다음 실행한다.

코드 설명

① 데이터 '10'을 저장하기 위해 메인 메모리(RAM, 기억장소)의 공간을 확보하고 저장한다. 컴파일러는 데이터 '10'에 접근하기 위해 저장된 기억장소의 시작주소인 3001번지를 기억한다. 그러나 사람은 주소를 기억하기 어려우므로 쉽게 기억할 수 있도록 이름(변수명)을 붙여준다.

② 기억장소에 붙여줄 이름(변수명)을 정의한다.

③ 대입 연산자는 메모리 주소 3001번지와 변수명 na를 맵핑(연결, 사상, 1대 1 연결, 할당)하는 역할을 한다. 데이터 '10'이 저장되어 있는 주소 3001번지에 변수명 na가 할당된다. 여러분이 이해할 때는 na가 l_value이므로 na라는 이름이 붙은 기억공간(3001번지)에 데이터 '10'이 저장된다고 시각적으로 생각하는 것이 가장 이해하기 쉽다 .

④ print(na)를 실행한다. print는 표준 출력 함수로, na 변수를 r_value로 해석하고 na 변수의 값 10이 화면에 출력된다.

2.2 변수의 데이터형 구별

컴퓨터가 기본적으로 구별하는 자료형(데이터형, data type) : 기본 데이터형은 아래와 같다. 파이썬에서 각 변수의 데이터형은 r_value에 따라 결정된다.

syntax : 숫자형 변수 정의

정수형 : int **실수형** : float **변수경 = 변수에 저장할 값(데이터)**	na = 10 # -----> ① nb = 20.2 # ---> ②

① r_value가 10으로 정수이므로 na는 정수형 변수이다.

② r_value가 20.2로 실수이므로 nb는 실수형 변수이다.

syntax : 문자형 변수 정의

문자형 : string **변수명 = "변수에 저장할 값"(데이터)**	sa = "python" # -----> ①

① r_value가 문자열이므로 sa는 문자형(string, 문자열형) 변수이다. 따옴표(작은따옴표, 큰따옴표 모두 가능)로 묶어준다. 이는 문자열의 시작과 끝을 표현해 주는 것이다.

3 〉 데이터 입력과 출력 과정

데이터를 입력받고 출력하는 작업을 쉽게 할 수 있도록 파이썬 프로그램은 표준 입출력 함수를 제공한다. 이 함수는 파이썬이 정의하여 제공하는 함수로 정해진 규칙에 맞게 사용해야 한다. 데이터를 입력하고 출력하는 과정을 살펴보자.

3.1 표준 입출력 장치와 함수

표준 입출력 장치로부터 입력과 출력을 쉽게 할 수 있도록 도와주는 표준 입출력 함수이다.

syntax : 표준 입출력 장치와 함수

표준 입력 장치 : 키보드 **표준 출력 장치** : 모니터	**표준 입력 함수** : input( ) **표준 출력 함수** : print( )

데이터 입력(키보드) → 변수에 저장 후 명령어로 처리 → 데이터 출력(화면)

파이썬에서 제공하는 표준 입출력 함수는 미리 정의되어 있어 프로그램을 쉽게 작성할 수 있도록 도와준다. 단, 미리 정의되어 제공된 함수를 사용할 때는 정해진 규칙(syntax, 문법)에 맞게 사용해야 한다.

3.2 표준 출력 함수

syntax : 표준 출력 함수

• **표준 출력 함수** : print(인수) • **함수명** : print • **인수** : 모든 데이터형 가능, 변수 • **반환값(Return Value)** : 없음	na = 10 sa = "python" print(na) print(sa)

• 함수가 수행한 다음에 되돌려 주는 값을 반환값이라 한다.

• 파이썬은 출력을 위한 서식을 제공하지만 정해진 서식을 사용하지 않고 쉼표(,)만으로도 충분히 표현 가능하다.

• print(인수)에서 대입연산자가 없이 사용되는 인수(변수)는 r_value이므로 변수에 저장된 값(데이터)을 의미한다.

표준 출력 함수 코드

변수에 저장된 데이터를 화면에 출력해 보자.

```
na=10
nb=20.2
sa="python"
print("na변수값", na)
print("nb변수값",nb)
print("sa변수",sa)
```

〈화면 출력〉

```
na변수값 10
nb변수값 20.2
sa변수 python
```

```
nc=30
nd=40
print("nc=", nc,"nd=", nd)
nd=nc
print("nc=", nc,"nd=", nd)
```

〈화면 출력〉

```
nc=30 nd=40
nc=30 nd=30
```

대입 연산자 없이 사용되는 변수는 r_value이며, 그 변수가 갖는 값(데이터)을 의미하기 때문에 화면에 na, nb, sa 변수의 데이터가 출력되는 것을 확인할 수 있다. print 문에서 변수나 값 여러 개는 쉼표(,)로 구분한다. 모든 프로그램에서 쉼표(,)는 구분을 위한 가장 중요한 규칙(syntax)으로 사용된다.

ChatGPT 결합과제 01 피자 메뉴 만들기

ChatGPT가 만든 프로그램에서 피자 메뉴 5개를 화면에 출력하는 프로그램을 작성해 보자.

〈실행결과〉

```
피자를 선택해 주세요./한 종류의 피자만 선택 가능합니다.
페퍼로니 피자 ( 3500 원 )
치즈 피자 ( 3500 원 )
콤비네이션 피자 ( 3500 원 )
불고기 피자 ( 3500 원 )
해산물 피자 ( 3500 원 )
```

3.3 연산자

연산자는 프로그래밍에서 가장 기본적이면서도 중요한 개념 중 하나이다. 연산자는 산술 계산과 조건을 비교하고 명령어를 수행한다. 연산자의 동작 순서와 코딩 규칙을 알아보자.

syntax : 연산자의 동작 순서

연산자	연산 결과 ~~연산자~~

syntax : 정확한 코딩

• **연산자의 연산 결과 :** 연산자(Operation)는 피연산자(Operand)들을 연산한 결과를 반환(Return)한다. 이때 반환되는 결과는 연산자 위에 올라가 있다고 시각적으로 생각하자. 작성한 코드의 각 명령어의 처리 결과(연산 결과)를 시각적으로 기억하는 것은 헷갈릴 수 있는 프로그램 규칙(syntax)과 처리 순서를 정확히 이해하는 데 도움이 된다.

3.4 산술 연산자

산술 연산자는 기본적인 연산자 중 하나로, 연산의 결과를 나중에 사용하기 위해서 변수에 저장해야 한다. 만약 나중에 사용하지 않는다면 결과를 변수에 저장할 필요는 없다.

syntax : 산술 연산자의 종류

연산자	기능	산술 결과
+	덧셈	7 ~~5+2~~
-	뺄셈	3 ~~5-2~~
*	곱셈	10 ~~5×2~~
/	나눗셈	2.5 ~~5/2~~
**	제곱	25 ~~5**2~~
%	나머지값	1 ~~5%2~~

산술 연산한 결괏값이 왼쪽 그림과 같이 연산자 위에 살포시 올라간다고 시각적으로 기억한다.

```
print(5+2) # --------> ①
na = 5 + 2  # ---> ②
print(na)
```

① 산술 연산의 결과가 연산자 위에 표시되었다가 print 문에 의해 화면에 7이 출력된다.

② 위의 출력 결과를 나중에 다시 사용하려면 변수에 저장해야 한다. 연산 결과 7이 연산자 위에 올라갔다가 l _value인 na 변수에 저장된다.

> **잠깐만요**
>
> **주석 처리 방법**
>
> 주석은 프로그램내에 설명을 써놓고 컴파일에서는 제외되도록 하는 방법이다. 주석 처리 방법에는 다음과 같이 2가지 방법이 있다.
>
> **1. # : 1줄만 주석 처리**
>
> 예시) # 이것은 주석
>
> **2. 시작 따옴표 3개(작은따옴표, 큰따옴표 모두 가능), 종료 따옴표 3개** : 여러 줄 주석 처리
>
> 예시 1) '''이것은 　　예시 2) """이것은
> 주석''' 　　주석"""

syntax : 산술 연산자(덧셈) 코드

```
na = 20
nb = 5

# na 변수의 값과 nb 변수의 값을 더하기 실행 순서
result = na + nb # --------> ① 더하기 연산자 ② 대입 연산자
       ②    ①
# 화면에 결괏값 출력하기
print(na, "+", nb, "=", result) # -----> ③ print 문 변경

#출력결과: 20 + 5 = 25
```

① 대입 연산자의 오른쪽에 있는 연산을 먼저 실행한다. na 변수의 값과 nb 변수의 값 연산을 실행한 결괏값이 시각적으로 연산자 위에 살포시 올라가 있다고 인식하도록 한다.

② 대입 연산자의 오른쪽에 있는 값(r_value)이 대입 연산자의 왼쪽에 있는 변수(l_value)에 저장된다.

③ print 명령문 실행 시 아래와 같이 출력되도록 print 문을 변경하여 작성해 보자. 출력 서식 없이도 쉼표(,)를 사용해 복잡해 보이는 화면 출력도 모두 가능하다.

na 값 20 더하기 nb 값 5의 결괏값은 25다.

```
print("na값",na,"더하기 nb 값",nb,"의 결괏값은",na+nb,"이다.")
```

연산 프로그램 작성

산술 연산자(덧셈) 코드에 이어서 뺄셈, 곱셈, 나누기 연산을 추가하고 그 결과를 아래와 같이 화면에 출력하는 프로그램을 작성해 보자.

10 – 20.2 = xx이다.
10 * 20.2 = xx이다.
10 / 20.2 = xx이다.

```
result=na - nb
print(a, "-", b, "=", result,"이다.")
result=a * b
print(a, "*", b, "=", result,"이다.")
result=a / b
print(a, "/", b, "=", result,"이다.")
```

3.5 표준 입력 함수

syntax : 표준 입력 함수

- **표준 입력 함수** : input("인수")
- **함수명** : input
- **인수** : input("화면에 표시될 문자열")
- **반환값** : 입력한 값이 문자열 데이터형 (str)으로 반환됨. 정수값 같은 숫자형 데이터를 입력해도 문자열로 형 변환되어 반환됨. 이때 시각적으로 반환된 문자열이 input( ) 함수 위에 살포시 올라와 있다고 생각하자.

```
sa=input("문자열을 입력하세요.") ①
print(sa)   ②
```

① input("문자열을 입력하세요.")에서 큰따옴표(") 사이에 있는 문자열은 작성된 프로그램을 실행할 때 입력해야 할 정보에 대한 설명을 한다. input() 함수만 사용하면 커서만 깜박거리기 때문에 그 다음 단계에서 해야 할 일에 대한 설명이 필요하다. 예를 들면, ATM을 사용할 때 "카드를 넣으세요."라는 안내 메시지가 나타나면 사용자는 카드를 넣는다. 이때 다음 단계에서 해야 할 일을 알려주는 것이 input() 함수 안의 "문자열을 입력하세요."와 같은 인자의 역할이다.

② 키보드로 'python'이라는 문자열을 입력하면 문자열이 input 함수 위에 올라간다고 시각적으로 생각한다. 그리고 입력한 문자열이 sa 변수에 할당된다.

표준 입력 함수 코드

아래 프로그램을 작성하여 결과를 확인한다.

```
# pinput.py로 아래 프로그램을 저장하고 실행한다.
print("첫 번째 정수를 입력하세요") # 20을 입력
ra=input( ) # -----------------------------------> ①
rb=input("두 번째 정수를 입력하세요") # 5를 입력 # ---> ②
rc=ra+rb # ------------> ③
print(ra, "+", rb, "값은", rc, "이다")
```

① pinput.py 프로그램을 실행하면 ①에서 커서가 껌벅이며 멈춰있다. 키보드로 숫자 20을 입력하고 엔터키를 누른다. 눈에는 안보이지만 이때 문자열 '20'이 반환된다. 키보드로 입력된 값은 모두 문자열로 형 변환되고 시각적으로 반환된 값이 살포시 input() 함수 위에 올라온다고 생각하자. 그리고 반환된 값은 ra 변수에 할당된다. ②에서 커서가 깜박일 때 키보드로 숫자 5를 입력하고 엔터키를 누르면 문자열 '5'가 반환된다. 반환된 값은 rb 변수에 할당된다.

③ 두 변수의 값을 연산자 +를 사용하여 연산한다.

잠깐만요

얼마가 출력될 것이라고 예상하는가?

연산자 +는 피연산자의 값에 따라 기능이 2가지이다. 첫째, 피연산자가 모두 숫자이면 우리가 생각하고 있는 덧셈 연산을 한다. 둘째, 피연산자가 모두 문자열이면 문자열과 문자열을 연결하는 연결자 역할을 한다. 위의 프로그램을 실행하면 여러분의 생각과 다르게 '205'라는 결과가 출력될 것이다. 이는 숫자로 보이지만 문자열 '205'이다. input() 함수는 입력한 정수 20을 문자열로 형 변환하여 반환하고, 입력한 정수 5를 문자열로 형 변환하여 반환한다. 즉, input() 함수 위에 문자열 20이 input() 함수 위에 문자열 5가 살포시 올라가 있는 것이다.

컴파일러 이해

대부분 사람은 컴퓨터가 똑똑하다고 생각한다. 그래서 데이터를 추가하면 알아서 결과가 나온다고 생각하지만, 컴퓨터가 아닌 사람이 똑똑한 것이다. 컴퓨터 내부 상황에 따라 처리해야 할 것들을 사람이 모두 정의해 놓은 것이다. 즉, 파이썬 컴파일러(인터프리터)에 연산자 +가 있을 때, 피연산자가 모두 숫자형일 때, 문자형일 때 등 어떤 일을 할 것인지 먼저 정의되어 있기에 정확하게 처리할 수 있는 것이다. 그래서 이 프로그램을 여러분의 의도대로 덧셈을 실행하기 위해서는 피연산자를 모두 숫자형 데이터로 형 변경을 해야 한다. 이때 형 변경을 하는 방법은 간단하다.

```
ra=int(input( ))
rb=int(input("두 번째 정수를 입력하세요."))
```

다음과 같이 표준 입력 함수를 이용해 입력받은 값을 다시 int형으로 형 변환하면 된다. 그러면 왜 표준 입력으로 받은 숫자형 데이터는 숫자형 데이터로 반환되지 않았을까? 라는 질문과 함께 궁금할 수 있다. 이에 대한 이 책을 쓴 저자의 의견은 '파이썬 언어를 만든사람 마음이다'라는 것이다. 이렇게 생각하면 여러분이 프로그램이 무엇인지에 대한 개념을 갖는데 도움이 된다. 파이썬이라는 세계를 만든 사람이 정한대로(규칙대로) 우리는 파이썬의 세계에서 살아야 한다. 파이썬을 만든 프로그래머는 input() 함수가 입력받은 모든 데이터를 문자열 데이터로 형변환하여 리턴(반환, return)하도록 규칙(정의)을 정했다고 생각하면 된다. 다음 ChatGPT 결합과제 완성 코드에서는 형 변환에 대해 설명되어 있으니 참고하면 좋을 것이다.

생각해 보기

함수를 호출하고 l_value를 사용하는 이유는 프로그래밍에 익숙한 사람에게는 너무나 당연하지만 처음 프로그램을 접할 때는 변수의 역할에 익숙하지 않아 꼭 사용해야 하는지, 언제 사용해야 하는지와 같은 질문을 하는 경우가 있다.
다음 아래 질문과 답을 살펴보며 생각해 보자.

〈left 변수의 역할은 무엇일까?〉

```
a=input("정수를 입력하세요.")라고 쓰는 대신
    input("정수를 입력하세요.")라고 쓰면 안되나요?
```

〈대답 코드 : 아래 코드를 작성하고 실행해 보자.〉

```
a=input("첫 번째 정수를 입력하세요.")
# 커서가 컴벅이면 키보드로 5를 입력하고 엔터를 치면된다.

print("변수 a를 갖고 있는 위의 명령문과 변수를 갖고 있지 않은 아래의 명령문을 비교해 봅시다.")

input("두 번째 정수를 입력하세요.")

print("첫 번째 입력한 정수의 값은", a, "입니다.")
print("두 번째 입력한 정수의 값은 어떻게 표시할지 므르겠네요.")
```

```
>>>
첫 번째 정수를 입력하세요.5
변수 a를 갖고 있는 위의 명령문과 변수를 갖고 있지 않은 아래의 명령문을 비교해 봅시다.
두 번째 정수를 입력하세요.10
첫 번째 입력한 정수의 값은 5 입니다.
두 번째 입력한 정수의 값은 어떻게 표시할지 모르겠네요.
>>>
```

위의 코딩을 살펴보면 input 함수로 입력받은 첫 번째 정수값은 a 변수를 이용해 사용할 수 있고, 두 번째로 입력받은 정수값은 기억장소 어딘가에 저장되지만, 변수가 선언되지 않아 어떻게 접근해야 할지 몰라 사용하지 못하게 된다.

다시 말해, 변수는 기억장소에 있는 데이터에 접근하기 위해 사용한다는 것이다. 프로그래머가 어떤 데이터를 기억장소에 저장하고, 나중에 다시 사용하려면 반드시 변수를 정의하는 것이 필요하다. 그러나 input() 함수로 받아들인 값을 그 뒤에 사용하지 않는 경우가 있다면 굳이 변수를 선언하지 않아도 되며, 이 값을 'l_value'로 할당할 필요도 없다.

3.6 자료형 변환

input() 함수를 사용해 정수 데이터를 받아들여도 반환되는 값이 문자열 데이터형이므로 산술 연산할 경우 반드시 정수 데이터형으로 형 변환이 필요하다. 이와 같이 프로그램을 실행하다 보면 주어진 데이터를 원하는 데이터형으로 변화해야 하는 경우가 많이 발생한다. 이때 현재 사용하고 있는 변수의 데이터형을 확인하고 형 변환하는 과정이 필요하다.

syntax : 자료형 변환

- **정수형으로 변환하기** : int( )
- **실수형으로 변환하기** : float( )
- **문자형으로 변환하기** : str( )
- **데이터형 확인하기** : type( ), 사용하는 데이터나 변수의 데이터형을 확인하기 위해 제공하는 내장 함수이다.

데이터형(data type)을 변환하는 경우 다음과 같이 변수를 형 변환하여 사용하는 것도 좋은 코딩 방법이다.

자료형 변환 코드

input() 함수로 받아들인 데이터를 각각의 변수에 저장하고 그 변수의 데이터형을 int 형으로 변환하여 산술 연산을 실행해 보자.

```
print("첫 번째 정수를 입력하세요.") # 20을 입력하세요.
ra=input()
rb=input("두 번째 정수를 입력하세요.") # 5를 입력하세요.

# 형 변환하기
ra=int(ra)
rb=int(rb)
rc=ra+rb
print(ra, "+", rb, "결괏값은", rc, "이다.")
rd=ra - rb
print(ra, "-", rb, "결괏값은", rd, "이다.")
```

type( ) 함수로 데이터형 확인

다음 코드를 작성하고 type() 함수를 이용해 각 변수의 데이터형을 확인한다.

```
print("첫 번째 정수를 입력하세요") # 20을 입력하세요.
ra=input( )
rb=input("두 번째 정수를 입력하세요") # 5를 입력하세요.
print(type(ra))
print(type(rb))

# 형 변환하기
ra=int(ra)
rb=int(rb)
print(type(ra))
print(type(rb))
rc=ra+rb
print(ra, "+", rb, "=", rc, "이다.")
rd=ra - rb
print(ra, "-", rb, "=", rd, "이다.")
```

코드 결과 예상

다음 코드를 눈으로 읽어 보고 화면에 출력되는 결과를 코드 아래에 작성해 보자.

〈실수형〉

```
a=input("실수를 입력하세요.")
b=input("두 번째 실수를 입력하세요.")
result=a+b
print(a, "+", b, "=", result)
result=a - b
print(a, "-", b, "=", result)
```

〈예상되는 화면 출력 코드〉

다음과 같이 오류 메시지가 표시된다.

```
실수를 입력하세요10
두 번째 실수를 입력하세요7
10+7=107

---------------------------------------------------------------------------
TypeError                                 Traceback (most recent call last)
~\AppData\Local\Temp\ipykernel_20484\4092767159.py in <module>
      3 result=a+b
      4 print(a, "+", b, "=", result)
----> 5 result=a - b
      6 print(a, "-", b, "=", result)

TypeError: unsupported operand type(s) for -: 'str' and 'str'
```

"unsupported operand type(s) for –: 'str' and 'str'" 오류 메시지는 – (뺄셈) 연산자가 '문자열'과 '문자열'을 지원하지 않는다는 것을 나타낸다. 즉, 문자열과 문자열을 빼는 것은 파이썬 컴파일러에 정의되어 있지 않아 이 오류 메시지가 발생하는 것이다. 이 오류 메시지를 ChatGPT와 함께 공부해 보자.

ChatGPT 활용하기

파이썬에서 다음과 같은 오류 메시지를 설명해줘.

TypeError: unsupported operand type(s) for : −: 'str' and 'str'

이 오류 메시지는 파이썬에서 문자열(str)을 빼려고 할 때 발생합니다.

예를 들어, "hello"와 "world"라는 두 개의 문자열을 빼려고 하면 "TypeError: unsupported operand type(s) for : −: 'str' and 'str'" 오류가 발생합니다.

문자열은 숫자와 달리 뺄셈 연산을 지원하지 않기 때문에 이러한 오류가 발생합니다.

만약 두 문자열을 연결하고 싶다면 '+' 연산자를 사용하여 두 문자열을 결합할 수 있습니다.

예시 :

```
str1="hello"
str2="world"
result=str1+ str2
print(result)
```

위 코드는 "helloworld"를 출력합니다.

즉, 피연산자가 문자열인 경우 '+' 연산자는 컴파일러에 정의되어 있어서 연결자의 역할을 하는 것이다. 그러나 '−' 연산자의 경우는 컴파일러에 정의되어 있지 않아 오류가 발생한다. 문제를 의도한 대로 산술 연산자로 계산하기 위해서는 피연산자의 데이터형을 숫자 데이터로 변경해야 한다. 피연산자가 숫자 데이터형인 경우 '−' 연산자가 컴파일러에 정의되어 있다는 것이다.

ChatGPT 결합과제 02 피자 주문내역 만들기

ChatGPT가 만든 프로그램에서 피자 주문과 수량을 입력받는 프로그램을 작성하여 아래와 같이 출력하는 프로그램을 작성하자.

〈화면 출력〉

```
피자 이름을 입력하세요 : 치즈 피자
수량을 입력하세요 : 여러 조각을 선택 가능합니다 3
========================
주문내역 :
========================
피자 :
- 치즈 피자 ( 3500 원 ) x 3
----------------------
  피자 총 가격 : 10500 원
========================
```

ChatGPT 결합과제 03 음료수 메뉴와 주문내역 만들기

음료수 메뉴 화면에 출력하고 음료수 메뉴 주문받고 총 가격을 출력하는 프로그램을 완성하자.

문제 1 다음 출력문을 실행하고 오류가 발생하면 오류 메시지를 확인한 다음 내용을 확인하여 출력문을 변경해 보세요. 문제 정답은 376쪽 참고

```
age=14
print("당신의 나이는"+age+"살입니다")
```

① 오류 원인을 추측한다.

② ChatGPT에 오류 메시지를 확인해 보고 본인의 생각이 맞는지 확인한다.

③ 오류가 나지 않도록 변경한다.

문제 2 다음 내용을 확인하여 정기예금의 이자율에 따른 소득을 계산하는 프로그램을 작성하세요. 문제 정답은 377쪽 참고

① 정기예금 금액은 255만 원
② 이자율은 4.1%
③ 기간 12개월
④ 만기후 총 금액을 계산하여 화면에 출력

- 조건 : ①과 ②의 데이터값은 표준 입력 함수를 사용하여 프로그램을 작성하세요.

문제 3 다음 내용을 확인하여 본인의 이름, 학번, 학과, 이전 학기 학점을 각각 변수에 저장하고 화면에 출력하는 코드를 작성하세요. 문제 정답은 377쪽 참고

- 본인 정보를 프로그램에 저장하기
- 실제 상황에서 변수에 저장할 데이터의 종류에 대해 생각하기

ChatGPT 결합과제 완성 코드

4 〉 기초를 활용한 피자 주문 프로그램

ChatGPT 결합과제에서 제시한 피자 주문 프로그램을 만드는 완성 코드를 살펴보자. 〈2장〉까지 배운내용만으로 프로그램을 작성 가능하도록 하기 위해 아래와 같은 제한 조건을 제시한다.

- 피자의 가격은 3500원으로 모두 동일하다.
- 음료수의 가격은 1500원으로 모두 동일하다.
- 피자는 한 종류의 피자만 주문이 가능하다.
- 음료수는 한 종류의 음료수만 주문이 가능하다.

아래 코드를 작성하면서 현실에는 없는 이러한 제한이 왜 있을까 생각하고, 어떤 기능을 아직 배우지 않아 이런 제한이 있을지 생각해 보자.

ChatGPT 결합과제 01 피자 메뉴 만들기 코드

```
# 피자 메뉴
pizza1="페퍼로니 피자"
pizza2="치즈 피자"
pizza3="콤비네이션 피자"
pizza4="불고기 피자"
pizza5="해산물 피자"
price1=3500

# 피자 선택
print("피자를 선택해주세요/한 종류의 피자만 선택 가능합니다.")
print(pizza1, "(",price1,"원)")
print(pizza2, "(",price1,"원)")
print(pizza3, "(",price1,"원)")
print(pizza4, "(",price1,"원)")
print(pizza5, "(",price1,"원)")
```

ChatGPT 결합과제 02 피자 주문내역 만들기 코드

```
pizza=input("피자 이름을 입력하세요 : ")
pizza_count=int(input("수량을 입력하세요 : 여러 조각을 선택 가능합니다."))
print("------------------------------------------------------------")
```

```
# 총 주문 가격 계산
print("============================")
print("주문내역 :")
print("============================")
print("피자 :")
subtotal=price1 * pizza_count

print("-",pizza,"(",price1,"원) x",pizza_count)
print("--------------------------")
print("  피자 총 가격 :", subtotal,"원")

print("============================")
```

〈화면 출력〉

```
피자 이름을 입력하세요 : 치즈 피자
수량을 입력하세요 : 여러 조각을 선택 가능합니다 3
========================
주문내역 :
========================
피자 :
- 치즈 피자 ( 3500 원 ) x 3
------------------------
  피자 총 가격 : 10500 원
========================
```

잠깐만요

업그레이드하기

실제 피자를 주문하려면 피자의 가격은 메뉴 종류마다 다르다. 선택한 종류에 따라 pizza_price에 해당하는 가격을 할당하도록 프로그램을 업그레이드해야 한다. 프로그램에 피자 메뉴를 구분하는 기능이 필요하다.

ChatGPT 결합과제 03 음료수 메뉴와 주문내역 만들기 코드

```
# 음료수 메뉴와 가격
drink1="콜라"
drink2="사이다"
drink3="생수"
drink_price1=1500

# 음료수 선택
print("음료수를 선택해 주세요./한 종류의 음료만을 선택 가능합니다.")
print(drink1,"(",drink_price1,"원)")
print(drink2,"(",drink_price1,"원)")
print(drink3,"(",drink_price1,"원)")
drink=input("음료수 이름을 입력하세요 : ")
drink_count=int(input("수량을 입력하세요 : 여러 잔을 선택 가능합니다."))
print("===========================")
print("음료수 :")
subtotal=drink_price1 * drink_count
print("-",drink,"(",drink_price1,"원) x",drink_count)
print("--------------------------")
print(" 음료수 총 가격 :", subtotal,"원")
print("===========================")
print("\n")
```

```
음료수 이름을 입력하세요: 사이다
수량을 입력하세요: 여러 잔을 선택 가능합니다 3
===========================
음료수:
- 사이다 ( 1500 원) x 3
--------------------------
  음료수 총 가격: 4500 원
===========================
```

나중에 보기

A. 메모리 관점(파이썬 컴파일러 관점)에서 프로그램을 생각해 보기

프로그램을 작성하고 연산과 그 결과를 출력하는 기본적인 프로그램을 실행해 보았다. 어느 정도 프로그래밍에 익숙해졌다면 메모리의 관점에서 프로그램의 실행 과정을 살펴보자.

```
na = 10
nb = 11
print()
```

세 개의 명령어로 이루어진 프로그램을 작성하고 'first.py'로 저장하고 프로그램을 실행하였다. 이때 프로그램의 실행 순서를 메모리의 관점에서 살펴보자.
이 프로그램을 'first.py'로 저장하고 실행하면 컴퓨터에서는 아래와 같은 단계로 프로그램이 실행된다.

1단계 **first.py 프로그램이 Main Memory(주기억장치, RAM)로 적재(load)된다.**

이때 적재 된다는 것은 데이터값을 넣을 수 있는 기억공간을 확보하고 그 기억공간의 시작주소와 변수명을 1대 1로 사상(Mapping)시키는 것이다. 이것은 여러분이 웹사이트에 접근할 때 사람이 기억하기 어려운 IP 주소 대신 기억하기 쉽게 웹사이트 주소(예를 들면, www.python.org)를 사용하는 것과 비슷한 이유이다.

2단계 **cpu가 명령어를 하나씩 처리한다.**

여기에서는 이해를 돕기 위해 파이썬 프로그램을 컴파일 언어로 가정하고 설명한다. 변수명과 기억공간의 시작 주소가 사상된 결과로 변수명은 메모리 내에 이름공간(Namespace)에 기록된다. 파이썬에서 대입 연산자의 할당 관계를 이해해 보자. 이 부분은 초보자들에게 어려울 수 있으니 〈5장〉 리스트를 학습할 때 자세히 학습하는 것을 권한다.

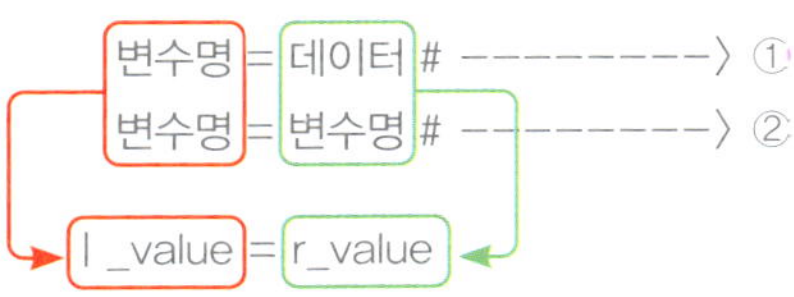

파이썬에서는 l_value나 r_value 등 모든 변수는 실제 데이터에 접근할 수 있는 주소값을 갖고 있다.
① r_value가 데이터인 경우 데이터가 저장되어 있는 메인 메모리의 주소가 l_value에 할당(저장)된다.
② r_value가 변수명인 경우 변수에는 주소가 저장되어 있다. r_value의 주소값이 l_value에 할당(저장)된다.
③ 대입 연산자 없이 쓰이는 경우 그 변수는 r_value이고 r_value의 주소로 찾아갈 수(접근할 수) 있는 데이

터를 의미한다. 즉, 대입 연산자를 이용 r_value를 l_value에 할당(저장)할 때만 r_value에 저장된 주소값이 l_value에 저장(할당)되고, 그 외의 모든 경우 r_value는 r_value의 주소가 가리키는 데이터를 나타낸다.

na=10
nb=11

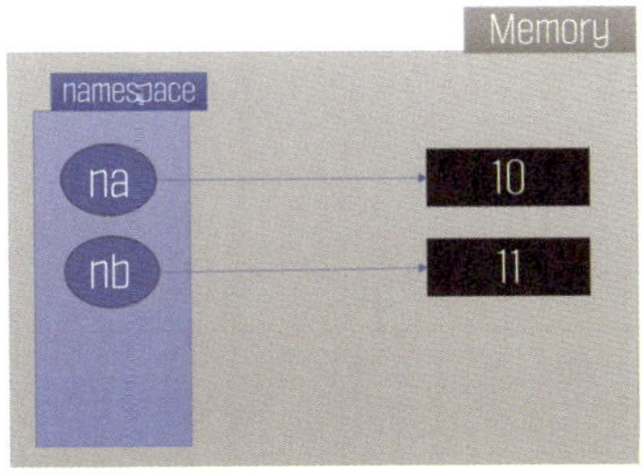

na=10
nb=11

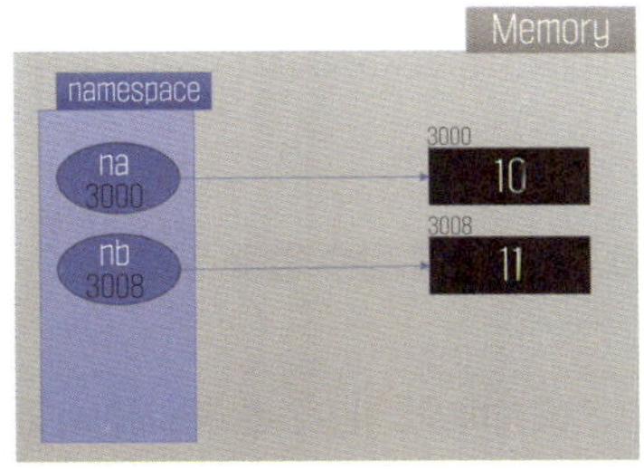

l_value인 na 변수(기억장소)에 r_value인 정수값 10을 찾아갈 수 있는 주소(3000)가 저장되고, l_value인 nb 변수(기억장소)에 r_value인 정수값 11을 찾아갈 수 있는 주소(3008)가 저장된다. l_value인 nc 변수(기억장소)에 r_value인 정수값 10을 찾아갈 수 있는 주소(3000)가 저장된다. 이때 na 변수와 nc 변수가 같은 값을 갖는 것을 볼 수 있다.

na=10
nb=11
nc=10

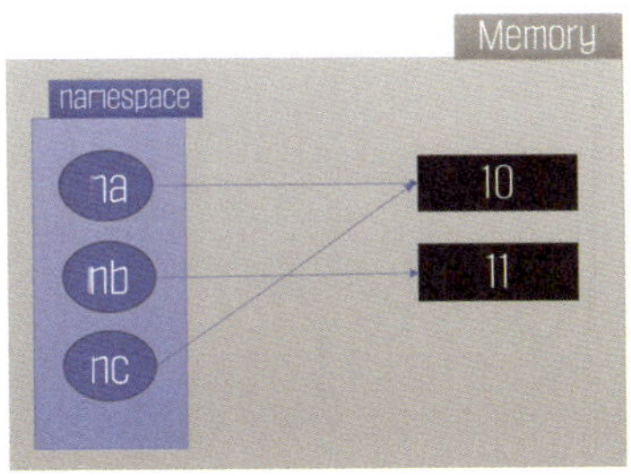

na=10
nb=11
nc=10

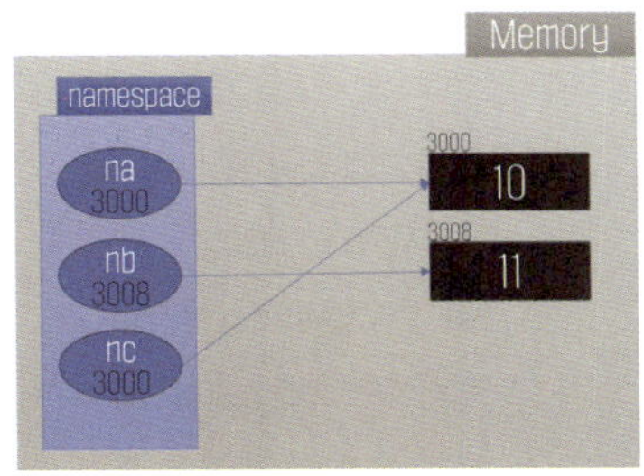

nc=nb는 l_value인 nc 변수(기억공간)에 r_value 인 변수 nb의에 저장된 값인 주소값 3008이 저장된다.

na=10
nb=11
nc=nb

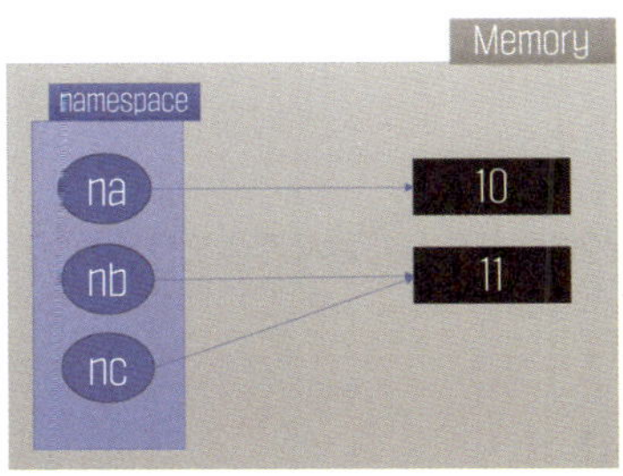

na=10
nb=11
nc=nb

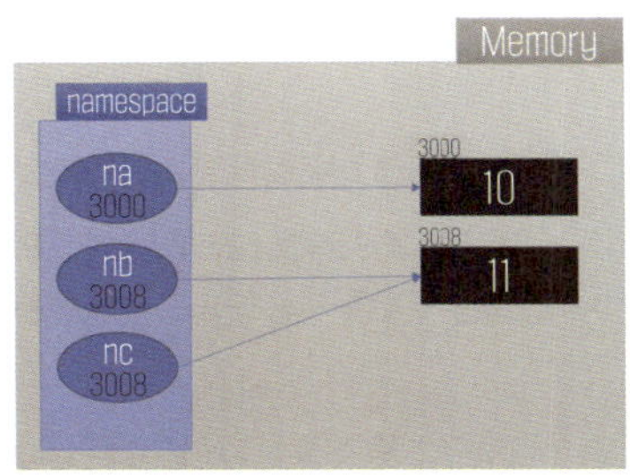

print(nc)를 실행하면 nc는 r_value로 l_value에 할당하는 작업이 아니므로 nc 변수가 가리키는 데이터인 11이 반환되고 화면에 출력된다.
지금까지 배운 지식으로 l_value와 r_value, 대입 연산자의 관계로 파이썬 프로그램을 이해했다면 충분하다. 자세한 내용은 〈5장〉에서 다시 살펴본다.

B. 표준 출력 함수 출력 양식

① 콤마(,)로 각 요소를 구분하면서 출력하기

표준 출력 함수 : print()

함수명 : print

인자값 : print("문자열"), print(숫자데이터), print(변수), print("문자열", 숫자데이터, 변수)

반환값 : 없음

- 반환값

  함수가 수행한 다음에 되돌려 주는 값을 반환값이라 한다.

② 서식 문자열 사용하기

- 형식지정자 : 자료형

  %s: 문자열 string(문자열)

  %d: 정수 decimal(십진수, 정수)

  %f: 실수 float(실수)

- 서식 문자열과 변수 사용

  서식 문자열에 치환되는 값을 문자열 또는 숫자값으로 직접 사용했지만, 값이 들어갈 위치에 변수를 사용하면 변수가 나타내는 값으로 치환된다.

③ f-문자열 이용해서 문자열 생성하기

문자열의 시작을 나타내는 따옴표 앞에 'f' 문자를 붙여야 하고, 서식 문자열의 중간에 들어가는 각 변수들은 '{','}'를 사용하여 표시하면 된다.

```
print(f ' 문자열식 : {변수명}으로 표현 가능 ' )
```

REVIEW

문제 화면에 아래와 같이 출력되도록 print 문을 변경하여 작성한다.

```
na값 20 더하기 nb 값 5의 결괏값은 25다.
```

〈코드〉

① 콤마 사용

```
print("na값",na,"더하기 nb 값",nb,"의 결괏값은",na+nb,"다.")
```

② 서식 문자열과 변수 사용

```
print("na값 %d 더하기 nb 값 %d 의 결괏값은 %d 다."%(na,nb,na+nb))
```

③ f-문자열 이용하기

```
print(f"na값 {na} 더하기 nb 값 {nb} 의 결괏값은 {na+nb} 다.")
```

| 3장 |

조건식과 제어문

학습 목표

프로그래밍은 일상생활에서 발생할 수 있는 문제를 해결하기 위한 과정을 논리적으로 구조화하는 과정이다. 일상생활에서 문제를 해결하기 위해서는 항상 선택의 여지가 있다. 이때 문제를 논리적으로 볼 수 있도록 여러 가지 해결 방법을 고려하고, 그중에서 하나를 선택하는 기능을 프로그램에서는 제어문이라고 한다. 이번 장에서는 조건식과 제어문에 대해 알아보고 피자 주문 프로그램을 수정해 보자.

만들어 보기

ChatGPT 결합과제에서 제어문(if)으로 작성하자.

프로그램 업그레이드 하기

어떤 기능이 있으면 프로그램을 좀 더 간결하게 만들 수 있을지 생각해 보자. 다음 장에서 배우는 명령어(syntax)들은 이런 필요성 때문에 만들어진 것이다. 필요성은 학습의 가장 큰 동기이다. 필요성을 느끼고 다음 장을 배운다면 좀 더 재미있게 학습할 수 있다.

프로젝트 결과물

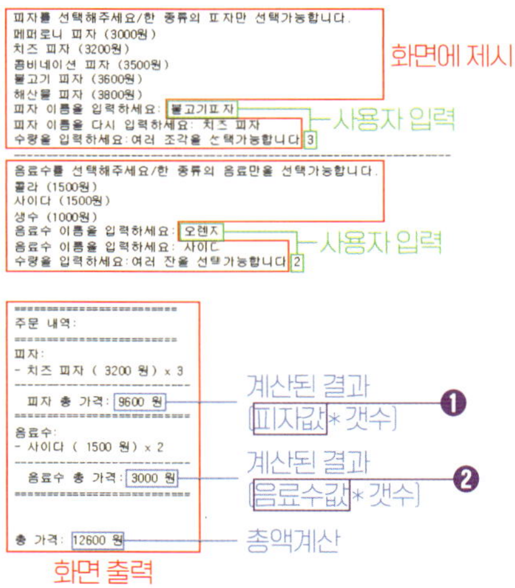

피자를 선택하기

- 피자 메뉴 중 1개의 메뉴만 선택 가능하다.
- 음료수 메뉴 중 1개의 메뉴만 선택 가능하다.
- 메뉴 이름을 잘못 작성해도 수정할 수 없다.
- 각 메뉴의 가격이 다르다.

| 제어문을 이용하여 작성하기 |

이번 장에서 배우는 제어문 기능으로 작성해 보자.

- 입력받은 피자 메뉴에 따라 pizza_price에 가격을 할당해야 한다.
- 입력받은 음료수 메뉴에 따라 drink_price에 가격을 할당해야 한다.

이번 장에서는 각 피자마다 가격이 달라 주문받은 피자가 무엇인지에 따라 가격이 얼마인지 결정해야 한다.

예를 들어, 여러분이 피자가게 처음 일을 시작하는 아르바이트생이어서 아직 피자 가격을 다 외우지 못했다면 어떻게 할까? 해산물 피자를 주문받았다면 아르바이트생은 피자 가격을 다 알지 못하니 메뉴판의 제일 첫 메뉴부터 확인하면서 피자를 주문받아야 할 것이다.

첫 번째 메뉴 항목을 확인하니 해산물 피자가 아닌 페퍼로니 피자이다. 즉, 메뉴판의 첫번째 메뉴가 해산물 피자인지 아닌지를 확인하는 과정을 '조건식'이라고 한다.

일치하면 True를 리턴하고 일치하지 않으면 False를 리턴한다. 그리고 주문한 피자와 메뉴판의 피자가 일치할 때까지 순서대로 반복한다. 주문한 해산물 피자와 메뉴판 메뉴가 일치하면 해당 피자의 가격을 price 변수에 저장한다.

프로그램을 어렵다고 느끼는 이유는 프로그래밍이 실생활과 분리되어 있다고 인식하기 때문이다. 그러나 프로그램은 인간 활동의 공통된 부분을 다룰 수 있는 과정을 명령어(syntax)로 만들어 실제 상황의 문제를 처리하는 것과 유사한 과정을 처리하도록 한다. 제어문은 우리가 인생에서 선택의 갈림길에 섰을 때 얼마나 많은 선택의 경우의 수를 만나고 그 중 하나를 선택하는 순간을 논리적으로 표현한 명령어이다. 이 장에서는 여러 개의 선택 사항 중 하나만 선택할 수 있는 제한된 세계를 만드는 방법을 제어문을 사용하여 배운다. 우선 피자의 종류를 선택해 보자.

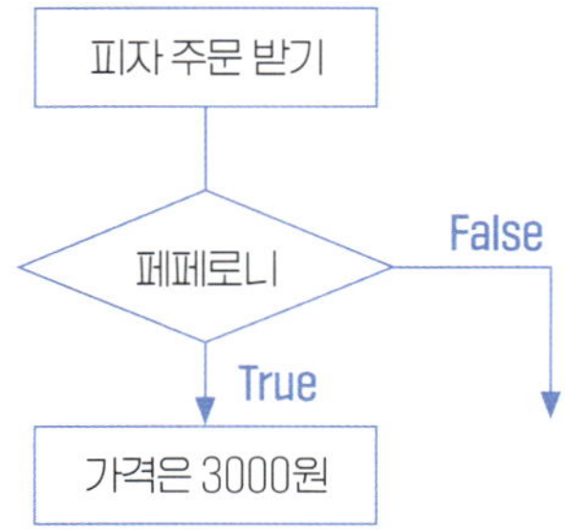

syntax : 조건식과 제어문의 프로그램 이해

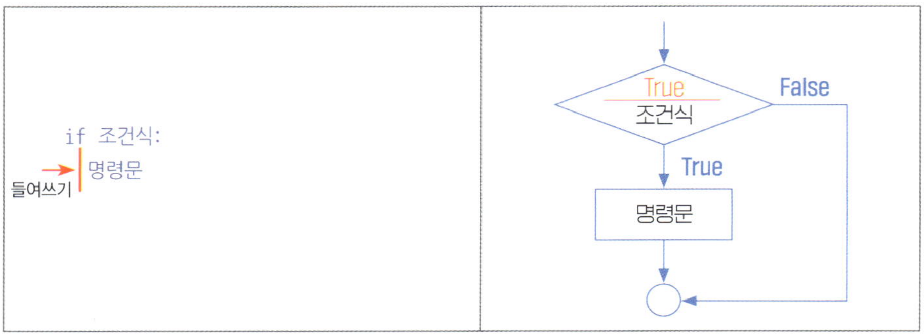

syntax : 정확한 코딩

1) 조건문 다음에 콜론(:)

if 조건문 뒤에는 반드시 콜론(:)이 붙는다. 콜론을 붙이는 것은 파이썬의 문법 구조이다. 그 아래 들여쓰기(indentation)가 적용된 명령어는 [if 문 BLOCK]이다.

2) 들여쓰기(indentation)

들여쓰기를 이용하여 if 조건문이 영향을 미치는 범위를 알려준다. 들여쓰기가 적용된 명령문 BLOCK은 [if 문 BLOCK]으로 if 조건문의 결과가 True일 때 실행되는 범위이다. if 조건문의 결과가 False이면 [if 문 BLOCK] 밖의 명령문을 실행한다.

- 파이썬이 다른 언어보다 소스 코드를 간결하게 만들기 위해 콜론(:)을 사용하여 들여쓰기(indentation)를 사용하였다. 이는 파이썬만의 독특한 문법 구조이다. 다른 언어는 파이썬의 indentation 대신 { } 기호로 감싸서 표현한다.

1 〉 조건식

조건식은 계산의 결과 반환되는 값이 True(참) 또는 False(거짓)인 식이다. True와 False 2가지 값을 갖는 데이터형이 부울 데이터형(Boolean Data Type)이다. 연산결과가 True 또는 False인 연산자는 '비교 연산자'와 '논리 연산자'가 있다. 이 중 우선 비교 연산자를 먼저 확인하고 if 제어문에 적용하여 프로그램을 작성하자.

1.1 비교 연산자

조건식은 비교 연산자를 사용하여 구성한다. 비교 연산자 왼쪽과 오른쪽의 값을 비교하여 그 결과를 True 또는 False로 나타낸다. 다음은 제어문에서 비교 연산자(조건식)의 역할을 설명한 것이다.

syntax : 비교 연산자

피연산자 비교 연산자 피연산자	10 > 22

syntax : 정확한 코딩

1. **피연산자** : 두 개의 피연산자는 서로 비교가 가능한 대등한 데이터형이면 모두 가능하다.
2. **실행 결과** : 비교 연산자의 실행 결과는 True 또는 False이다. 실행 결과를 확인하기 위해서는 print 문을 함께 실행하면 된다.
3. **부울 데이터형(Boolean Data Type)** : True나 False 2가지 값을 갖는 데이터형이다.

다음 비교 연산자의 종류를 정리한 표를 살펴보자.

비교 연산자	의미	a=10, b=20	출력 결과
a==b	a와 b는 같다.	print(a == b)	False
a!=b	a와 b는 같지 않다.	print(a != b)	True
a<b	a는 b보다 작다.	print(a < b)	True
a<=b	a는 b보다 작거나 같다.	print(a <= b)	True
a>b	a는 b보다 크다.	print(a > b)	False
a>=b	a는 b보다 크거나 같다.	print(a >= b)	False

비교 연산자 코드

비교 연산자는 조건식으로 제어문과 함께 사용한다. 결과를 화면으로 확인하기 위해 print 문을 함께 사용해 보자.

```
na=10
nb=20
if na <=nb: # ---------------------> ①
    print("na :", na, "nb :", nb)
    print(nb,"는", na,"보다 크다.") # ----> ②
print("프로그램 종료") # --------> ③
```

(들여쓰기)

〈화면 출력〉

```
na : 10 nb : 20
20 는 10 보다 크다.
프로그램 종료
```

코드 설명

① $\overset{\text{true}}{\overline{na <= nb}}$ 비교 연산자의 결과가 비교 연산자 위로 올라온다고 시각적으로 생각하는 것이 이해하기 쉽다.

② 결과가 True이면 if 조건문은 indentation(들여쓰기)되어 있는 명령문 ②까지 실행된다. ③은 if 조건식의 결과와 상관없이 항상 실행된다.

1.2 논리 연산자

논리 연산자를 사용하여 여러 개의 조건을 결합할 수 있다. 논리 연산자는 AND, OR, NOT 세 가지가 있으며, 각각 두 개 이상의 조건식을 결합하는 데 사용된다. 이러한 논리 연산자를 활용하여 조건식을 더욱 복잡하게 만들 수 있고, 이를 활용하여 프로그램의 흐름을 제어할 수 있다.

syntax : 논리 연산자

부울 데이터형 논리 연산자 부울 데이터형	True and Fasle

syntax : 정확한 코딩

1. **피연산자** : 부울 데이터형이어야 한다.
2. **실행 결과** : 논리 연산자의 실행 결과는 True 또는 False이다.
3. **부울 데이터형(Boolean Data Type)** : True나 False 두 가지 값을 갖는 데이터형이다.

논리 연산자의 AND 연산자와 OR 연산자 결과를 정리하면 다음과 같다.

AND 진리표

A	B	Output
0	0	0
0	1	0
1	0	0
1	1	1

OR 진리표

A	B	Output
0	0	0
0	1	1
1	0	1
1	1	1

논리 연산자 코드

디지털에서는 정수 1이 True, 0이 False다. AND 논리 연산자는 피연산자가 모두 참(True, 1)일 때만 True가 되고, 그 외는 모두 False이다 OR 연산자는 피연산자가 모두 거짓(False, 0)일 때만 False이고, 그 외의 모든 경우는 True이다.

	〈화면 출력〉
print(True and True) print(True and False) print(False or False) print(False or True)	True False False True

코드 설명

① True and True의 결과는 True다. 결과를 프로그래머가 확인하기 위해서 화면에 나타나도록 print 문을 사용하였다.

② AND 연산자 피연산자가 하나라도 True가 아니면 False이다.

③ OR 연산자의 피연산자가 하나라도 True면 True다.

1.3 연산자 우선순위

조건식에서 연산자의 우선순위를 확인하고 예시 코드를 살펴보며 프로그램을 이해해 보자.

syntax : 연산자 우선순위

A 연산자 (B 연산자 C 연산자 D)	2 * (3-5)

syntax : 정확한 코딩

1. 실행 결과 : 괄호 안의 연산을 가장 먼저 실행하여 결과는 -4가 출력된다.

2. 연산자 우선순위 : 괄호〉 산술 연산자 〉 비교 연산자 〉 논리 연산자

연산자 우선순위 코드

```
print(9>4 and 3>2) # ----> ①
print(9<4 and 3>2)
print(9<4 or 3<2) # ----> ②
print(9<4 or 3>2)
```

〈화면 출력〉

```
True
False
False
True
```

코드 설명 (1)

① **실행 순서 1) 비교 연산자** : 비교 연산자와 논리 연산자가 함께 사용되었다. 비교 연산자가 우선순위가 높다. 첫 번째 명령어에서 9>4 비교 연산자의 결과는 True이다. 3>2 비교 연산자의 결과는 True이다.

② **실행 순서 2) 논리 연산자** : 비교 연산자의 결과인 True and True를 실행하여 결과 True가 출력된다.

코드 설명 (2)

① **실행 순서 1) 비교 연산자** : 비교 연산자와 논리 연산자가 함께 사용되었다. 비교 연산자가 우선순위가 높다. 첫 번째 명령어에서 9<4 비교 연산자의 결과는 False이다. 3<2 비교 연산자의 결과는 False이다.

② **실행 순서 2) 논리 연산자** : 비교 연산자의 결과인 False or False를 실행하여 결과 False가 출력된다.

2 〉 제어문

조건식의 결과에 따라 실행할 명령문을 제어(Control, 선택)한다. 일상에서 양자택일의 순간을 프로그램 언어로 바꾸면 제어문(조건문)이 되는 것이다. 실생활에서도 양자택일은 흔한 경우 중 하나로, 한번의 결정 결과에 따라 새로운 결정을 내려야 하는 경우도 있다. 이처럼 제어문은 일상에서 발생하는 계속적인 경우의 수와 선택의 순간으로 만들어 진다.

제어문 전체 BLOCK에서 선택할 수 있는 경우의 수는 여러 가지일 수있다. 그러나 실행되는 명령문 BLOCK은 선택된 하나만 실행된다. 제어문은 실행할 [명령문 BLOCK] 하나를 선택(제어)하는 과정이다.

어떤 일을 결정할 때 선택의 순간이 한 번일 수도 있고, 여러 번일 수도 있다. 이때 선택의 순간을 표현하는 3가지 방법에 대하여 알아보자.

[제어문 BLOCK]

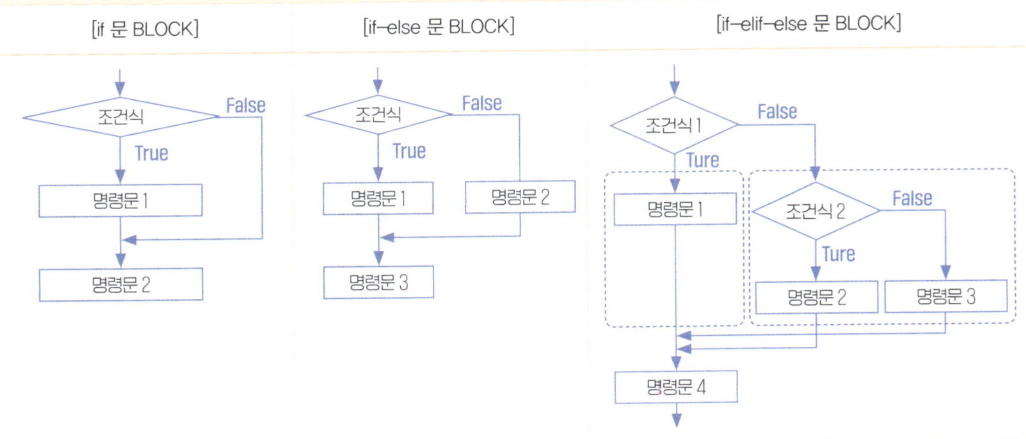

2.1 if 문

if 제어문에서 조건식이 True인 경우에만 실행할 명령문 BLOCK이 있다.

syntax : if 문

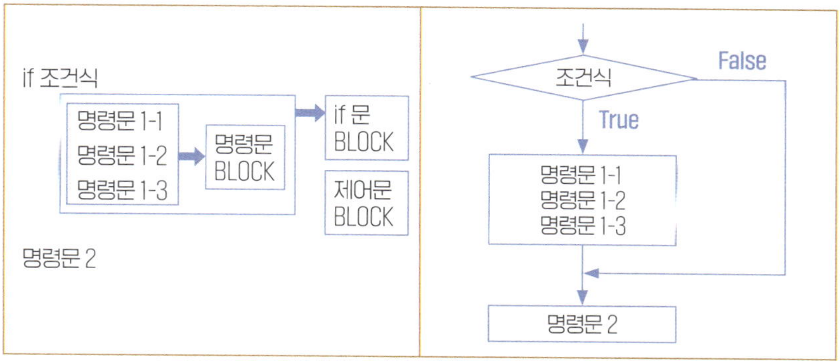

syntax : 정확한 코딩

1. **if 조건식** : 조건식이 True이면 들여쓰기되어 있는 명령문[if 문 BLOCK]까지 실행된다.
2. 명령문2는 제어문과 상관없이 항상 실행된다.

if 문 코드

정수가 홀수인지 짝수인지 구별하는 프로그램을 작성한다.

```
na=21
if na % 2==0:
    print(na,"짝수")
print("if 문 종료 됨")
```

〈화면 출력〉

```
if 문 종료 됨
```

코드 설명

① 산술 연산자와 비교 연산자의 우선순위 : 산술 연산자가 먼저 실행된다.

② na % 2 산술식의 결과는 정수 1이다.

③ 정수 1과 정수 0의 비교 연산자를 실행한다. 결과는 Fasle이다.

④ if 조건문은 들여쓰기되어 있는 첫 번째 print 문까지만 영향력을 미친다.

2.2 if-else 문

True일 경우와 False일 경우 모두 실행할 명령문 BLOCK을 각각 정의하고 조건식의 결과에 따라 양자택일하는 것이다. 조건식의 결과가 True인 경우 if 문 BLOCK이 실행된다.

else: 조건식의 결과가 True 것을 제외한 그 외의 모든 경우이다.

syntax : if-else 문

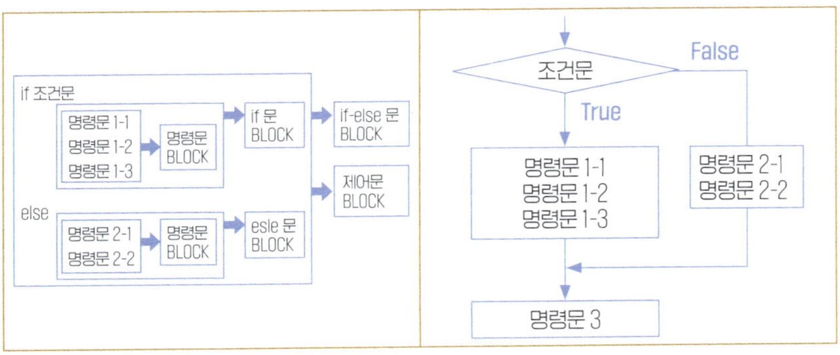

syntax : 정확한 코딩

1. **if 조건문** : if 조건문이 True이면 들여쓰기가 되어 있는 명령문[if 문 BLOCK]까지 실행된다.
2. **else** : else 문은 if 조건문이 True가 아닌 그 외의 모든 경우이기 때문에 조건식을 따로 지정할 필요가 없다. else: 문 아래 들여쓰기가 되어 있는 명령문[else 문 BLOCK]까지만 실행된다. else는 if 문의 조건 이외의 모든 경우이므로 if 문이 없다면 존재할 수 없다.
3. **[if-else 문 문 BLOCK]([제어문 BLOCK])** : [if-else 문 BLOCK]에서는 [if 문 BLOCK]이나 [else 문 BLOCK] 중 하나만 선택되어 실행된다. 즉, 하나만 선택된 후 [제어문 BOLCK]이 실행 종료되고, 명령문 3이 실행된다.

if-else 문 코드

앞서 살펴본 if 문 코드에서 na 변수의 정수가 짝수인 경우와 홀수인 경우를 구분하여 그 결과를 화면에 출력하도록 if-else 문으로 프로그램을 수정하자.

```
na=21
if na % 2==0:
    print(na,"짝수") # ---------> ①
else:
    print(na, "홀수") # --------> ②
print("if 문 종료됨") # ---------> ③
```

〈화면 출력〉

```
21 홀수
if 문 종료됨
```

코드 설명

- **산술 연산자 %** : 산술 연산 나누기(/) 실행의 결과 나머지
- **연산자 우선순위** : 산술 연산자 〉 비교 연산자

na % 2의 결괏값인 정수 1을 비교 연산자를 이용하여 정수 0과 같은 값인지 비교한다. 결과가 False이므로 ②의 명령문이 실행된다.

③의 명령문은 [if 문 BLOCK]이 아니므로 if 제어문의 결과와 관계없이 항상 실행된다. 처음 프로그램을 배웠을 때 많이 실수하는 부분으로 이해하고 넘어간다.

문제 1 if–else 문 코드 프로그램에서는 ①, ② 2개의 print 명령어를 사용하였다. print 명령문을 print(na, sa) 1번만 사용하여 동일한 결과가 나오도록 프로그램을 변경하세요. 문제 정답은 378쪽 참고

힌트 : 변수를 사용하여 프로그램을 좀 더 간결하게 작성할 수 있다.

문제 2 위 프로그램에서 임의의 정수를 입력받아 짝수 홀수를 구별하는 프로그램으로 수정하세요. 문제 정답은 378쪽 참고

힌트 : 1) 정수 입력받기(input 함수)와 2)비교 연산자를 사용하여 2가지를 해결한다. 문제가 복잡해 보일 때 각 단계를 하나씩 작은 단위로 나누어 해결하는 논리적 과정을 연습하기 위한 기본 문제이다.

2.3 if-elif-else 문

else는 그 외의 모든 경우로 이해하는 것이 중요하다. 즉, 이외의 여러 가지 경우의 수를 나누어 선택해야 할 때 elif를 사용하고, 파이썬에서는 간단하게 elif로 표현할 수 있다. 이를 이해하면 선택지가 계속 증가하여도 프로그램을 유연하게 작성할 수 있다.

syntax : if-elif-else 문

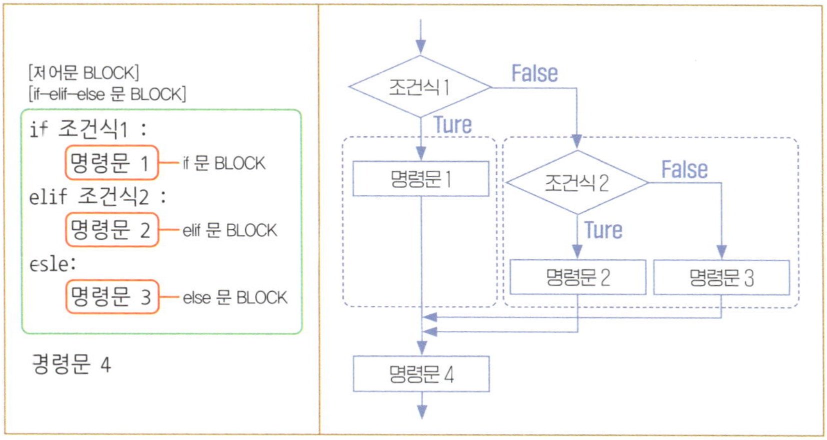

syntax : 정확한 코딩

- **if 조건식** : 조건식이 True인 경우만 명령문 1이 실행된다.
- **elif 조건식** : [elif]는 else if를 줄여서 표현한 것으로, 그 외의 모든 경우 중 다시 선택하는 부분으로 조건식이 반드시 필요하다. 이는 if 조건식이 False인 경우에 해당하며, 그 외의 모든 경우를 다시 조건으로 나누는 것이다. elif 문은 들여쓰기된 명령문 [elif 문 BLOCK]까지만 실행된다.
- **else** : else는 그 외의 모든 경우를 의미하기 때문에 조건식이 필요하지 않다. 위의 그림에서 선택할 수 있는 명령문은 3가지로, [제어문 BLOCK]은 이 세 가지 중 하나만 선택할 수 있다.

  if 조건식에 따라 3개의 명령문 중 하나가 선택되고, [제어문 BLOCK]의 실행이 종료되면 명령문 4가 실행된다. [제어문 BLOCK]은 선택된 조건식에 따라 실행되는 것이며, 실행이 종료되면 [제어문 BLOCK] 다음의 명령어가 실행된다. 이 점을 명확히 이해하면 제어문이 길어져도 이해하기 쉬울 것이다.

if-elif-else 문 코드

토익 점수를 상중하로 900점 이상이면 상위권, 900점 미만이고 700점 이상이면 중위권, 700점 미만이면 하위권으로 분류하는 프로그램 작성한다.

```
tscore=700
if tscore > 900: # ---------> ②
    print("당신의 토익 점수는", tscore, "상위권 점수입니다.")
elif tscore > 700: # ---------> ①
    print("당신의 토익 점수는", tscore, "중위권 점수입니다.")
else: # ---------> ③
    print("당신의 토익 점수는", tscore, "하위권 점수입니다.")
print("if 문 종료됨")
```

〈화면 출력〉

```
당신의 토익 점수는 700 점으로 하위권 점수입니다.
if 문 종료됨
```

코드 설명

① elif에서 조건식을 작성할 때 조건이 900점 미만이고 700점 이상이라는 설명에 해당하는 부분을 작성하는 것이다. 이때 tscore 〉=700 and tscore 〈 900으로 비교 연산자와 논리 연산자를 사용해야 하는 지 고민이 됐을 것이다. ②에서 if tscore 〉 900을 만족하지 못할 경우만 아래 elif 문으로 제어가 넘어간다. 즉, elif 문을 실행한다는 것은 tscore가 900점 미만일 때이므로 조건식에 900점 미만이라는 내용을 표현할 필요는 없다.

③ 한글로 제시된 문제에서 700점 미만이라는 표현은 그 외의 모든 경우이다. 즉, 조건식이 필요 없는 else 문만 사용하면 된다.

위의 [제어문 BLOCK]은 3가지의 경우의 수 중 하나를 선택하는 것이다. 하나가 선택되면 [제어문 BLOCK]은 종료되고 그 다음 명령어를 실행하면 된다.

2.4 여러 개의 elif 문

syntax : 여러 개의 elif 문

```
if 조건1 :
        명령문1-1
        명령문1-2
elif 조건2 :
        명령문2-1
        명령문2-2
        명령문2-3
elif 조건3 :
        명령문3
else:
        명령문4-1
        명령문4-2
명령문5
```

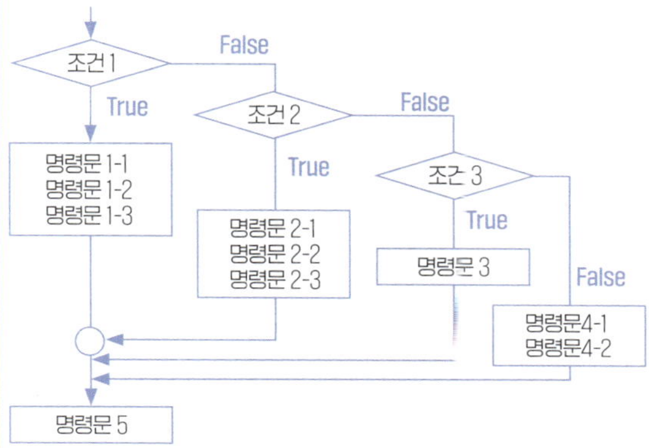

syntax : 정확한 코딩

- **elif 조건식** : [elif BLOCK]은 여러 개가 존재할 수 있는 제어문이다. 복잡해 보일 수 있지만, 기억해야 할 원칙은 하나이다. 이는 여러 경우 중 단 하나만 선택할 수 있다는 원칙으로, 어떤 부분에서 선택이 이루어지든지 상관없이 [제어문 BLOCK]을 종료하고 다음 명령문을 실행하면 된다는 것이다.

  복잡한 if 제어문 코드를 이해하려면 다음 사실을 기억하는 것도 도움이 된다. if 문은 else가 없어도 상관없지만, else 문은 if 없이는 존재할 수 없다는 것이다. 그러므로 if 문이 긴 코드인 경우, 먼저 else 문을 찾고 if 문을 찾아 전체 [제어문 BLOCK]을 확인한 다음에 하나를 선택하여 선택이 완료된 후에 [제어문 BLOCK] 다음의 명령문을 실행하면 된다.

번역 프로그램 코드

지금까지 배운 내용을 기반으로 할 수 있는 기능 내에서 한국어를 영어로 번역하는 프로그램을 작성한다.

• 한국어로 '월요일'부터 '일요일'까지 요일을 입력받고 각 요일을 영어 요일로 변경해 주는 프로그램을 작성하자.

```
print("월요일부터 일요일 중 영어로 번역하고 싶은 요일을 입력하세요.")
yoil=input()
if yoil=="월요일":
    print("monday")
elif yoil=="화요일":
    print("tuesday")
elif yoil=="수요일":
    print("wednesday")
elif yoil=="목요일":
    print("thursday")
elif yoil=="금요일":
    print("friday")
elif yoil=="토요일":
    print("saturday")
elif yoil=="일요일":
    print("sunday")
else:
    print("한글 요일을 잘못 입력했습니다.")
```

〈화면 출력〉

```
월요일부터 일요일 중 영어로 번역하고 싶은 요일을 입력하세요.:월요일
monday
```

코드 설명

• input으로 입력받은 값은 문자열이다.

• 비교 연산자를 이용하여 입력받은 문자열을 문자열과 비교한다. 문자열은 반드시 따옴표로 표시해야 한다.

성적 처리 프로그램 코드 (1)

수학 점수를 입력받아서 90점 이상이면 A, 90점 미만 80점 이상이면 B, 80점 미만 70점 이상이면 C, 70점 미만 60점 이상이면 D, 60점 미만이면 F로 성적 처리하는 프로그램을 작성한다.

```
score=float(input("수학 점수를 입력하세요."))
if score >=90:
    grade="A"
elif score >=80:
    grade="B"
elif score >=70:
    grade="C"
elif score >=60:
    grade="D"
else:
    grade="F"

print("수학 성적은", grade, "입니다.") # -> ③
```

〈화면 출력〉

```
수학 점수를 입력하세요.65
수학 성적은 D 입니다.
```

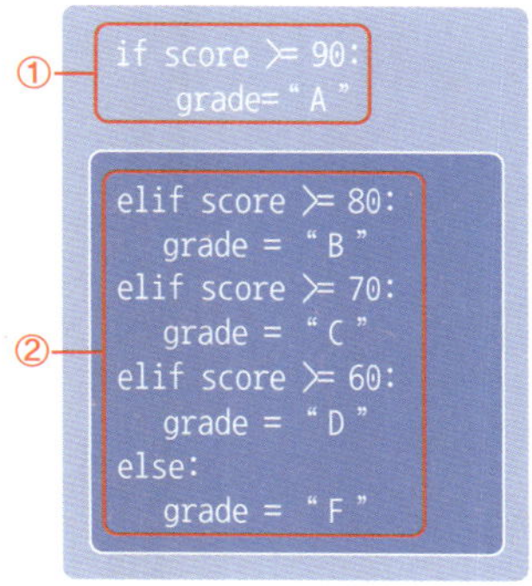

코드 설명

성적 처리 프로그램 코드 (1)은 ① if 문과 ② else 문으로 크게 나누고 ② else 문에 다시 조건을 넣어 세분화한다.

②는 ①의 조건이외의 모든 경우에 해당한다. 이러한 방식으로 그외의 모든 경우의 세부 조건을 elif를 활용하여 작성할 수 있고, elif의 사용 수는 당연히 제한이 없다. 그리고 [제어문BLOCK] 5개의 경우의 수 중 1개만 선택할 수 있고, grade에 선택한 값이 저장된다. [제어문BLOCK]이 종료된 후 ③ 명령문을 실행한다.

성적 처리 프로그램 코드 (2)

성적 처리 프로그램 코드 (1)을 중첩 if 문으로 작성한다. 프로그램의 흐름을 이해하기 어려울 수 있으니 오른쪽 그림을 같이 살펴보며 이해한다.

```
score=float(input("수학 점수를 입력하세요."))
if score >=60:
    if score >=70:
        if score >=80:
            if score >=90:
                grade="A"
            else:
                grade="B"
        else:
            grade="C"
    else:
        grade="D"
else:
    grade="F"

print("수학 성적은", grade, "입니다.") # -> ③
```

〈화면 출력〉

```
수학 점수를 입력하세요.65.7
수학 성적은 D입니다.
```

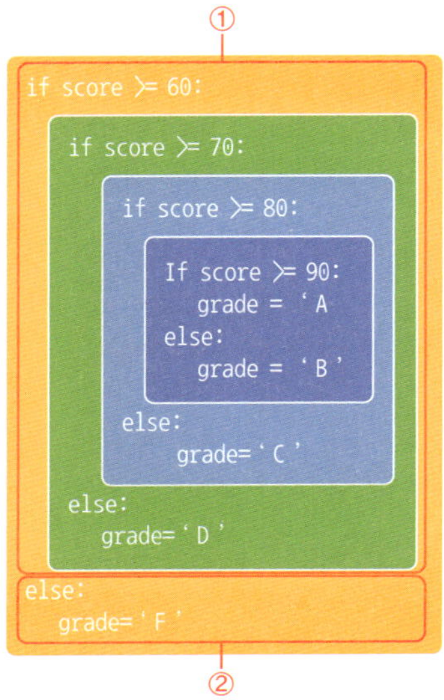

코드 설명

중첩 if 문은 이해하기 어려운 코드로, 성적 처리 프로그램 코드 (1)과 비교하면서 이해해 보자. 성적 처리 프로그램 코드 (2)는 ① if 문과 ② else 문, 크게 2가지로 나누고, ① if 조건이 True인 경우 조건을 넣어 더 세분화해서 경우의 수를 나눈다. ② else는 ① 조건 외의 모든 경우이다. ① if 문은 조건식이 True인 경우 다시 if-else 문을 사용하여 조건을 다시 세분화하고 필요한 조건 분류까지 계속 반복한다.

중첩 if 문의 경우는 else를 기준으로 코드를 이해하는 것이 좀 더 쉽다.

Step 1 우선 ②의 else 문을 먼저 찾고 나머지 부분인 ① if 문으로 크게 나누어 코드를 확인한다. 만약 [else 문]에 해당하는 score가 60점 미만인 경우 ② else 문을 선택하고 [제어문 BLOCK]을 종료한다. 그렇지 않은 경우 **Step 2**를 계속 실행한다.

Step 2 score가 60 이상인 경우 [if 문 BLOCK] 안으로 들어가서 다시 [if-else 문 BLOCK]을 이용해 조건을 70점 이상(if 문)과 70점 미만(else 문)으로 나눈다. 이때도 [else 문]을 먼저 확인하는 것이 코드를 이해하는데 도움이 된다. [else 문]에 해당하는 score가 60점 이상 70점 미만이 경우 grade='D' 명령문을 실행하고 [제어문 BLOCK]을 종료한다. 그렇지 않은 경우 **Step 3**을 계속 실행한다.

Step 3 score가 70점 이상인 경우 [if 문 BLOCK] 안으로 들어가서 다시 [if-else 문 BLOCK]을 이용해 조건을 80점 이상(if 문)과 80점 미만(else 문)으로 나눈다. 이때도 [else 문]을 먼저 확인한다. [else 문]에 해당하는 score가 70점 이상 80점 미만이 경우 grade='C' 명령문을 실행하고 [제어문 BLOCK]을 종료한다. 그렇지 않은 경우 **Step 4**를 계속 실행한다.

Step 4 score가 80점 이상인 경우 [if 문 BLOCK] 안으로 들어가서 다시 [ifelse 문 BLOCK]을 이용해 조건을 90점 이상(if 문)과 90점 미만(else 문)으로 나눈다. 여기서는 if 조건이 더 세분화되지 않으므로 [if 문]을 먼저 확인한다. [if 문]에 해당하는 score가 90 이상이면 grade='A' 명령문을 실행하고 [제어문 BLOCK]을 종료한다. [else 문]에 해당하는 score가 80점 이상 90점 미만이 경우 grade='B' 명령군을 실행하고 [제어문 BLOCK]을 종료한다.

[제어문 BLOCK]에서 선택할 수 있는 5개의 경우의 수 중 1개만 선택할 수 있고 grade에 선택한 값이 저장된다. [제어문 BLOCK] 실행이 종료된 후 ③ 명령문을 실행한다.

ChatGPT 결합과제 01 피자와 음료수 주문내역 작성하기

지금까지 배운 지식을 응용해 보자. 여러분은 피자 가게의 아르바이트생으로 처음 일한다. 첫 번째 손님이 들어와서 피자를 주문하는데 아직 메뉴와 가격을 모른다. 아르바이트생은 첫 번째 메뉴부터 비교하면서 피자 가격은 변수 pizzs_price에 저장하고 주문한 피자 메뉴와 가격을 출력하는 프로그램을 작성해 보자.

Step 1 〈2장〉과 달리 피자 메뉴마다 피자의 가격이 다르다. 피자 메뉴에 해당하는 가격을 다음 조건을 참고하여 출력한다.

- 피자 가격은 pizza_price에 저장한다(필요한 만큼 elif 문을 사용하여 작성하자).
- 피자의 수를 pizza_count 변수에 저장한다.
- 주문한 피자의 가격과 피자 수를 연산하여 subtotal 변수에 저장한다.

Step 2 피자 주문받고 총액을 계산하는 것과 동일한 방식으로 음료수를 주문받고 음료수 총 가격을 출력하는 코드를 추가한다.

Step 3 피자와 음료수 메뉴를 화면에 출력할 때 60쪽에 설명되어 있는 f-문자열을 사용하여 작성해 보자.

ChatGPT가 작성한 프로그램을 제시한 87쪽을 참고하여 비교해 보자.

조건에 따른 제어문까지 ChatGPT를 열심히 따라왔다. 그러면 다음 단계로 여러분이 작성한 코드를 실제 사용할 수 있도록 업그레이드해 보자.

> **잠깐만요**
>
> **업그레이드하기**
>
> 이 프로그램을 현실에서 실제로 사용하면 불편할 것이다. 제시한 코드는 피자 총 가격과 음료수 총 가격을 subtotal이라는 동일한 변수명을 사용하여 작성하고, 총 가격(total)은 출력하지 않는다. 이때 총 가격을 계산하기 위해 필요한 기능을 생각해 보자.

문제 3 아래와 같은 결과가 나오도록 프로그램을 작성하세요.

• 19세 이상의 나이면 '입장하세요.', 19세 미만의 나이면 '보호자와 함께 입장하세요.'라는 안내문을 표시하는 프로그램이다. 문제 정답은 379쪽 참고

〈화면 출력〉 나이를 입력하세요.20 당신의 나이는 20 살입니다. 입장하세요.	〈화면 출력〉 나이를 입력하세요.15 당신의 나이는 15 살입니다. 보호자와 함께 입장하세요.

문제 4 아래 문제는 명확한 조건을 제시하기 위해 상세하게 조건문을 제시하고 있다. 프로그램 작성 시에는 if 문에서 불필요한 조건식을 사용하지 않고 작성하세요. 문제 정답은 379쪽 참고

```
용돈과 지출비용을 비교해서 다음과 같이 출력되는 프로그램을 작성한다.

1. 용돈 > 지출이면 "용돈이 남았군요. 좀 더 써셔도 됩니다."
2. 용돈==지출이면 "용돈 관리를 잘했군요."
3. 용돈 < 지출이면 "용돈을 아껴 쓰세요."

rmoney 변수에 용돈을 입력받고 smoney 변수에 지출 비용을 입력받고 if 문을 이용해 각
각 조건에 해당하는 문구를 출력해 보자.
```

〈화면 출력〉

```
이번달 용돈은 얼마인가요?20000
이번달 지출 총액은 얼마인가요?21000
용돈을 아껴 쓰세요.
```

문제 5 다음과 같은 순서도 대로 프로그램을 작성하세요. 문제 정답은 380쪽 참고

- MaName =''에서 대입 연산자의 오른쪽 기호는 작은따옴표이다. 이는 데이터는 없지만 MyName 변수가 문자열 데이터인 것을 표현한 것이다.

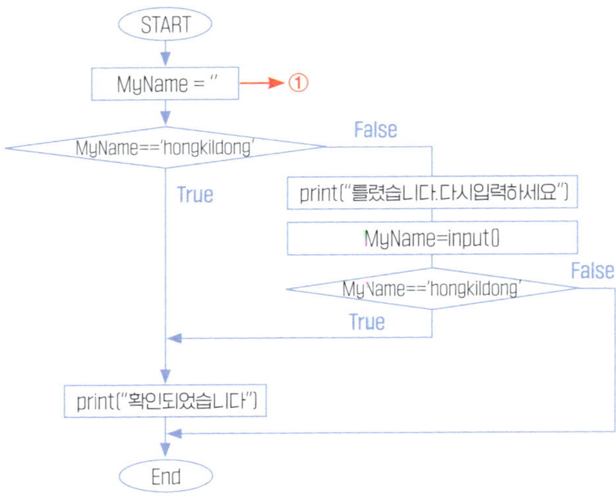

지금까지 배웠던 간단한 제어문을 순서도로 표현하고, 순서도를 보고 프로그램으로 표현할 수 있는지 스스로 확인한다.

ChatGPT 결합과제 02 잘못된 주문에 대한 답변 추가하기

다음 제시된 피자 주문 프로그램은 단 한 번의 메뉴 선택을 실패해도 다시 메뉴를 물어보지 않는다. 자 우리가 지금까지 배운 능력으로 우선 한 번은 다시 물어볼 수 있도록 프로그램을 업그레이드할 수 있다. 스스로 코드를 작성하고 ChatGPT에게도 질문하여 답을 비교해 보자.

	〈화면 출력〉 피자를 선택해주세요/한 종류의 피자만 선택가능합니다. 페퍼로니 피자 (3000원) 치즈 피자 (3200원) 콤비네이션 피자 (3500원) 불고기 피자 (3600원) 해산물 피자 (3800원) 피자 이름을 입력하세요: 치즈 피자 이름을 다시 입력하세요: 치즈 피자 수량을 입력하세요:여러 조각을 선택가능합니다 3

예를 들어, 페페로니 피자를 주문할 때 오탈자가 있어 페파로니 피자라고 주문했을 때 메뉴에 없으니 다시 주문해 달라는 코드를 추가하는 것이다. 실수는 딱 한 번만 가능하다.

ChatGPT 결합과제 03 논리 연산자로 메뉴 확인하기

ChatGPT 결합하기 02 코드에서 메뉴에 있는 피자인지를 확인하는 코드를 논리 연산자를 활용하여 간단하게 수정하여 보자.

- 위의 만들어 보기 프로그램을 실제 포스기로 사용하도록 코딩할 때 어떤 기능을 추가해야 할까?
- 지금 프로그램은 피자 메뉴를 하나만 선택할 수 있었다. 피자 메뉴를 여러번 선택하게 하기 위해서 지금까지 배운 내용만으로 프로그램을 업그레이드해 보자.

잠깐만요

메뉴를 잘못 입력해도 한 번만 더 메뉴를 입력할 수 있게 수정했지만 단 한가지 종류의 피자만을 주문할 수 있다. 어떤 기능이 프로그램에 있어야 좀 더 프로그램 다워질까? 반복문이 필요하다. 이렇게 어떤 기능이 있어야 좋을지 생각하는 것은 학습할 동기를 부여함과 동시에 배운 내용을 좀 더 오래 기억하도록 심리적인 트리거가 될 것이다. 학습에서 정말 중요한 요인이다.

3 〉 제어문으로 완성한 피자 주문 프로그램

```
pizza1="페퍼로니 피자"
pizza2="치즈 피자"
pizza3="콤비네이션 피자"
pizza4="불고기 피자"
pizza5="해산물 피자"
price1=3000
price2=3200
price3=3500
price4=3600
price5=3800

# 음료수 메뉴와 가격
drink1="콜라"
drink2="사이다"
drink3="생수"
drink_price1=1500
drink_price2=1500
drink_price3=1000

# 피자 선택
print("피자를 선택해주세요./한 종류의 피자만 선택 가능합니다.")
print(pizza1, "(",price1,"원)")
print(pizza2, "(",price1,"원)")
print(pizza3, "(",price1,"원)")
print(pizza4, "(",price1,"원)")
print(pizza5, "(",price1,"원)")
```

ChatGPT 결합과제 01 피자와 음료수 주문내역 작성하기 코드

Step 1 피자 메뉴에 해당하는 가격을 다음 조건을 참고하여 출력한다.

- 피자 가격은 pizza_price에 저장한다(필요한 만큼 elif 문을 사용하여 작성하자).
- 피자의 수를 pizza_count 변수에 저장한다.
- 주문한 피자의 가격과 피자 수를 연산하여 subtotal 변수에 저장한다.
- 주문한 피자의 피자 이름과 가격 그리고 피자 총 가격을 화면에 출력한다.

```
pizza=input("피자 이름을 입력하세요: ")
pizza_count=int(input("수량을 입력하세요:여러 조각을 선택가능합니다 "))

if pizza==pizza1:
    price=price1
elif pizza==pizza2:
    price=price2
elif pizza==pizza3:
    price=price3
elif pizza==pizza4:
    price=price4
elif pizza==pizza5:
    price=price5
subtotal=price * pizza_count
print("======================")
print("주문 내역:")
print("======================")
print("피자:")

print("-",pizza,"(",price,"원) x",pizza_count)
print("--------------------------")
print("피자 총 가격:", subtotal,"원")
```

Step 2 피자 주문받고 총액을 계산하는 것과 동일한 방식으로 음료수를 주문받고 음료수 총 가격을 출력하는 코드를 추가한다.

```
print("-------------------------------------------------------------------")
# 음료수 선택
print("음료수를 선택해주세요/한 종류의 음료만을 선택 가능합니다.")
print(f"{drink1} ({drink_price1}원)")
print(f"{drink2} ({drink_price2}원)")
print(f"{drink3} ({drink_price3}원)")

drink=input("음료수 이름을 입력하세요.: ")

drink_count=int(input("수량을 입력하세요:여러 잔을 선택 가능합니다."))

print("============================")
print("음료수:")
if drink==drink1:
    price=drink_price1
elif drink==drink2:
    price=drink_price2
elif drink==drink3:
    price=drink_price3
subtotal=price * drink_count
print("-",drink,"(",price,"원) x",drink_count)

print("-------------------------")
print("음료수 총 가격:", subtotal,"원")
# 동일한 변수명인 subtotal에 피자 총 가격과 저장된 음료수 총 가격을 저장하였다. 이
경우 주문 총 가격(total)을 계산하기 위해 필요한 누적합은 4장에서 학습하자.
```

Step 3 피자와 음료수 메뉴를 화면에 출력할 때 60p에 설명되어 있는 f-문자열을 사용하여 작성해 보자.

```
print(f"{pizza1} ({price1}원)")
print(f"{pizza2} ({price2}원)")
print(f"{pizza3} ({price3}원)")
print(f"{pizza4} ({price4}원)")
print(f"{pizza5} ({price5}원)")
```

ChatGPT 결합과제 02, 03 코드

논리 연산자를 이용해 메뉴 이름을 잘못 작성하면 한 번은 더 물어보도록 발전시킨다.

```
# 결합과제 02 코드_피자
pizza=input("피자 이름을 입력하세요: ")
if pizza==pizza1:
    price=price1
elif pizza==pizza2:
    price=price2
elif pizza==pizza3:
    price=price3
elif pizza==pizza4:
    price=price4
elif pizza==pizza5:
    price=price5
else:
    pizza=input("피자 이름을 다시 입력하세요: ")
pizza_count=int(input("수량을 입력하세요:여러 조각을 선택가능합니다 "))

# 결합과제 03 코드_피자
pizza=input("피자 이름을 입력하세요: ")
if pizza !=pizza1 and pizza !=pizza2 and pizza !=pizza3 and pizza !=\
pizza4 and pizza !=pizza5:
pizza=input("피자 이름을 다시 입력하세요.: ")
pizza_count=int(input("수량을 입력하세요:여러 조각을 선택 가능합니다."))

# 결합과제 02 코드_음료수
drink=input("음료수 이름을 입력하세요: ")
if drink==drink1:
    price=drink_price1
elif drink==drink2:
    price=drink_price2
elif drink==drink3:
    price=drink_price3
else:
    drink=input("음료수 이름을 다시 입력하세요: ")
drink_count=int(input("수량을 입력하세요:여러 잔을 선택가능합니다 "))

# 결합과제 03 코드_음료수
drink=input("음료수 이름을 입력하세요: ")
if drink!=drink1 and drink!=drink2 and drink!=drink3:
drink=input("음료수 이름을 다시 입력하세요.: ")
pizza_count=int(input("수량을 입력하세요:여러 조각을 선택가능합니다 "))
```

| 4장 |

반복문

학습 목표

반복문은 명령문의 규칙성을 찾아 반복적으로 처리하는 과정으로, 이를 통해 간단한 프로그램을 작성할 수 있다. 빅데이터 처리도 기본적으로 반복 패턴을 찾아 처리하는 것이다. 그러나 빅데이터는 사람이 인지할 수 있는 범위를 넘어선 다량의 데이터로 이루어져 있어 반복성을 찾기 위해 머신러닝과 딥러닝 이론을 적용한 프로그램을 활용해야 한다. 〈4장〉에서는 시각적으로 인지할 수 있는 반복성을 찾아 프로그램을 작성하는 과정을 학습하는데, 이 과정은 빅데이터 처리의 시작이라고 할 수 있다. 반복적인 현상에서 규칙성을 찾아보기 위한 첫 걸음을 시작해 보자.

만들어 보기

여러 개의 피자 메뉴와 음료를 주문받도록 프로그램을 업그레이드 한다. 하나의 메뉴와 수량을 주문받고 바로 주문내역을 출력 후 다시 메뉴와 수량을 주문받는다.

프로그램 업그레이드 하기

하나의 메뉴와 수량을 주문받고 바로 주문내역을 출력 후 다시 메뉴와 수량을 주문받는 코드를 리스트와 딕셔너리를 활용해 주문받은 메뉴와 수량을 저장 후 한꺼번에 화면에 출력하도록 한다.

GUI 프로젝트 결과물

[Step 1] 피자 메뉴 화면 출력

```
피자를 선택해주세요.
페퍼로니 피자 (3000원)
치즈 피자 (3200원)
콤비네이션 피자 (3500원)
불고기 피자 (3600원)
해산물 피자 (3800원)
```

[Step 2] 피자 이름 입력

```
피자 이름을 입력하세요. (종료는 exit): 치즈 피자
```

[Step 3] 피자 수량 입력

```
피자 이름을 입력하세요. (종료는 exit): 치즈 피자
수량을 입력하세요: 2
```

[Step 4] 피자 주문내역 출력

```
수량을 입력하세요: 3

피자 이름을 입력하세요. (종료는 exit): 치즈 피자
수량을 입력하세요: 2
-----------------------------
주문 내역:
피자:
치즈 피자: 2개 - 6400원
피자 이름을 입력하세요. (종료는 exit): 해산물 피자
```

[Step 5] 음료수 메뉴 화면 출력

```
=========================
음료수를 선택해주세요.
콜라 (1500원)
사이다 (1500원)
생수 (1000원)
```

[Step 6] 음료수 이름 입력

```
음료수 이름을 입력하세요 (종료는 exit): 콜라
```

[Step 7] 음료수 수량 입력

```
음료수 이름을 입력하세요 (종료는 exit): 콜라
수량을 입력하세요: 3
```

| 반복문을 이용하여 작성하기 |

선택한 피자와 음료수의 수를 알려주고 총액을 출력하도록 반복문을 이용하여 프로그램을 작성해 보자.

[Step 1] 피자 메뉴 변수 5개, 피자 가격 변수 5개 모두 10개의 변수를 정의하고 화면에 출력한다.

[Step 2] 피자 메뉴 입력

[Step 3] 수량 입력

[Step 4] 피자 주문내역이 출력하고 exit가 입력될 때까지 반복문을 사용 피자 메뉴와 수량을 입력받고 주문내역이 출력된다.

[Step 5] 음료수 메뉴 변수 3개, 음료수 가격 변수 3개 모두 6개의 변수를 정의하고 화면에 출력한다.

[Step 6] 음료수 메뉴 입력

[Step 7] 수량 입력

[Step 8] 음료수 주문내역 출력
`음료수 이름을 입력하세요 (종료는 exit): 콜라`
`수량을 입력하세요: 3`
`------------------------------`
`주문 내역:`
`음료수:`
`콜라: 3개 - 4500원`
`음료수 이름을 입력하세요 (종료는 exit): exit`
 	
[Step 9] 총 주문 가격 출력
`==========================`
`총 가격: 22300원`
	[Step 8] 음료수 주문내역을 출력하고 exit가 입력될 때까지 반복문을 사용 음료수 메뉴와 수량을 입력받고 주문내역이 출력된다.
	
	[Step 9] 피자와 음료의 총 주문내역을 출력한다.

이번 장에서 for 문과 while 문을 활용하여 반복문을 작성한다. 반복문은 조건식이 True일 동안 계속 반복되는 구조이다. 이때 for 문과 while 문은 조건식 구성 방식이 조금 다를 뿐이다.

syntax : 반복문 프로그램 이해

반복문 조건식: 명령문	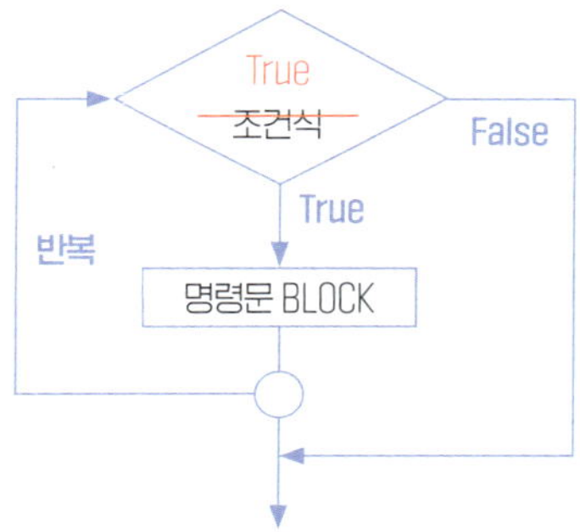

syntax : 정확한 코딩

1) 조건식의 이해

조건식의 결괏값 True 또는 False가 반환된다. 이해를 돕기 위해 시각적으로 반환된 값이 조건식 위에 올라온다고 상상하자. 이런 간단한 것들이 앞으로 조금 더 복잡한 프로그램을 이해하는 데 도움이 된다.

2) 조건문 다음에 콜론(:)

조건식 뒤에는 반드시 콜론(:)이 붙는다. 콜론을 붙이는 것은 파이썬의 문법 구조이다.

3) 들여쓰기(indentation)

아래 들여쓰기(indentation)가 적용된 명령문까지 반복문이 적용된다.

1 〉 for 문

반복문의 조건식에서 〈큰 바구니〉에 요소가 있으면 True, 비어있으면 False가 반환된다. 〈큰 바구니〉가 비워지지 않으면 반복문은 영원히 실행된다. 〈큰 바구니〉를 만드는 방법 2가지를 아래에 제시하고 있다. 이때 큰 바구니를 비우는 방식이 〈큰 바구니〉에서 원소를 하나씩 〈작은 바구니〉로 순서대로 옮기는 것이다. 공통점은 순서열로 정해진 순서에 따라 〈작은 바구니〉로 옮겨진다는 점이다.

반복문도 제어문과 마찬가지로 조건을 만족해야 명령문 BLOCK이 실행된다.

조건식은 결괏값이 True나 False가 반환된다. 반복문은 조건식이 True인 동안만 명령문을 반복하여 실행한다. 반복문에는 for 문과 while 문이 있는데, 두 반복문은 조건식을 만드는 방식에 차이가 있을 뿐 동일하다.

1.1 조건식 만들기

파이썬의 for 문에서 조건식은 〈작은 바구니〉 in 〈큰 바구니〉 형식으로 만들어진다. 〈큰 바구니〉를 만드는 방법 중 2가지를 살펴보자.

syntax : 큰 바구니 생성 (1) [순서열 이용]

```
for 반복변수 in 순서열 :
    명령문1        ← 들여쓰기
    명령문2
```

```
for 〈var〉 in 〈sequence〉:
    명령문1
    명령문2
```

syntax : 큰 바구니 생성 (2) [range() 함수 이용]

```
for 반복변수 in range(시작값, 멈춤값, 증가값):  → 반복문 BLOCK
    명령문1
    명령문2                                  → 반복 명령문 BLOCK
```

syntax : 프로그램의 흐름

1. 〈큰 바구니〉 생성 다음에 콜론(:)을 붙인다.

for 문에서 〈큰 바구니〉 생성 뒤에는 반드시 콜론(:)이 붙는다. 콜론을 붙이는 것은 파이썬의 if 문, for 문, while 문에 공통으로 적용되는 문법이다.

2. 들여쓰기(indentation)

들여쓰기(indentation)를 사용하여 for 문이 영향을 미치는 범위를 알려준다. 들여쓰기가 적용되어 있는 명령문들을 묶어 [명령문 BLOCK]이라고 하고, 이 [명령문 BLOCK]이 반복문이 실행될 범위이다.

3. 종료 시기 : 큰 바구니가 비워질 때까지

for 반복문은 큰 바구니에서 단위 요소를 하나 꺼내어 작은 바구니로 하나씩 옮기면서 명령문을 실행하다 큰 바구니가 비워 지면 반복문은 종료되고 다음 명령문으로 실행이 옮겨간다.

① 순서열

순서열로 구성된 자료는 모두 사용 가능하여 파이썬에서 제공하는 데이터형 중 리스트, 튜플, 문자열, 딕셔너리 등을 사용하는 것도 가능하다. 파이썬에서 조건식을 이러한 방식으로 사용하는 것이 가능하기 때문에 데이터를 다루는 데 유용한 프로그램이다.

② range 함수 : 내장 함수

• range(시작값, 멈춤값, 증가값) 형식

range 함수는 시작값부터 멈춤값(−1)까지, 지정된 증가값만큼 증가하면서 순서대로 수를 생성하여 큰 바구니를 채운다. 예를 들어, range(1, 5, 1) 함수를 실행하면 1부터 (5−1)인 4까지 1씩 증가한 수가 차례대로 생성되어 큰 바구니에 담기므로 1, 2, 3, 4 순으로 생성된다. range(10, 16, 2)인 경우에는 10부터 (16−1)까지 2씩 증가하는 수인 10, 12, 14가 차례로 생성된다.

1.2 순서열로 큰 바구니 생성

다음 프로그램은 순서열을 이용하여 큰 바구니를 정의한 것이다. 큰 바구니에 정수 1, 2, 3이 순서대로 만들어져 있다. 큰 바구니에서 첫 번째 요소인 1을 꺼내어 작은 바구니인 sb로 옮기고 반복문이 영향력을 미치는 명령어까지 프로그램을 실행하고 그 다음 두 번째 요소인 2를 꺼내어 작은 바구니인 sb로 옮기고 명령어를 실행하는 일을 큰 바구니가 비워질 때까지 반복한다.

순서열을 이용한 큰 바구니 생성

순서열을 이용하여 큰 바구니를 만든다.

```
for sb in (1, 2, 3):
    print(sb)
```

〈화면 출력〉

```
1
2
3
```

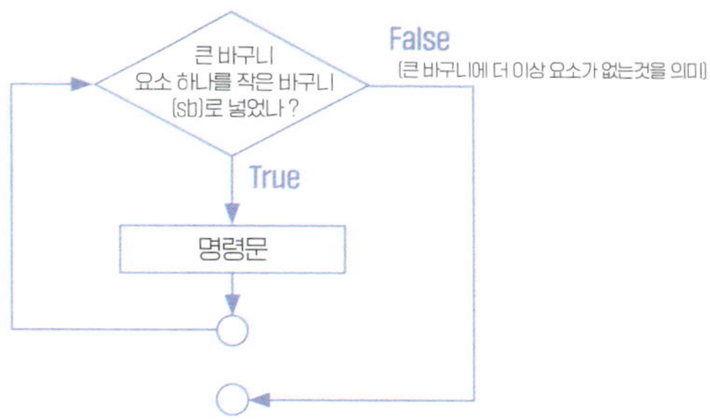

1.3 range 내장 함수로 큰 바구니 생성

range 함수를 이용한 큰 바구니 생성

range 함수를 이용하여 큰 바구니를 만든다.

```
for sb in range(1, 4, 1):
    print(sb)
```

(①: range(1, 4, 1), ②: sb)

〈화면 출력〉

```
1
2
3
```

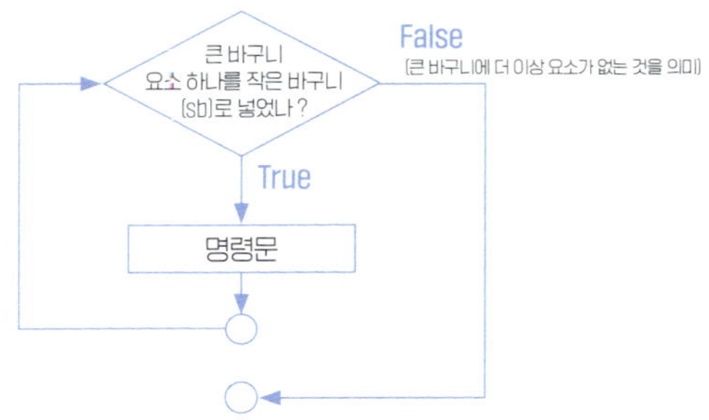

① range 함수로 (1, 2, 3) 큰 바구니가 먼저 만들어 진다.

② 작은 바구니인 sb(small basket)에 큰 바구니 값을 하나씩 차례로 옮기면서 3번 반복 실행된다.

[Step 1] ① 큰 바구니의 결과 (1, 2, 3) 생성

[Step 2] ② 명령문 실행. 작은 바구니 sb에 1을 넣는다.
명령문 실행

반복 과정

[Step 3] 작은 바구니 sb에 2를 넣는다.
명령문 실행

[Step 4] 작은 바구니 sb에 3을 넣는다.
명령문 실행

[Step 5] 큰 바구니가 비어 작은 바구니에 넣을 것이 없어 False가 되어 [반복문 BLOCK]이 종료된다.

정수 출력

range 함수를 이용하여 0부터 10까지 정수를 출력한다.

```
for sb in range(0, 11, 1):
    print(sb)
```

한 줄로 결과 출력

화면에 결과를 출력 시 한 줄로 출력한다.

```
for sb in range(0, 11, 1):
    print(sb, end=" ")
```

〈화면 출력〉

```
0 1 2 3 4 5 6 7 8 9 10
```

range 내장 함수를 이용한 큰 바구니 생성

0부터 11까지의 정수 중 0부터 2씩 증가한 값만 출력하도록 range 함수를 이용하여 프로그래밍한다.

- 화면 출력 시 한 줄로 출력하면서 정수 값 사이를 쉼표로 구분한다.

```
for sb in range(0, 11, 2):
    print(sb, end=",")
```

〈화면 출력〉

```
0,2,4,6,8,10,
```

두 개의 프로그램을 하나로 생성

프로그래밍을 배우는 목적 중 하나는 문제 해결 능력을 키우는 것이다. 주어진 문제가 복잡하면 그 문제를 작은 단위로 나누어 하나씩 해결하는 경험을 하는 것은 중요하다. 다음 문제는 이전에 배운 두 개의 프로그램을 하나로 합치는 프로그램이다. 작은 단위의 프로그램을 하나씩 작성하여 두 개의 프로그램으로 만들고, 이 두 개의 프로그램을 하나의 프로그램으로 만들어 보자.

- 1부터 10까지 정수가 짝수인지 홀수인지 화면에 알려주는 프로그램을 작성한다.

〈반복문을 이용해서 1부터 10까지 화면에 출력 : Step 1〉

```
for sb in range(1, 11, 1):
    print(sb)
```

〈하나의 정수 짝수 홀수 구별 : Step 2〉

```
sb=1
if sb%2==0:
    stra="짝수이다."
else:
    stra="홀수이다."
print(sb,"는",stra)
```

〈연속된 여러 개의 정수 짝수 홀수를 구별 : Step 1 + Step 2〉

```
for sb in range(1, 11, 1):
    if sb%2==0:
        stra="짝수이다."
    else:
        stra="홀수이다."
    print(sb,"는",stra )
```

문제 1 0부터 100까지의 정수 중 3의 배수만 출력하는 프로그램을 작성하세요.

문제 정답은 381쪽 참고

1.4 continue와 break로 반복문 제어

continue와 break 문은 반복문의 흐름을 변경하는 명령문이다.

1. **continue** : 반복문이 실행되는 동안 조건에 맞아 continue 문을 만나면 continue 문 아래에 있는 [반복문 BLOCK]이 나머지 부분을 실행하지 않고 [반복문 BLOCK]의 시작인 큰 바구니 부분으로 건너가도록 흐름을 제어한다.
2. **break** : 반복문을 강제로 중단한다.

continue 문 코드

1부터 10까지의 정수가 짝수인지 홀수인지 화면에 출력하는 프로그램을 정수 중 홀수인 정수만을 화면에 출력하는 프로그램으로 continue를 이용하여 변경한다.

반복문 BLOCK

```
for sb in range(1, 11, 1): # -> ③
    if sb%2==0:
        continue # -> ①
        stra="짝수이다."
    else:
        stra="홀수이다."
    print(sb,"는",stra ) # -> ②
```

〈화면 출력〉

```
1 는 홀수이다.
3 는 홀수이다.
5 는 홀수이다.
7 는 홀수이다.
9 는 홀수이다.
```

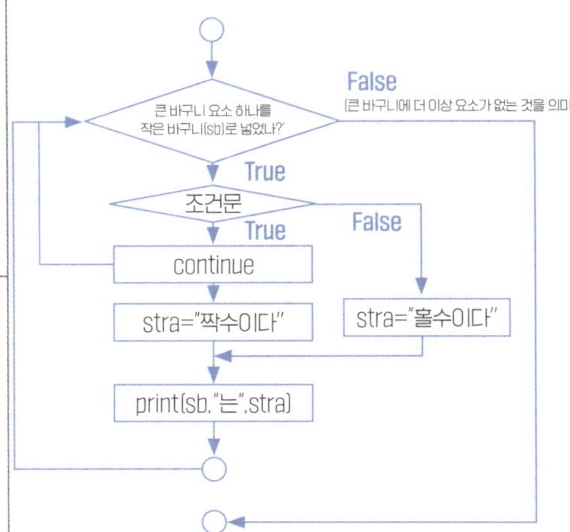

코드 설명

sb 변수가 짝수이면 ① 명령문을 만나게 되어 [반복문 BLOCK]의 나머지 부분을 실행하지 않고(②의 명령문이 실행되지 않는다.) ③의 큰 바구니로 올라가서 큰 바구니의 값을 작은 바구니로 옮긴다.

문제 2 3, 6, 9 게임 만들기 문제 정답은 381쪽 참고

3, 6, 9 게임 만들기 프로그램을 작성하려면 지금까지 배우지 않은 새로운 알고리즘을 사용해야만 할 것 같은 생각이 든다. 이는 단지 3의 배수를 출력하지 않는 프로그램일 뿐이다. continue 문을 이용하여 1부터 10까지의 수를 차례대로 출력하지만 3의 배수는 출력하지 않는 프로그램을 작성하세요.

breake 문 코드

1부터 100까지 정수를 출력하는 프로그램에서 멈추고자 하는 정수값을 입력받고, 입력받은 정수까지 출력하는 프로그램을 작성한다.

```
na=int(input("멈추려는 정수값을 입력하세요."))
for sb in range(0, 100, 1):
    if sb==na:
        break # ---> ①
        print(sb,"는 종료값이다") # ---> ①
    print(sb+1, end="  ")
```

반복문 BLOCK

〈화면 출력〉

```
멈추려는 정수값을 입력하세요.12
1  2  3  4  5  6  7  8  9  10  11  12
```

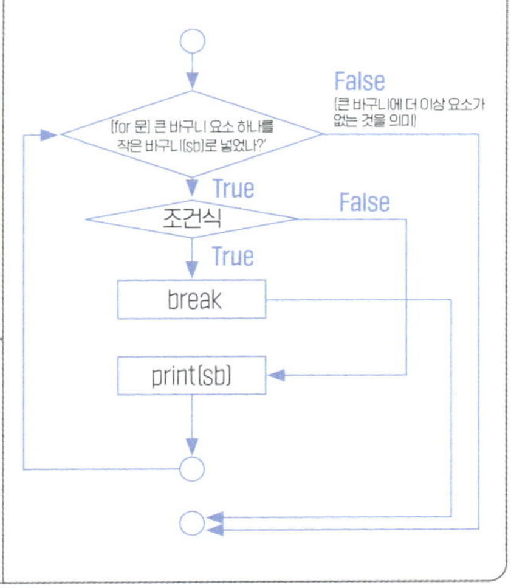

코드 설명

sb 변수가 na 변수값과 동일하면 ① 명령문을 만나게 되어 [제어문 BLOCK]이 종료된다(②의 명령문이 실행되지 않는다.).

1.5 누적합 구하기

1부터 5까지의 누적합을 구하는 수식을 작성하면 아래와 같다.

```
누적합(total)=1+2+3+4+5
```

위의 수식을 반복문을 이용한 프로그램으로 작성하기 위해 규칙성을 찾아보도록 하자. 우선 프로그램에서 누적합을 저장한 변수 total의 초깃값을 0으로 정의한다.

```
tatal=0
total=total+1
total=total+2
total=total+3
total=total+4
total=total+5
```

이와 같이 누적합을 구하는 과정으로 규칙성을 찾을 수 있다. 위의 규칙성을 찾아 정리하면 다음과 같다.

```
total=0
for sb in range(1, 6, 1):
        total=total+변화값
```

오류 메시지를 이용한 공부

프로그램을 공부하면서 오류 메시지가 나타나면 매우 실망할 수 있지만, 이러한 오류 메시지는 공부하기에 아주 좋은 자료이다. 앞으로 코딩하면서 문법을 실수하거나 누락하는 일이 종종 발생할 수 있다. 하지만 발생하는 오류 메시지는 거의 유사하다. 오류 메시지를 확인하면서 어떤 경우에 발생하는지를 알고 있다면 스스로 작성한 프로그램 오류를 빠르게 고칠 수 있으며, 이를 통해 코딩하는 재미를 느낄 수 있을 것이다.

1부터 10까지 총합을 구하는 프로그램을 살펴보며 오류 메시지를 공부해 보자.

```
for sb in range(1, 11, 1):
  ② total=total+sb # ---> ③
print(total)      ①
```

〈화면 출력〉

```
NameError: name 'total' is not defined
```

코드 설명

③ 명령어의 실행 순서를 살펴보자.

[Step 1] ① r_value인 total + sb 산술 연산이 먼저 실행된다.

[Step 2] ② l_value가 실행된다.

대입 연산자 오른쪽에 있는 total 변수의 값과 sb 변수의 값 더하기 연산이 먼저 실행되기 위해서는 total 변수의 값이 미리 정의되어 있어야만 한다. total 변수가 l_value로 사용(②)되어야 정의되는데, 아직 ②가 실행되기 전으로 total 변수가 생성되기 이전에 total 변수가 사용된 것이다. 그래서 total 변수가 정의되어 있지 않다는 오류 메시지가 나타난다.

따라서 오류 메시지가 출력되지 않게 총합을 구하려면 다음과 같이 코드를 수정하여 total = 0으로 total 변수를 먼저 선언하고 프로그램을 실행해야 한다.

```
total=0
for sb in range(1, 11, 1):
    total=total+sb
print(total)
```

〈화면 출력〉

```
55
```

문제 3 다음과 같이 화면 출력 결과가 나올 수 있게 입력받은 정수까지의 총합을 구하는 프로그램을 작성해 보세요. 문제 정답은 382쪽 참고

〈화면 출력〉

```
총합을 구하고 싶은 수를 입력하세요.10
1부터 10 까지의 합은 55 이다.
```

문제 4 다음 프로그램을 확인하고 화면 출력 결과를 각각 아래 칸에 써 보세요.
문제 정답은 382~383쪽 참고

```
for sb in range(1, 11, 1):
        total=0
        total=total+sb
print(total)
```

〈화면 출력〉

```
total=0
for sb in range(1, 11, 1):
        total=total+sb
        print(total)
print("끝")
```

〈화면 출력〉

```
total=0
for sb in range(1,11,1):
        total=total+sb
print(total)
```

〈화면 출력〉

```
total=0
for sb in range(1,11,1):
        total=total+1
print(total)
```

〈화면 출력〉

```
for sb in range(1,11,1):
        total=0
        total=total+1
print(total)
```

〈화면 출력〉

2 〉 while 문

True 또는 False 결괏값을 반환하는 조건식을 if 문에서 학습했다. while 문은 조건식의 반환값이 True면 반복문을 실행하고 False이면 반복문을 벗어나는데, 이 부분이 for 문과 다른 점이다.

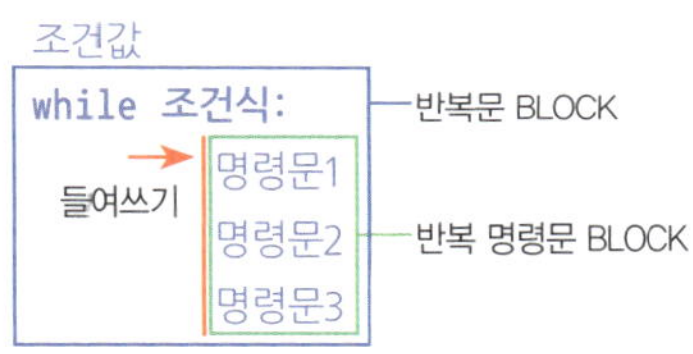

syntax : while 문 설명

- 조건문 다음에 콜론(:)을 붙인다.
- while 문에서 조건문 뒤에는 반드시 콜론(:)이 붙는다. 콜론을 붙이는 것은 파이썬의 if 문, for 문, while 문에 공통으로 적용되는 문법이다.
- 들여쓰기(indentation)를 사용하여 while 문이 영향을 미치는 범위를 알려준다. 들여쓰기가 적용되어 있는 명령문들을 묶어 [반복 명령문 BLCOK]이라 하고 반복문이 실행될 범위이다.
- while 반복문은 조건문의 실행 결과가 True면 [반복문 BLOCK]을 실행한다. 조건값 변경식에 의해 조건문이 False가 되면 while 문밖의 명령문으로 실행 순서가 제어된다.
- while 반복문에서 많이 하는 실수가 조건값을 변경하지 않아 의도하지 않게 반복문이 끝나지 않는 프로그램이 작성되는 것이다.

for 문을 이용해서 만들었던 반복문을 while 문을 이용하여 프로그램을 변경하자.

while 문 변경 (1)

for 문은 순서열을 이용하여 큰 바구니를 만들고 큰 바구니가 비워지기 전까지 반복한다. while 문은 조건식의 결괏값이 True일 동안 [반복문 BLOCK]이 반복되도록 해야 한다.

```
for sb in (1, 2, 3):
    print(sb)
```

〈화면 출력〉

```
1
2
3
```

while 문으로 변경한다.

```
sb=1 # -------------> ①
while sb < 4: # ----> ②
    print(sb)
    sb=sb+1 # ----> ③
```

〈화면 출력〉

```
1
2
3
```

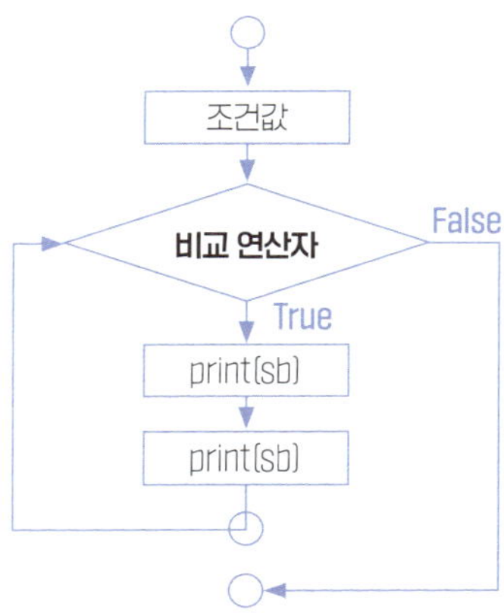

코드 설명

for 문의 순서열 (1, 2, 3)을 while 문의 조건식으로 표현하는 것이다. 우선 반복문은 정수 3까지 실행되므로 조건식은 '<4'여야 한다. 1부터 시작해서 1씩 증가하면서 3까지 실행되도록 해야 한다.

②의 조건식은 sb<4이고 True인 동안 while 반복문이 실행된다. sb 변수의 초깃값 ①의 sb=1은 반복문이 시작되기 전에 정의해 주어야 한다. ②의 조건식에

서 sb의 초깃값인 1이 4보다 작아서 비교 연산의 결과 True가 반환되고 [반복문 BLOCK]으로 진입하여 False가 반환되기 전까지 반복하여 실행된다. 이때 주의할 점은 sb 변수의 값이 변하지 않으면 while 문의 조건식은 항상 True로 영원히 반복되기 때문에 ③에서는 sb=sb +1을 이용해 증가값을 넣어주어야 한다.

이 프로그램의 초깃값을 sb=0으로 변경했을 때 조건식의 변화와 증가값 명령어의 위치 변화를 살펴보자. 이 부분은 정확히 이해하지 않고 넘어가면 많이 실수하는 부분이다.

```
sb=0
while sb < 3:
    sb=sb+1
    print(sb)
```

〈화면 출력〉

```
1
2
3
```

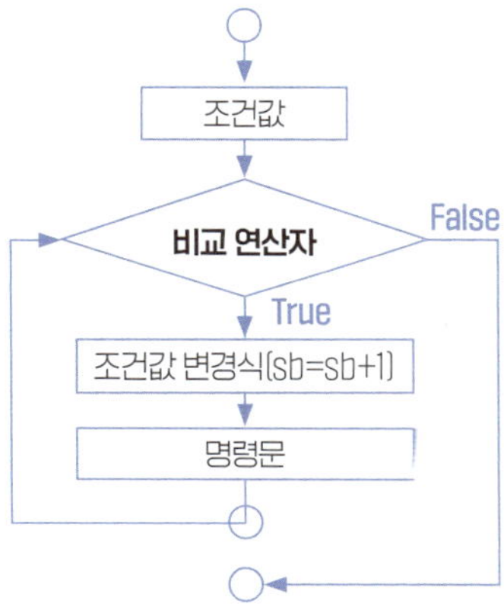

while 문 변경 (2)

다음 for 문으로 작성된 프로그램을 while 문으로 변경해서 아래 결과와 동일한 결과가 나오도록 한다.

```
for sb in range(0, 5, 1):
    print(sb, end="   ")

print("\n\n")
for sb in range(0, 10, 2):
    print(sb, end="   ")
```

〈화면 출력〉

```
0   1   2   3   4

0   2   4   6   8
```

• 결과

```
sb=0
while sb<5:
        print(sb, end="   ")
        sb=sb+1
print("\n\n")
sb=0
while sb <10:
        print(sb, end="   ")
        sb=sb+2
```

〈화면 출력〉

```
0 1 2 3 4


0 2 4 6 8
```

while 문 변경 (3)

다음 for 문을 while 문으로 변경해서 아래의 결과가 나오도록 한다.

```
total=0
for sb in range(1, 11, 1):
     total=total+sb
print("1부터", sb,"까지의 총합은", total)
```

〈화면 출력〉

```
1부터 10 까지의 총합은 55
```

• 결과

```
total=0
sb=0
while sb < 11:
    total=total+sb
    sb=sb+1
print("1부터", sb-1,"까지의 총합은", total)
```

〈화면 출력〉

```
1부터 10 까지의 총합은 55
```

while 문 변경 (4)

프로그램을 break 문을 이용한 프로그램으로 변경해 보자.

```
sb=1 # ---> ①
while True: # -----> ②
   print(sb)
   sb=sb+1 # --> ③
   if sb > 3: # ---> ④
      break # ----> ⑤
```

〈화면 출력〉

```
1
2
3
```

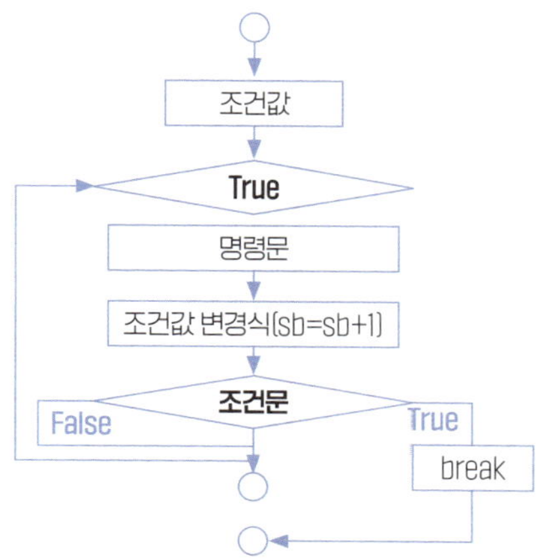

코드 설명

위의 break 문 코드는 while 문을 활용한 반복문에서 많이 사용되는 형식이다.

② 조건식은 항상 True이다.

③ sb는 1씩 증가한다.

④ 조건식 값이 True라면 ⑤의 break 문에서 while 문을 완전히 벗어난다.

잠깐만요

복합할당 연산자

total = total + sb를 total += sb로 간단히 표현하는 것이다. l_value와 r_value에 동일한 변수가 반복되는 경우 간단하게 표현할 때 사용한다.

a=a - b → a -=b	stra="파이썬" strb="프로그래밍" stra=stra+strb → stra += strb

break 문 변경 코드

위의 프로그램의 sb 변수의 값이 0으로 변경되었을 때 if 조건식과 증가값 명령어의 위치의 변화를 살펴보자.

```
sb=0
while True:
    sb=sb+1
    if sb > 3:
        break
    print(sb)
```

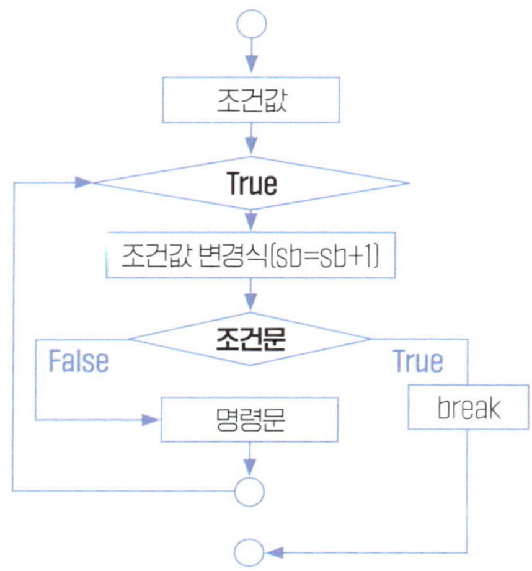

〈화면 출력〉

```
1
2
3
```

문제 5 1부터 입력받은 정수까지의 총합을 구하는 프로그램을 while 문으로 작성하세요. 문제 정답은 384쪽 참고

〈화면 출력〉

```
총합을 구하고 싶은 수를 입력하세요.10
1부터 10 까지의 합은 55 이다.
```

문제 6 위에서 작성한 1부터 임의의 수까지의 총합을 구하는 프로그램을 break 문을 사용한 것으로 변경하세요. 문제 정답은 384쪽 참고

〈화면 출력〉

```
총합을 구하고 싶은 수를 입력하세요.10
1부터 10 까지의 합은 55 이다.
```

문제 7 총합을 구할 첫 번째 수와 두 번째 수를 입력받아 총합을 구하는 프로그램을 for 문과 while 문으로 작성하세요. 문제 정답은 385쪽 참고

- 계산할 첫 번째 수를 입력한다.
- 계산할 마지막 수를 입력한다.

〈for 문〉

〈while 문〉

문제 8 앞서 작성한 프로그램을 3의 배수의 총합을 구하는 프로그램을 for 문과 while 문으로 변경하세요. 문제 정답은 386쪽 참고

〈for 문〉

〈while 문〉

문제 9 아래의 순서도대로 while 문을 사용하여 프로그램을 작성하세요.

문제 정답은 387쪽 참고

〈화면 출력〉

```
이름을 입력하세요.
hongkildong
확인되었습니다.
```

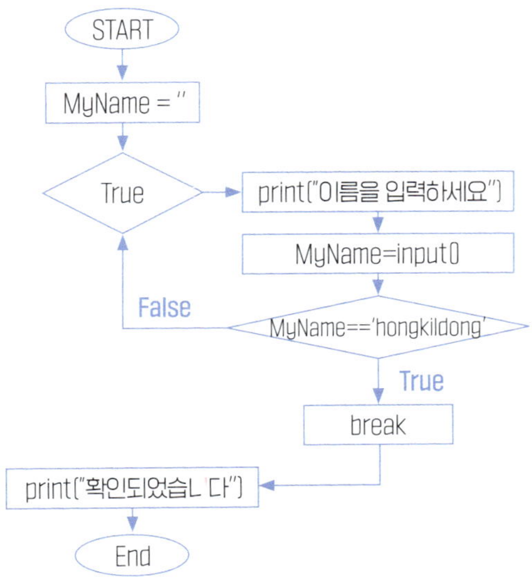

문제 10 아래의 순서도대로 while 문을 사용하여 프로그램을 작성하세요.

문제 정답은 387쪽 참고

〈화면 출력〉

이름을 입력하세요.
hongkildong
패스워드를 입력하세요.
hahaha
확인되었습니다.

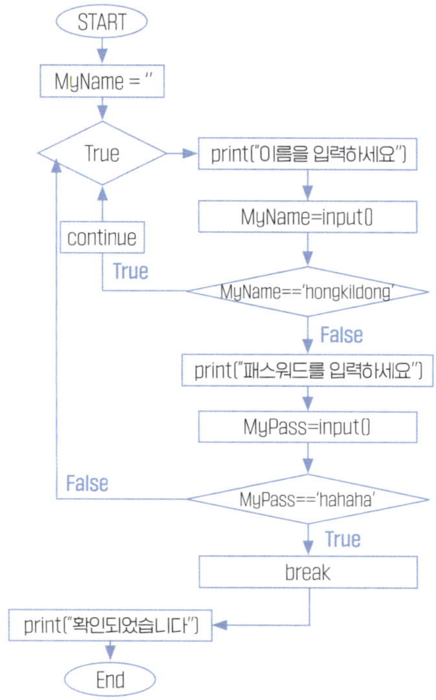

ChatGPT 결합과제 01 피자 주문내역 출력하기

선택한 피자 메뉴를 저장하고 수량을 입력받아 금액을 계산 후 피자 주문내역을 화면에 출력해야 한다.

```
피자 이름을 입력하세요 (종료는 exit): 치즈 피자
수량을 입력하세요: 3
------------------------------
주문 내역:
피자:
치즈 피자: 3개 - 9600원
피자 이름을 입력하세요 (종료는 exit): 페퍼로니 피자
수량을 입력하세요: 2
------------------------------
주문 내역:
피자:
페퍼로니 피자: 2개 - 6000원
피자 이름을 입력하세요 (종료는 exit): exit
```

3 〉 2중 for 문

2중 for 문은 새로운 syntax가 아닌 반복문을 사용할 때 반복하는 [반복 명령문 BLCOK]이 for 문일 뿐이다. 구구단 프로그램을 작성해 보면서 2중 for 문을 작성해 보자.

구구단 문제 (1)

1단 구구단을 출력하는 프로그램을 작성해 보자. 프로그램은 규칙성을 찾아내는 과정이다. 이번 문제를 통해 규칙성을 찾아보는 연습을 하자.

ChatGPT 활용하기

1단을 출력한 결과를 확인하고 규칙성을 찾는다. 왼쪽에 1단의 규칙성을 시각적으로 보고 오른쪽 상자에 print 문을 9개를 작성해 보자.

1×1 = 1

1×2 = 2

1×3 = 3

1×4 = 4

1×5 = 5

1×6 = 6

1×7 = 7

1×8 = 8

1×9 = 9

위의 규칙성을 찾아보세요.

위의 출력 결과는 구구단 중 1단을 출력한 것입니다. 1단은 곱하는 수가 1에서 9까지 변하면서 1을 곱하게 됩니다. 즉, "1 * 1", "1 * 2", "1 * 3"과 같은 형태로 출력됩니다. 따라서, 1단은 다음과 같은 규칙성을 가집니다.

- 고정된 숫자 1에 대해, 1에서 9까지의 수를 차례로 곱한 결과를 출력합니다.

프로그래밍은 규칙성을 찾아서 간단하게 표현하는 것이다. 규칙성을 찾기 위해서는 생각해야 하고, 생각해낸 규칙성을 프로그램으로 작성하는 과정은 연습이 필요하고 재미있어야 한다. 규칙성을 찾는 일은 AI의 전문분야이다. 이런 간단한 코딩 정도는 ChatGPT에게는 너무나 간단한 일이다. 그런데도 왜 우리는 프로그래밍을 배워야 할까?

1. 잘 알고 있어야 AI에게 잘 지시할 수 있다.
2. 제대로 된 결과인지 알 수 있다.
3. 우리가 사용하는 AI는 사람이 만든 프로그램으로 결과를 생산한다.

다음은 1단 구구단을 시각적으로 나열하여 규칙성을 찾기 쉽게 제시하고 있다.

①

```
print("1 *", 1, "=", 1*1)
print("1 *", 2, "=", 1*2)
print("1 *", 3, '=", 1*3)
print("1 *", 4, "=", 1*4)
print("1 *", 5, "=", 1*5)
print("1 *", 6, '=", 1*6)
print("1 *", 7, "=", 1*7)
print("1 *", 8, "=", 1*8)
print("1 *", 9, "=", 1*9)
```

```
1 * 1=1
1 * 2=2
1 * 3=3
1 * 4=4
1 * 5=5
1 * 6=6
1 * 7=7
1 * 8=8
1 * 9=9
```

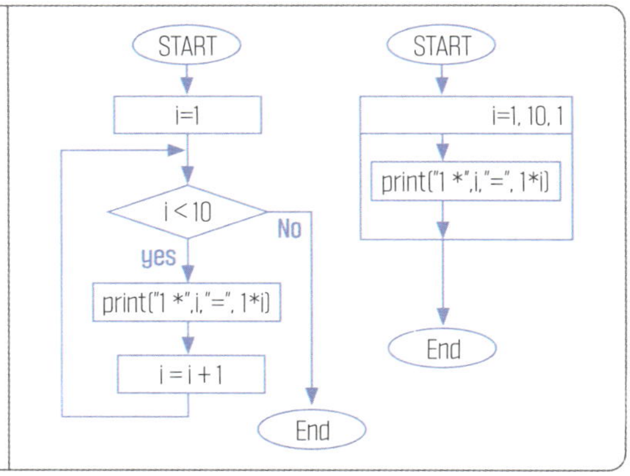

①만 규칙성을 갖고 변동되며, 그 외는 모두 고정되어 있다. 고정값과 변동값을 묶어 하나로 표현하면 print("1 *", ①, "=", 1*①)과 같다. for 문으로 작성해 보자.

1단 구구단을 그대로 출력하는 print 문을 9번 작성해 보았다. 때로는 머리로 알고 있다고 생각하는 것이 정말 알고 있는 것인지 확인하기 위해서는 그것을 손으로 써보고 확인해야 한다. 이는 불필요한 과정으로 보일 수 있지만, 내가 정말 규칙성을 파악했는지 확인하기 위해서는 꼭 필요한 과정이다.

찾아낸 규칙성을 이용해 for 문으로 작성한 코드이다.

```
for i in range(1, 10, 1):
    print("1 *",i,"=",1 * i)
```

다음은 ChatGPT가 작성한 코드이다.

```
for i in range(1, 10, 1):
    print(1, "*", i, "=", 1 * i )
```

제공해 주신 파이썬 코드는 반복문을 사용하여 1의 곱셈표를 출력하는 코드입니다. 1과 1부터 9까지의 모든 정수를 곱한 결과를 출력합니다. 코드 내용을 자세히 설명하면 다음과 같습니다:

for i in range(1, 10, 1):은 range(1, 10, 1)으로 생성된 시퀀스를 반복합니다. 각 반복에서 i의 값이 반복문의 본문에서 사용됩니다.

print(1, "*", i, "=", 1 * i)는 1과 현재 i의 값을 곱한 결과를 출력합니다. print 문 안의 쉼표로 구분된 값들은 공백으로 구분되어 출력됩니다. 출력 형식은 "1 * i = 곱셈 결과"이며, "i"는 반복문에서 현재 i의 값이고, "곱셈 결과"는 1과 i를 곱한 결과입니다.

구구단 1단을 출력한 결과를 보고 규칙성을 찾아 while 문으로 작성하세요.

```
i=1
while i < 10:
    print("1 *", i,"=", 1*i)
    i=i+1
```

문제 11 구구단 게임 프로그램 작성하기 문제 정답은 388쪽 참고

- "구구단 중 몇단을 알고 싶은지 입력하세요."라고 화면에 표시하세요.
- 사용자가 입력한 구구단의 결과를 화면에 출력하는 프로그램을 for 문과 while 문으로 작성하세요.

〈for 문〉

〈while 문〉

구구단 문제 (2)

지금까지는 각 하나의 구구단만 출력하였다. 이제 구구단 전체를 출력하는 프로그램을 한 단계씩 공부해 보자. 아래와 같이 1단과 2단이 출력되도록 for 문을 두 번 반복하여 작성하고, 1단과 2단이 출력된 내용을 ChatGPT에게 보여주어 규칙성을 찾게 하였다.

이 문장은 구구단의 1단부터 2단까지의 문장입니다.

각 문장은 두 개의 숫자, 즉 첫 번째 숫자와 두 번째 숫자가 있으며, 두 번째 숫자는 1에서 9까지의 정수입니다. 각 문장은 곱셈으로 구성되며, 첫 번째 숫자와 두 번째 숫자를 곱한 결과가 마지막 숫자입니다.

또한, 1단과 2단은 첫 번째 숫자가 1과 2로 고정되어 있으며, 두 번째 숫자만 바뀌고 있습니다.

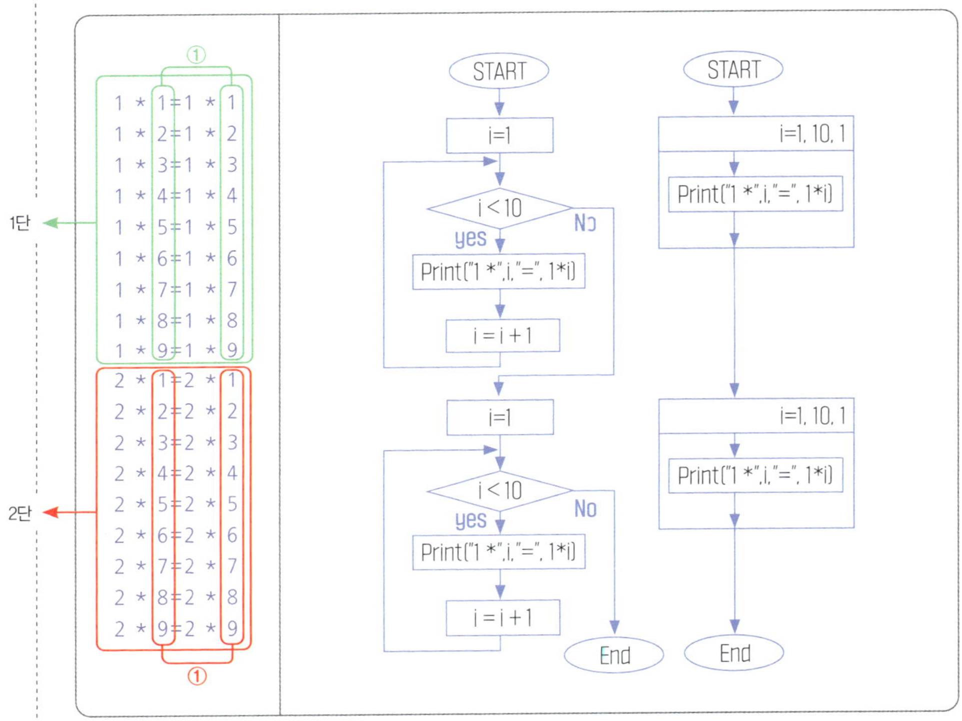

• 1단을 고정값과 변동값을 포함해 print 문으로 표현하면 print("1*", ①, "=", (*①)

• 2단을 print 문으로 표현하면 print("2*:, ①, "=", 2*①)

이 규칙성을 참고해서 2개의 for 문으로 작성한다.

```
for (        ①          ) :
    print("1 *", ①, "=", 1*①)
for (        ①        ) :
    print("2 *", ①, "=", 2*①)
```

살펴본 코드의 1단과 2단의 규칙성을 찾아 for 문 두 개를 나란히 작성하여 간단히 1단과 2단을 출력해 보자. 앞서 1단으로 공부했기에 쉽게 작성할 수 있을 것이다. 정답이 제시되어 있지만 스스로 코드를 작성하고 살펴보자.

```
for i in range(1, 10,1):
    print("1 *",i,"=",1 * i)
for i in range(1, 10,1):
    print("2 *",i,"=",2 * i)
```

다음과 같이 1단과 2단이 출력되도록 while 문을 두 번 반복하여 작성한다.

```
i=1
while i < 10:
    print("1 *", i,"=", 1*i)
    i=i+1
i=1
while i < 10:
    print("2 *", i,"=", 2*i)
    i=i+1
```

구구단 문제 (3)

5단까지 출력되도록 for 문을 5번 반복하여 작성한다.

```
for i in range(1, 10,1): # ---> ①
    print("1 *",i,"=",1 * i) # ---> ②
for i in range(1, 10,1): # ---> ①
    print("2 *",i,"=",2 * i) # ---> ②
for i in range(1, 10,1): # ---> ①
    print("3 *",i,"=",3 * i) # ---> ②
for i in range(1, 10,1): # ---> ①
    print("4 *",i,"=",4 * i) # ---> ②
for i in range(1, 10,1): # ---> ①
    print("5 *",i,"=",5 * i) # ---> ②
```

구구단 문제 (4)

앞서 살펴본 규칙성을 찾고 그대로 반복문으로 변경하여 그림 왼쪽 칸에 작성한다.

① 5번 반복되는 동안 변화되는 내용이 없다. 그러므로 for i in range(1, 10,1):을 그대로 작성하면 된다.

② 5개의 print 문의 규칙성을 찾아 for 문으로 작성한다. 5개의 print 문을 보면 변화되는 부분(②)과 변수지만 변화되지 않는 부분(i)이 있다. 이 부분을 먼저 하나의 print 문으로 표현해 보자.

```
print(②, " * " , i , "=" , ② * i)
```

이를 바탕으로 아래 [힌트]를 읽어보면서 아래 명령문의 빈칸을 채워보자.

```
for j in range(            ):# ---> ②-1
    for i in range( 1, 10, 1):# ---> ①
        print(             )# ---> ②
```

힌트 : 2중 for 문 코드를 처음보면 새로운 syntax 라고 생각되지만, 단지 반복되는 명령문[①]이 1부터 9의 정수가 반복되는 부분으로 for 문으로 구성되어 있을 뿐이다.

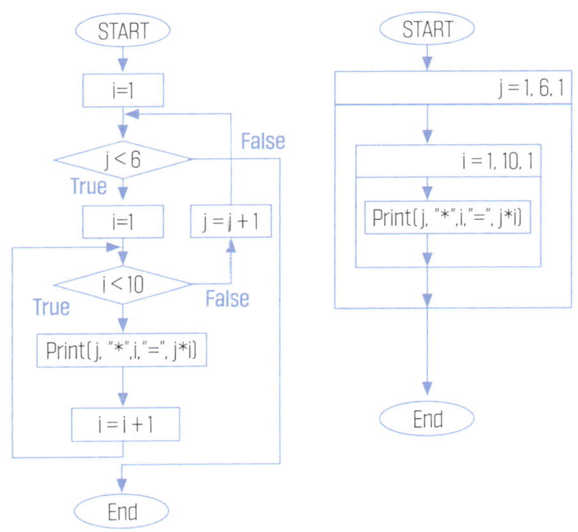

① 명령문이 어떤 형태이든 상관없이 ①이 반복되는 패턴을 찾아보니 ①이 5번만 반복되면 되니 ②-1을 for j in range(10, 16, 1):로 해도 상관없다. 그런데 ②도 5번 반복되며 1단부터 5단까지를 표현하고 ①의 i 값과 곱셈 연산을 표현해야 하므로 이 부분을 고려하여 ②-1 range 인수값을 결정해야 한다.

위의 규칙성과 고정값을 찾아 for 문을 완성해 보자.

반복문 BLOCK

```
for j i n range(1, 6, 1): # ------> ②-1
    for i in range(1, 10, 1): # ------> ①
        print(j,"*", i,"=", j*i) # ------> ②
```

반복 명령문 BLOCK

코드 설명

②−1 반복문 BLOCK에서 j=1일 때 [반복 명령문 BLOCK]이 1번 반복되고 종료된다. 이 [반복 명령문 BLOCK]은 단순히 9번을 반복하는 for 문으로 구성되어 있기 때문에 9번의 print 문이 출력되는 것으로, ②−1 반복문 BLOCK이 5번 반복되고 그 안에 [반복 명령문 BLOCK]이 1번 반복될 때마다 다시 9번의 반복을 하는 for 문으로 구성되어 있는 것이다. 이러한 설명은 예를 들어, 신발끈을 묶는 것을 시각적으로 설명하는 것과 같이 직관적으로 이해하기 어려운 부분을 보다 명확하게 설명하기 위해 사용되었다. 하지만 이런 긴 설명이 있는 이유는 규칙성을 찾아내는 습관을 기르는 것이 프로그래밍을 재미있게 학습하는 데에 중요하기 때문이다. 정확하게 규칙성을 찾아내고 이를 코딩하는 것이 프로그래밍에서 많은 부분을 차지하며, 이 과정을 재미있게 여기면 프로그래밍에 대한 흥미를 더욱 키울 수 있다.

• 규칙성을 이용해서 이중 while 문을 작성하기

```
j=1
while j < 6:
    i=1
    while i < 10:
        print(j,"*", i,"=", j*i)
        i=i+1
    j=j+1
```

ChatGPT 활용하기

앞서 작성한 프로그램은 5단까지 출력되는 구구단이다. 프로그램을 9단까지 출력하는 프로그램으로 수정한다.

다음과 같이 ChatGPT가 작성한 프로그램을 결과로 제시했다. 우리가 작성한 코드와 비교해 보자.

다음은 구구단 1단부터 9단까지를 출력하는 파이썬 코드입니다.

```
for i in range(1, 10):     # 첫 번째 숫자, 1부터 9까지 반복
    for j in range(1, 10): # 두 번째 숫자, 1부터 9까지 반복
        print(f"{i} * {j}={i*j}") # 구구단 출력
```

위 코드에서 첫 번째 반복문에서 변수 i는 1부터 9까지 1씩 증가하며 반복하고, 두 번째 반복문에서 변수 j는 1부터 9까지 1씩 증가하며 반복합니다. 이중 반복문을 사용하여 구구단의 모든 문장을 출력합니다. print 함수는 각 문장을 출력하는 데 사용되며, f-string을 사용하여 첫 번째 숫자와 두 번째 숫자, 그리고 곱셈 결과를 출력합니다.

문제 12 다음은 ChatGPT가 제출한 2중 for 문 문제이다. 스스로 프로그램을 작성해 보자. 문제 정답은 389쪽 참고

- 1부터 5까지의 숫자를 이용하여 다음과 같은 출력을 만드는 프로그램을 작성하세요.

〈화면 출력〉

```
1
1 2
1 2 3
1 2 3 4
1 2 3 4 5
```

• 다음과 같은 출력을 만드는 프로그램을 작성하세요.

〈화면 출력〉

```
A
A B
A B C
A B C D
A B C D E
```

• 다음과 같은 출력을 만드는 프로그램을 작성하세요.

〈화면 출력〉

```
*****
*****
*****
*****
*****
```

ChatGPT 결합과제 완성 코드

4 〉 반복문으로 완성한 피자 주문 프로그램

피자 주문 프로그램을 완성해 보자.

- exit를 입력할 때까지 반복해서 주문을 받고 총 결제액을 계산하여 제시하세요.

업그레이드하기

```
피자를 선택해주세요:
페퍼로니 피자 (3000원)
치즈 피자 (3200원)
콤비네이션 피자 (3500원)
불고기 피자 (3600원)
해산물 피자 (3800원)
피자 이름을 입력하세요 (종료는 exit): 치즈
잘못된 입력입니다.
피자 이름을 입력하세요 (종료는 exit): 치즈 피자
수량을 입력하세요: 2
피자 이름을 입력하세요 (종료는 exit): 페퍼로니 피자
수량을 입력하세요: 1
피자 이름을 입력하세요 (종료는 exit): exit
음료수를 선택해주세요:
콜라 (1500원)
사이다 (1500원)
생수 (1000원)
음료수 이름을 입력하세요 (종료는 exit): 콜라
수량을 입력하세요: 2
음료수 이름을 입력하세요 (종료는 exit): 생수
수량을 입력하세요: 3
음료수 이름을 입력하세요 (종료는 exit): exit
주문 내역:
피자:
치즈 피자: 2개 - 6400원
페퍼로니 피자: 1개 - 3000원
음료수:
콜라: 2개 - 3000원
생수: 3개 - 3000원
총 가격: 15400원
```

exit를 입력할 때까지 반복해서 입력받기

입력받은 피자 이름과 주문 수, 주문 금액을 저장해야 한다.

보통 영수증을 프린트하면 그림과 같이 주문한 내용을 모아서 출력해 준다. 이렇게 정리하여 출력하기 위해서는 주문받은 내용을 변수에 저장해야 한다.

1. 몇 개의 메뉴를 주문할지 모르기 때문에 몇 개의 변수를 선언해야 할지 모른다.
2. 몇 개의 변수를 선언해야 할지 모를 때 실행하면서 변수를 생성해야 한다(동적할당).
3. 임의의 수를 데이터에 저장할 수 있는 변수 정의가 필요하다.

이러한 필요성을 충족하기 위해 좋은 데이터형이 리스트와 딕셔너리 같은 〈5장〉에서 배울 컨테이너 데이터형이다. 코딩을 하면서 더 효율적인 방법이 있을 것이라는 것을 알지만 지금까지 배운 기능만으로 할 수 있는 한 가장 근접하게 프로그램길이가 길어지고 복잡하더라도 해내는 경험이 중요하고 그 과정에서 많은 것을 배운다. 이번 장에서는 하나의 메뉴를 주문받고 주문내역을 출력하고 다시 주문받는 방식으로 덜 효율적이더라고 목적에 가장 근접한 프로그램을 작성해보자.

ChatGPT 결합과제 01 피자 주문내역 출력하기 코드

```
피자를 선택해주세요.
페퍼로니 피자 (3000원)
치즈 피자 (3200원)
콤비네이션 피자 (3500원)
불고기 피자 (3600원)
해산물 피자 (3800원)
피자 이름을 입력하세요 (종료는 exit): 치즈 피자
수량을 입력하세요: 3
----------------------------
주문 내역:
피자:
치즈 피자: 3개 - 9600원
피자 이름을 입력하세요 (종료는 exit): 페퍼로니 피자
수량을 입력하세요: 2
----------------------------
주문 내역:
피자:
페퍼로니 피자: 2개 - 6000원
피자 이름을 입력하세요 (종료는 exit): exit
음료수를 선택해주세요.
콜라 (1500원)
사이다 (1500원)
생수 (1000원)
음료수 이름을 입력하세요 (종료는 exit): 콜라
수량을 입력하세요: 3
----------------------------
주문 내역:
음료수:
콜라: 3개 - 4500원
음료수 이름을 입력하세요 (종료는 exit): 생수
잘못된 입력입니다.
음료수 이름을 입력하세요 (종료는 exit): 2
잘못된 입력입니다.
음료수 이름을 입력하세요 (종료는 exit): exit
=========================
총 가격: 20100원
```

반복문을 사용하여 리스트나 딕셔너리를 전혀 사용하지 않고, 피자 메뉴와 여러 개의 음료수 메뉴를 주문할 수 있다.

```
pizza1="페퍼로니 피자"
pizza2="치즈 피자"
pizza3="콤비네이션 피자"
pizza4="불고기 피자"
pizza5="해산물 피자"

price1=3000
price2=3200
price3=3500
price4=3600
price5=3800
```

```
# 피자 선택
print("피자를 선택해주세요.")
print(f"{pizza1} ({price1}원)")
print(f"{pizza2} ({price2}원)")
print(f"{pizza3} ({price3}원)")
print(f"{pizza4} ({price4}원)")
print(f"{pizza5} ({price5}원)")
```

코드 설명

[Step 1] 피자 메뉴 5개를 화면에 출력하기 위해 총 5개의 변수를 사용하고 화면에 출력한다.

```
# ChatGPT 결합과제
total_price=0
while True:
    pizza=input("피자 이름을 입력하세요. (종료는 exit): ")
    if pizza=="exit":          # ⑦ 피자 주문을 종료하려면 exit 입력
        break
    elif pizza==pizza1:
        pizza_order=pizza1     # ① 주문한 피자 메뉴 저장
        pizza_price=price1     # ② 주문한 피자 가격 저장
    elif pizza==pizza2:
        pizza_order=pizza2
        pizza_price=price2
    elif pizza==pizza3:
        pizza_order=pizza3
        pizza_price=price3
    elif pizza==pizza4:
        pizza_order=pizza4
        pizza_price=price4
    elif pizza==pizza5:
        pizza_order=pizza5
        pizza_price=price5
    else:  # ③ 잘못된 메뉴 입력
        print("잘못된 입력입니다.")
        continue  # ④ while 문으로 올라감
    count=input("수량을 입력하세요: ")       # [Step 3] 수량 입력
    count=int(count)
    subtotal=pizza_price * count           # ⑤ 선택한 메뉴의 가격 계산
```

```
    print("___________________") # [Step 4] 아래 5줄이 주문 메뉴와 가격 출력
    print("주문내역:")
    print("피자:")
    print(f"{pizza_order}: {count}개 - {subtotal}원")
    total_price=total_price+subtotal # ⑥ 총 주문내역 가격 계산
print("======================") # [Step 5] 음료 메뉴 변수선언과 화면에 출력
```

[Step 2]

① 주문한 피자 메뉴를 저장하기 위해 pizza_order 변수를 정의하고 저장한다.

② 주문한 가격을 저장하기 위해 pizza_price 변수를 정의하고 저장한다.

③ 잘못된 메뉴를 입력한다.

④ while 문으로 올라간다.

[Step 3] 수량을 입력한다.

⑤ 선택한 메뉴의 가격 계산, 선택한 메뉴를 pizza_order 변수에 저장하고 해당 메뉴의 수량을 pizza_price 변수에 저장한다. 이 저장된 변수에 있는 값을 이용해 주문가격을 계산한다.

[Step 4] 아래 5줄이 주문 메뉴와 가격 출력한다. 선택한 메뉴의 가격 계산, 선택한 메뉴를 pizza_order 변수에 저장하고 해당 메뉴의 수량을 pizza_price 변수에 저장하고 계산값을 화면에 출력한 다음 반복문을 이용해 다음 피자 메뉴와 수량을 입력받으면 pizza_order와 pizza_price에 새로운 값이 저장되므로 새로운 주문을 받기 전에 화면에 출력해야 한다.

⑥ 총 주문내역 가격을 total_price 저장한다.

⑦ exit를 입력할 때까지 while 문이 반복된다.

```
# 음료수 메뉴와 가격
drink1="콜라"
drink2="사이다"
drink3="생수"
```

```
drink_price1=1500
drink_price2=1500
drink_price3=1000

# 음료수 선택
print("음료수를 선택해주세요.")
print(f"{drink1} ({drink_price1}원)")
print(f"{drink2} ({drink_price2}원)")
print(f"{drink3} ({drink_price3}원)")

while True:  # [Step 7] exit 입력 전까지 음료 메뉴 반복 주문 가능
    drink=input("음료수 이름을 입력하세요 (종료는 exit): ")
                                                  # [Step 6] 음료 메뉴 입력
    if drink=="exit":
        break
    elif drink==drink1:
        drink_order=drink1
        drink_price=drink_price1
    elif drink==drink2:
        drink_order=drink2
        drink_price=drink_price2
    elif pizza==drink3:
        drink_order=drink3
        drink_price=drink_price3
    else:
        print("잘못된 입력입니다.")
        continue

    count=int(input("수량을 입력하세요: "))  # [Step 7] 수량 입력
    subtotal=drink_price * count
    print("___________________________")
    print("주문내역:")
    print("음료수:")
    print(f"{drink_order}: {count}개 - {subtotal}원")
    total_price=total_price+subtotal
```

음료 메뉴와 주문 코드는 피자 메뉴와 수량 코드와 동일하다. 피자 주문 내용과 음료 내용 코드는 내용은 다르지만, 기능은 동일하기 때문에 이런 부분을 함수(6장)로 변경하면 효율적인 코드를 작성할 수 있다. 이 코드를 작성해 보면서 함수의 필요성을 느껴보길 바란다.

[Step 5] 음료 메뉴 변수 3개, 음료 가격 변수 3개 모두 6개의 변수를 정의하고 화면에 출력한다.

[Step 6] 음료 메뉴를 입력한다.

[Step 7] 수량을 입력한다.

[Step 8] 음료 주문내역을 출력하고 exit가 입력될 때까지 반복문을 사용하고 음료 메뉴와 수량을 입력받고 주문내역이 출력된다.

```
# 총 주문 가격 계산

print("========================")


print(f"총 가격: {total_price}원")
```

[Step 9] 피자와 음료의 총 주문내역을 출력한다.

| 5장 |

리스트와 딕셔너리

학습 목표

파이썬은 서로 다른 데이터형을 쉽게 묶어 사용할 수 있도록 컨테이너 데이터형을 제공한다. 이러한 컨테이너는 반복문에서 큰 바구니로 활용될 수 있다.

- 순서(sequence, 시퀀스)가 있는 컨테이너 : 문자열, 리스트, 튜플, range
- 순서(sequence, 시퀀스)가 없는 컨테이너 : 딕셔너리

컨테이너형 데이터는 다양한 데이터를 묶어서 쉽게 다룰 수 있게 해주는 중요한 기능이다. 4장에서 배운 프로그램을 업그레이드할 때 이를 이용하면 더욱 강력한 프로그램을 만들 수 있으며, 이를 통해 코딩과정에서 더욱 재미를 느낄 수 있다. 따라서 ChatGPT를 잘 활용하기 위해서는 컨테이너형 데이터의 필요성을 느끼고 이를 자유롭게 다룰 수 있어야 한다.

만들어 보기

리스트를 사용하여 메뉴를 간단하게 저장하고 딕셔너리를 이용하여 주문된 메뉴와 수량을 간단하게 저장하자.

프로그램 업그레이드 하기

동일한 기능을 내용이 달라서 반복해서 코딩하고 있다. 다음 장에서 함수를 이용하여 간단하게 코딩해 보자.

프로젝트 결과물

[Step 1] 피자 종류 선택

```
피자를 선택해주세요.
페퍼로니 피자 (3000원)
치즈 피자 (3200원)
콤비네이션 피자 (3500원)
불고기 피자 (3600원)
해산물 피자 (3800원)
```

[Step 2] 피자 선택

```
메뉴 이름을 입력하세요 (종료는 exit): 불고기 피자
```

[Step 3] 수량 선택

```
메뉴 이름을 입력하세요 (종료는 exit): 불고기 피자
수량을 입력하세요: 2
```

[Step 4] 메뉴를 묻는다. exit를 입력할 때까지 반복해서 메뉴 입력 가능

```
메뉴 이름을 입력하세요 (종료는 exit): 불고기 피자
수량을 입력하세요: 2
메뉴 이름을 입력하세요 (종료는 exit): exit
```

[Step 5] 음료수 화면 출력

```
음료수를 선택해주세요
콜라 (1500원)
사이다 (1500원)
생수 (1000원)
```

[Step 1]

1. pizza_menu를 리스트로 선언한다.
2. pizza_price를 리스트로 선언한다.
3. 반복문을 사용하여 메뉴와 가격을 화면에 출력한다.

[Step 2, 3, 4]

피자 메뉴에 exit가 입력되기 전까지 반복문이 실행되면서 피자 메뉴와 수량 선택을 선택하고 pizza_order 딕셔너리에 메뉴와 수량을 저장한다.

[Step 5]

1. drink_menu를 리스트로 선언한다.
2. drink_price를 리스트로 선언한다.
3. 반복문을 사용하여 메뉴와 가격을 화면에 출력한다.

[Step 6] 음료수 선택

```
메뉴 이름을 입력하세요 (종료는 exit): 콜라
```

[Step 7] 수량 선택

```
메뉴 이름을 입력하세요 (종료는 exit): 콜라
수량을 입력하세요: 2
```

[Step 8] 음료를 다시 묻는다. exit 입력하면 종료

```
메뉴 이름을 입력하세요 (종료는 exit): 콜라
수량을 입력하세요: 2
메뉴 이름을 입력하세요 (종료는 exit): exit
```

[Step 9] 피자 주문 총액을 계산하고 화면에 출력

[Step 10] 음료 주문 총액을 계산하고 화면에 출력

[Step 11] 주문내역 출력

```
주문 내역:
 - 불고기 피자 (3600원) x 2 = 7200원

총 가격: 7200원
주문 내역:
 - 콜라 (1500원) x 2 = 3000원

총 가격: 3000원
****************************************
피자와 음료 총 가격: 10200
```

[Step 6, 7, 8] 음료 메뉴에 exit가 입력되기 전까지 반복문이 실행되면서 피자 메뉴와 수량 선택을 선택하고 drink_order 딕셔너리에 메뉴와 수량을 저장한다.

[Step 9] pizza_order 딕셔너리와 반복문을 사용해 피자 주문내역과 가격을 계산하고 화면에 출력한다.

[Step 10] drink_order 딕셔너리와 반복문을 사용해 피자 주문내역과 가격을 계산하고 화면에 출력한다.

[Step11] 피자와 음료 총액을 화면에 출력한다.

1 〉 리스트

리스트(List)는 이름에서 알 수 있듯이 목록이다. 순서가 의미가 있는 데이터 자료형이다. 리스트의 장점은 서로 다른 데이터형을 묶어서 규칙성이 있는 변수명으로 다룰 수 있다는 것이다. 리스트를 구성하는 요소가 하나의 data이다. 이때, 각 요소의 데이터형이 달라도 하나의 리스트로 묶을 수 있다는 것이다. 설명을 명료하게 설명하기 위해 요소 data는 item(요소)이라는 용어를 사용하겠다.

syntax : 리스트

변수명 = [item1, item2, item3....]	lista = ['list', 1, 0.7]

syntax : 정확한 코딩

변수명 = [item1, item2, item3....]	• 리스트를 정의할 때 대입 연산자 오른쪽에 각 요소를 '[' , ']'(꺽쇄 괄호)로 묶어주면 된다. • item(요소)은 모든 데이터형이 올 수 있다. • 각 요소는 쉼표(,)로 구분한다.

1.1 리스트 생성

리스트는 변수명에 규칙성이 있는 변수 여러 개를 한 번에 자동으로 생성한다. ca 리스트로 정수값 10, 11, 21을 할당하면 ca[0], ca[1], ca[2]라는 인덱스(색인, 0, 1, 2)의 규칙성을 갖는 변수 3개를 자동 생성하고 3개의 변수를 묶은 변수 ca

가 정의된다.

```
ca=[10,11,21]
print(ca) # ------> ①
print(ca[0]) # ----> ②
print(ca[1])
print(ca[2])
```

〈화면 출력〉

```
[10, 11, 21]
10
11
21
```

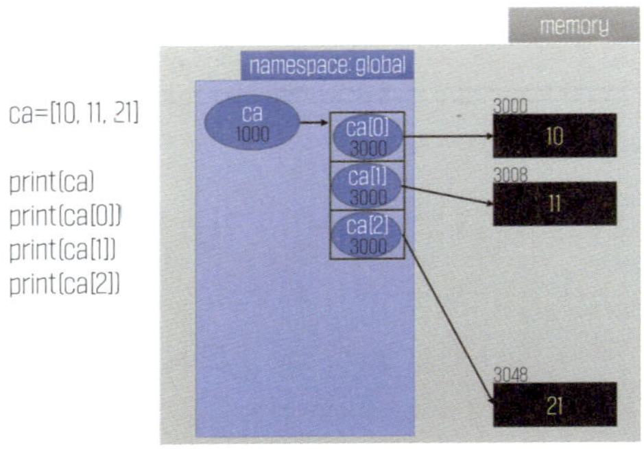

이해하기 쉽도록 기억장소를 추상화하여 그림으로 제시하였다. 실제 데이터(item)를 하나하나 가리키는 변수명은 인덱스를 갖고 자동으로 생성된다. ca는 이 변수명을 묶어 놓은 것으로 시각적으로 이해하는 것이 좋다. 위의 그림은 여러분이 리스트를 이해하기 쉽도록 실제 실행과 유사하게 비유적으로 묘사한 것이다. 이는 편리한 방식을 추상화하여 쉽게 이해할 수 있게 설명한 것이다. 책마다 추상화하여 설명하는 그림은 다를 수 있으니 참고한다.

대입 연산자에서 살펴본 l_value와 r_value의 관계를 파이썬의 실제 할당 관점에서 살펴 보자. 〈2장〉의 58쪽에서 파이썬의 맵핑관계 설명을 먼저 학습하고 이 부분을 학습하면 좀 더 수월할 것이다.

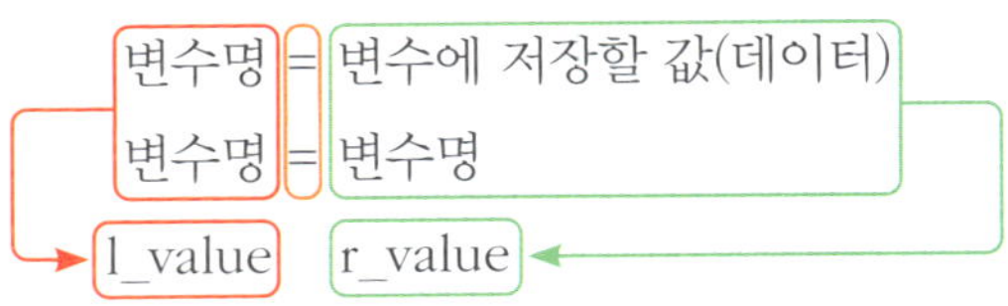

파이썬의 모든 변수에는 데이터를 가리키는 주소가 저장된다.

ca = [10, 11, 21]과 같이 리스트가 선언되면 ca[0], ca[1], ca[2]라는 세 개의 변수가 자동으로 생성된다. 이때 데이터 10에 접근(가리키는, 참조하는)할 수 있는 주소(3000)가 ca[0], 데이터 11에 접근할 수 있는 주소(3008)가 ca[1], 데이터 21에 접급할 수 있는 주소(3048)가 ca[2] 변수에 각각 저장된다. 그리고 ca 변수에는 ca[0], ca[1], ca[2]에 접근(가리키는, 참조하는)할 수 있는 시작 주소(1000)가 저장된다. 여기서 사용하는 구체적인 주소는 이해를 돕기 위해 임의로 할당한 것이다.

잠깐만요

〈2장〉의 58~59쪽에서 파이썬에서 r_value가 대입 연산자를 이용하여 주소를 할당할 때를 제외하고는 그 주소(r_value)가 가리키는 데이터를 의미한다고 설명했다. 좀 더 이해하기 쉽도록 하기 위해 r_value가 가리키는 데이터가 반환(return)된다고 시각적으로 생각하면 프로그램을 이해하는 데 더 도움이 된다. 그래서 r_value가 가리키는 데이터가 반환(return)된다는 용어를 쓰도록 하겠다. 앞으로 r_value를 설명하면서 '주소 data'를 저장하고 있는 파이썬의 방식과 '데이터값'을 저장하고 있는 C언어 방식을 혼용하면서 상황에 따라 좀 더 이해하기 쉬운 방식을 선택하여 설명하도록 하겠다.

① print(ca)에서 ca 변수에는 하나의 묶음인 리스트의 시작 주소가 저장되어 있고, 이 주소로 접근해 리스트의 모든 data를 가리킨다. 이때 r_value인 경우 r_value인 변수가 가리키는 데이터가 반환(return)된다고 시각적으로 생각하는 것이 이해하기가 쉽다. print 함수는 반환된 값을 화면에 출력한다.

② print(ca[0])은 ca[0] 변수에 저장된 주소가 가리키는 data 10이 반환(return)된다. print 함수가 이 반환된 data를 출력한다.

이렇게 파이썬의 변수에 실제 저장된 데이터가 주소(data)임을 명시하여 프로그램을 설명하고 이해하는 것이 더 효과적인 경우도 있다. 그러나 이러한 방식으로 설명하는 것이 학습자의 코드 이해를 어렵게 만드는 경우도 있다. 따라서 기존의 방식대로 l-value는 기억 공간을, r-value는 변수에 저장된 값이라는 방식으로 설명하는 것이 더 적합할 때도 있다. 이러한 2가지 변수 설명 방식을 혼용하여 설명해 코드를 더 잘 이해할 수 있도록 하겠다.

리스트는 서로 다른 데이터형의 데이터 여러개를 묶어 하나의 리스트로 생성할 수 있다. 즉, 리스트의 가장 편리한 특성은 서로 다른 데이터형을 묶어서 정의할 수 있다는 점이다. lista 변수는 정수, 문자열, 실수를 묶어 정의하였다.

```
lista=[1, "python", 3.9, '프로그래밍']

print(lista[0])
print(lista[1])
print(lista[2])   → ①
print(lista[3])
print(lista)
```

〈화면 출력〉

```
[1, 'python', 3.9, '프로그래밍']
1
python
3.9
프로그래밍
```

리스트로 변수를 정의하면 인덱스의 규칙성을 갖는 변수명이 자동으로 생성된다. 이러한 리스트 변수명의 규칙성을 이용하여 반복문으로 처리할 수 있다. 아래 5개의 정수를 갖는 리스트를 정의하고 리스트 명의 규칙성을 이용하여 반복문으로 프로그램을 변경해 보자.

예제 1 예시 코드의 ① 부분에서 규칙성을 찾아 for 문으로 변경한다.

- range 함수 이용

```
for sa in range( ,  ,  ):
    print(lista[  ])
```

파이썬의 컨테이너 데이터형은 반복문에서 큰 바구니로 사용할 수 있다.

```
for sa in range(0, 4, 1):
    print(lista[sa])
```

예제 2 큰 바구니, 작은 바구니 개념으로 리스트를 출력하는 프로그램으로 변경한다.

- lista를 큰 바구니로 사용하고 아래 코드를 보고 작은 바구니를 완성하자.

```
for (    ) lista:
    print(sa)
```

예시 코드에 답을 추가하면 다음과 같다.

```
for sa in lista:
    print(sa)
```

예제 3 리스트 자체를 큰 바구니로 사용한다.

- lista를 큰 바구니로 사용

```
for (      ) [1, "python", 3.9, '프로그래밍']:
    print(sa)
```

예시 코드에 답을 추가하면 다음과 같다.

```
for sa in [1, "python", 3.9, '프로그래밍']:
    print(sa)
```

ChatGPT 결합과제 01 for 문으로 피자 메뉴 출력하기

〈4장〉에서 작성한 피자 메뉴 프로그램의 길게 코딩된 부분을 수정한다. 피자 메뉴를 리스트 pizza_menu, 가격을 pizza_price로 정의하고 for 문을 이용하여 출력한다.

```
pizza1="페퍼로니 피자"
pizza2="치즈 피자"
pizza3="콤비네이션 피자"
pizza4="불고기 피자"
pizza5="해산물 피자"

price1=3000
price2=3200
price3=3500
price4=3600
```

1.2 리스트 값 변경

리스트 정의 후 리스트 요소를 대입 연산자를 사용하여 새로운 값으로 할당할 수 있다.

syntax : 리스트 값 변경

```
리스트명[인덱스] = 데이터 값
```

```
a=[1, 2, 3, 4, 5]
a[2]=30
print(a)
a[3]=40
print(a)
```

〈화면 출력〉

```
1, 2, 30, 4, 5]
[1, 2, 30, 40, 5]
```

1.3 리스트 값 추가

리스트를 정의할 때 리스트의 크기가 정해진다. 요소의 개수에 따라 자동적으로 리스트의 크기와 인덱스가 결정되는 것이다. 결정된 리스트의 크기를 넘어서서 요소를 추가하고자 할 때는 append() 메소드를 사용해야 한다.

syntax : append() 메소드

```
리스트명.append(데이터 값)
```

리스트는 클래스이고 리스트 변수는 객체이다. 리스트 클래스에는 메소드가 정의되어 있고 append는 그 메소드 중 하나이다.

```
listc=[]
print(listc)
listc.append(300)
print(listc)
listc.append("파이썬")
print(listc)
listc.append(3.7)
print(listc)
```

〈화면 출력〉

```
[]
[300]
[300, '파이썬']
[300, '파이썬', 3.7]
```

리스트에 데이터를 할당하는 방법에는 대입 연산자를 이용하는 방법과 append 메소드를 이용하는 2가지 방법이 있다. 이 중 대입 연산자를 이용하는 방법은 이미 리스트의 크기가 확정되어 있고 확정된 크기 내에서만 데이터를 할당할 수 있다. append 메소드는 주어진 리스트 크기를 넘어서 데이터를 추가할 때 사용한다. 아래 프로그램에서 listd 리스트는 할당된 데이터 없이 정의되어 있어 크기가 0이라고 할 수 있다. 이때 대입연산자를 이용하여 데이터를 할당하면 할당된 인덱스의 범위를 넘어선다는 오류 메시지가 나타난다. 주어진 인덱스의 범위를 넘어서서 데이터를 할당하고자 하는 경우 append 메소드를 사용하여야 한다.

```
listd=[]
listd[0]=10
```

〈화면 출력〉

```
IndexError: list assignment index out of range
```

앞서 살펴본 프로그램을 다음과 같이 수정하면 된다.

```
listd=[]
listd.append(10)
```

앞서 살펴본 append 사용에 대한 좀 더 충분한 설명은 〈10장〉의 클래스를 학습하면서 정확히 이해하게 될 것이다. 리스트를 정의하기 이전에 사용할 리스트의 요소가 모두 결정되어 있다면 굳이 append를 사용해서 item을 추가할 이유는 없다. 여기에서는 개념을 이해하기 위해서 append 를 사용했을 뿐, append 이외에도 리스트 사용을 쉽게 할 수 있도록 제공하는 여러 가지 메소드가 있다. 이 책에서 제시하는 문제를 해결할 때 필요한 메소드만을 소개한다.

syntax : index() 메소드

```
리스트명.index(리스트item)
```

리스트 item의 리스트 index를 리턴한다.

```
liste=['apple', 'banana', 'cherry', 'orange']
print(liste.index('banana'))
```

〈화면 출력〉

```
1
```

1.4 리스트의 규칙성을 이용한 반복문 작성

리스트와 반복법의 사용 방법은 총 4가지로 다음과 같다.

Step 1 리스트의 크기를 알고 range 함수를 이용하여 작성한다.

```
na=[5, 6, 1, 9, 4]
for i in range(0, 5, 1):
    print(na[i])
```

〈화면 출력〉

```
5
6
1
9
4
```

Step 2 리스트 이름을 큰 바구니로 사용한다.

- 리스트의 크기를 알지 못해도 사용 가능하다.

```
nb=[5, 6, 1, 9, 4]
for nc in nb:
    print(nc)
```

〈화면 출력〉

```
5
6
1
9
4
```

Step 3 리스트를 큰 바구니로 사용한다.

• 리스트의 크기를 알지 못해도 사용 가능하다.

```
for nd in [5, 6, 1, 9, 4]:
    print(nd)
```

〈화면 출력〉

```
5
6
1
9
4
```

Step 4 len()함수로 리스트의 크기를 계산하고 range()함수를 사용한다.

syntax : len() 내장 함수

```
len(리스트명)
```

리스트의 길이(리스트 item의 개수)를 반환한다. 리스트 이외에도 다른 데이터형의 item의 길이(요소의 개수)를 계산할 때 사용하면 된다.

문자열, 리스트, 딕셔너리 등의 길이(크기)를 반환한다. 즉, 문자열에서는 문자의 수, 리스트는 요소의 수, 딕셔너리에서는 키-값 쌍의 수를 반환한다.

len() 함수는 매우 간단하게 사용할 수 있으며, 대부분의 객체에서 동작한다. 다만, 사용하려는 객체가 길이를 측정할 수 없는 경우, TypeError 예외가 발생한다.

```
nc=[0, 6, 1, 9, 4]
k=len(na)
print(k)
```

〈화면 출력〉

```
5
```

```
nc=[0, 6, 1, 9, 4]
k=len(na)
for i in range(0, k, 1):
    print(na[i])
```

〈화면 출력〉

```
0
6
1
9
4
```

```
str="Hello, World!"
print(len(str))
list=[1, 2, 3, 4, 5]
print(len(list))
dict={'name': 'John', 'age':
25, 'city': 'New York'}
print(len(dict))
set={1, 2, 3, 4, 5}
print(len(set))
```

〈화면 출력〉

```
13
5
3
5
```

예제 다음 리스트에서 3의 배수인 요소들만 제거한 후에 출력하는 프로그램을 작성하세요.

```
numbers=[1, 2, 3, 4, 5, 6, 7, 8, 9, 10]
```

```
numbers=[1, 2, 3, 4, 5, 6, 7, 8, 9, 10]
numbers_without_3=[]

for num in numbers:
    if num % 3 !=0:
        numbers_without_3.append(num)

print(numbers_without_3)
```

〈화면 출력〉

```
[1, 2, 4, 5, 7, 8, 10]
```

2 〉 튜플

튜플은 다음과 같이 설명할 수 있다.

- 사전적 의미는 Tuple과 List가 비슷
- 리스트는 '목록', 튜플은 'N개의 요소로 된 집합'

syntax : 튜플

```
변수명 = (요소1, 요소2, 요소3....)
```

파이썬의 List와 Tuple의 차이는 다음과 같다.

List	Tuple
• 데이터 변경 가능(리스트 생성 후 추가/수정/삭제 가능) • 이름 그대로 목록 형식의 데이터를 다루는 데 적합	• 데이터 변경 불가능(튜플 생성 후 추가/수정/삭제 불가능)

2.1 튜플 생성

```
a=(1, 2, 3)
print(a)
print(type(a))
```

튜플 생성 예시 코드는 다음과 같다.

```
a=(1, 2, 3)
```

다음과 같이 튜플이 생성되었다. 이 튜플의 각 item을 화면에 출력하는 3가지 방식을 살펴보자.

```
print(a[0])
print(a[1])
print(a[2])
```

```
for sa in range(0, 1, 3):
    print(a[sa])
```

```
for sa in a:
    print(sa)
```

특별한 설명 없이 위의 튜플을 화면에 출력하는 코드를 보면 여러분은 리스트 항목을 출력하는 것으로 생각할 것이다. 맞다. 튜플은 선언 시 형식이 다르지만 실제로 사용하는 syntax는 리스트와 동일하다. 즉, 튜플을 생성하면 각 항목에 대한 인덱스가 있는 a[0], a[1], a[2]가 자동으로 생성되고, 이 세 개의 항목을 묶은 튜플명이 'a'인 것이다. 반복문과 함께 사용할 때도 리스트와 동일하게 큰 바구니어' 튜플을 그대로 사용하거나 튜플 이름을 사용하는 것이다.

리스트와 사용 형식도 동일한데 튜플은 언제 사용해야 할까? 리스트의 item이 변경(삽입, 삭제)되지 않아야 하는 경우, 튜플로 선언하는 것은 데이터를 보관하는 아주 좋은 방법이다.

2.2 튜플의 특성

데이터를 생성 후 절대로 데이터 값이 변경되지 말아야 하는 경우 유용하게 사용할 수 있다.

```
a=(1, 2, 3)
a[0]=7
Traceback (most recent call last) :
File "<pyshell#14>", line 1, in <module>
a[0]=7
TypeError: 'tuple' object does not support item assignment
```

코드 설명

위의 코드는 튜플의 0번째 아이템을 할당을 통해 변경하려는 시도를 한 것이다. 즉, 0번째 아이템의 값을 할당을 통해 변경하는 것은 리스트의 할당과 동일하다.

그러나 a[0] = 7에서 발생하는 할당 형식이 틀려서 발생하는 것이 아니라 튜플은 처음에 생성된 원본 item을 할당을 통해 변경할 수 없도록 정의된 데이터형이기 때문에 발생하는 오류 메시지는 튜플의 변경 불가능성을 알려준다.

이러한 경우에는 어떻게 해야 할까? 이 경우 리스트를 활용하는 것이다. 리스트를 사용하면 item을 변경할 수 있기 때문에 원하는 값을 할당하여 변경할 수 있다.

```
a=(1,2,3)
print(a, "a의 데이터형식은", type(a))
b=list(a)
print(b, "b의 데이터형식은", type(b))
b[0]=7
print(b)
```

〈화면 출력〉

```
(1, 2, 3) a의 데이터형식은 <class 'tuple'>
[1, 2, 3] b의 데이터형식은 <class 'list'>
[7, 2, 3]
```

3 〉 딕셔너리

딕셔너리는 key(인덱스)–value(값)의 쌍으로 구성된다. 딕셔너리의 색인(index)은 키(Key)를 사용한다. 키를 이용해 접근(참조)할 수 있는 데이터가 value(값)이다. key(인덱스)–value(값)의 쌍이 하나의 요소(item)이다.

syntax : 딕셔너리 생성

```
변수명 = {key1: value1, key2:value2, key3:value3,....}
```

딕셔너리를 만들 때는 중괄호 {}를 이용한다. key 와 value의 데이터형은 정수, 실수, 문자열 모두 가능하다.

syntax : 딕셔너리 각 요소 참조(사용)

```
딕셔너리명[key1]
딕셔너리명[key2]
```

딕셔너리는 특정 키(key)에 해당하는 값(value)에 접근할 때는 리스트와 튜플에서처럼 대괄호 [ ]를 이용한다. 리스트는 리스트를 선언하면 규칙성을 가진 변수들이 생성됨으로써 반복문을 이용하여 데이터를 처리하는 데 효율적이다. 그러나 각 item에 접근할 때 의미있는 키를 이용하여 접근하는 것은 불가능하다. 데이터를 저장하는 데이터베이스는 접근할 때 고유한 의미를 갖고 있는 키(key)를 사용한다. 이와 가장 유사하게 데이터를 저장하는 방식이 딕셔너리 방식이다.

리스트, 튜플 그리고 딕셔너리의 특징을 알고 다루고자 하는 데이터를 처리하는 데 효율적인 방법을 선택해 데이터를 생성하는 것은 중요하다.

3.1 딕셔너리 데이터 형 선언

딕셔너리 코드

딕셔너리 데이터를 정의하고 요소를 화면에 출력해 보자. 아래 딕셔너리 dica의 key와 value의 데이터형은 모두 문자열로 구성되어 있지만 정수, 실수, 문자열이 섞여서 구성되어도 상관없다.

```
dica={'애플':'apple.com','파이썬':'python.crg','마소':'microsoft.com'}
print(dica) # ------------> ①
print("***********************************************************")
print(dica['애플']) # ------> ②
print(dica['파이썬'])
print(dica['마소'])
```

〈화면 출력〉

```
{'애플': '애플', '파이썬': 'python.org', '마소': 'microsoft.com'}
***********************************************************
apple.com
python.org
microsoft.com
```

코드 설명

① 딕셔너리 dica가 가리키는 딕셔너리의 요소(item)가 모두 출력된다.

② key '애플'이 가리키는 value(값)인 'apple.com'이 출력된다.

3.2 딕셔너리 메소드

딕셔너리의 key와 value의 쌍인 item을 처리할 때 필요한 요소만을 쉽게 추출할 수 있도록 메소드를 제공한다. 아래 3개의 메소드는 실행 후 리턴하는 데이터형은 모두 리스트로 정의되어 있다.

syntax : 딕셔너리 메소드

dic.keys() # -----> ① dic.values() # ---> ② dic.items() # ----> ③	① 딕셔너리의 key만을 추출해서 리스트로 리턴하는 메소드 ② 딕셔너리의 value만을 추출해서 리스트로 리턴하는 메소드 ③ 딕셔너리의 key와 value의 쌍인 item을 리스트로 리턴하는 메소드

예시 (1)

딕셔너리에서 필요한 요소를 화면에 출력하면 각 출력 결과가 리스트로 묶여서 출력되는 것을 확인할 수 있다.

```
dic={'애플': 'apple.com', '파이썬': 'python.org', '마소': 'microsoft.com' }
print(dic.items())
print(dic.keys())
print(dic.values())
```

<화면 출력>

```
dict_items([('애플','apple.com'),('파이썬','python.org'),('마소', 'microsoft.com')])
dict_keys(['애플', '파이썬', '마소'])
dict_values(['apple.com', 'python.org', 'microsoft.com'])
```

예시 (2)

딕셔너리를 큰 바구니로 사용하여 for 문에서 딕셔너리의 요소를 출력한다.

- 딕셔너리 변수를 큰 바구니로 사용하기

```
dicb={'애플':'apple.com','파이썬':'python.org','마소':'microsoft.com'}
print(dicb)
print("***************************************************************")
for sb in dicb: # ---> ①
    print(sb)
```

〈화면 출력〉

```
{'애플': 'apple.com', '파이썬': 'python.org', '마소': 'microsoft.com'}
***************************************************************
애플
파이썬
마소
```

코드 설명

①에서 dicb 딕셔너리를 큰 바구니로 사용하면 큰 바구니의 단위는 콤마(,)로 구분된다. 즉, key:value가 하나의 단위(item)이고 작은 바구니로 한 단위씩 옮겨지지만, 작은 바구니에는 key에 해당하는 값만 저장된다.

예시 (3)

딕셔너리의 키 요소만 큰 바구니로 사용하여 for 문으로 딕셔너리의 키 요소로 출력한다.

- 메소드 keys()를 큰 바구니로 사용하기

```
dicc={'애플':'apple.com','파이썬':'python.org','마소':'microsoft.com'}
print(dicc.keys())
print("****************************************************************")
for sc in dicc.keys():
    print(sc)
```

〈화면 출력〉

```
dict_keys(['애플', '파이썬', '마소'])
****************************************************************
애플
파이썬
마소
```

예시 (4)

딕셔너리의 값 요소만을 큰 바구니로 사용하여 for 문으로 딕셔너리의 값 요소로 출력한다.

- 메소드 values()를 큰 바구니로 사용하기

```
dicf={'애플':'apple.com','파이썬':'python.org','마소':'microsoft.com'}
print(dicf.values())
print("****************************************************************")
for sf in dicf.values():
    print(sf)
```

〈화면 출력〉

```
dict_values(['apple.com', 'python.org', 'microsoft.com'])
****************************************************************
apple.com
python.org
microsoft.com
```

예시 (5)

딕셔너리의 키와 값 요소를 큰 바구니로 사용하여 for 문으로 딕셔너리의 요소와 값을 출력한다.

• 메소드 items를 큰 바구니로 사용하기

```
dicd={'애플':'apple.com','파이썬':'python.org','마소':'microsoft.com'}
print(dicd.items())
print("***********************************************************************")
for sd, se in dicd.items():
    print(sd, se)
```

〈화면 출력〉

```
dict_items([('애플','apple.com'), ('파이썬','python.org'), ('마소', 'microsoft. com')])
***********************************************************************
애플 apple.com
파이썬 python.org
마소 microsoft.com
```

예시 (6)

아래 두 개의 딕셔너리를 하나의 새로운 딕셔너리(dict3)에 저장하는 프로그램을 작성한다.

```
dict1={'a': 100, 'b': 200}
dict2={'c': 300, 'd': 400}
dict3={}

for ka, va in dict1.items():
    dict3[ka]=va # ------> ①

for kb, vb in dict2.items():
    dict3[kb]=vb # ------> ②

print(dict3)
```

코드 설명

① 딕셔너리 메소드 items()를 이용하여 dict1의 key(인덱스)는 작은 바구니 변수 ka, value(값)은 작은 바구니 변수 va에 저장하고, 딕셔너리 dic3의 key는 ka 변수의 data로 value는 va변수의 data로 할당하는 과정이다.

② 딕셔너리 메소드 items()를 이용하여 dic2의 key(인덱스)는 작은 바구니 변수 kb, value(값)는 작은 바구니 변수 vb에 저장하고, 딕셔너리 dic3의 key는 kb 변수의 data로 value는 vb변수의 data로 할당하는 과정이다.

③ 이 과정을 통해 dict3 딕셔너리를 dict1과 dict2의 item를 모두 포함하게 된다.

3.3 딕셔너리에 데이터 추가

딕셔너리에 데이터를 추가하는 것은 프로그램을 실행하기 전 코딩할 때는 결정되지 않는 값, 즉, 실행될 때 결정되는 값을 추가할 때 필요한 방법이다.

syntax : 딕셔너리 데이터 추가

```
변수명[key] = item
```

딕셔너리 코드

```
dica={'이름':'홍길동', '학번':12345, '학점': 4.5}
cica['학과']='경영학과'  # ------> ①
print(dica)
```

〈화면 출력〉

```
{'이름': '홍길동', '학번': 12345, '학점': 4.5, '학과': '경영학과'}
```

리스트와 딕셔너리로 프로그래밍을 하면서 실수를 많이하는 것 중에 하나는 변수명과 문자열 사용시 혼동하는 점이다. **위 프로그램의 ① 부분을 아래와 같이 변수를 이용하여 작성해 보면 조금 더 명료해질 것이다.**

```
a='학과'
b='경영학과'
dica[a]=b
```

작성하면 동일한 결과가 나타난다.

함수로 딕셔너리 추가

아래 정의되어 있는 딕셔너리 정보에 input 함수를 이용하여 key와 value를 입력받아 딕셔너리에 추가하고 결과를 출력하는 프로그램을 작성해 보자.

```
dica={'이름':'홍길동', '학번':12345, '학점': 4.5}
da=input("입력하고자 하는 요소 키를 입력하세요.: ")
db=input("입력하고자 하는 요소값을 입력하세요.: ")
dica[da]=db
print(dica)
```

〈화면 출력〉

```
입력하고자 하는 요소 키를 입력하세요.: 학과
입력하고자 하는 요소값을 입력하세요.: 경영학과
{'이름': '홍길동', '학번': 12345, '학점': 4.5, '학과': '경영학과'}
```

하나의 딕셔너리에 저장

2개의 리스트에 나누어져 있는 정보를 하나의 딕셔너리에 저장한다. 이 부분은 ChatGPT 결합코드를 이해하는 데 필요한 부분이다. 다음 화면 출력 결과가 나오도록 ①, ②, ③을 작성하여 완성해 보자.

```
lista=['이름', '학번', '학점']
listb=['홍길동', 12345, 4.5]
dicta={}
① ____________________
② ____________________
③ ____________________
print(dicta)
```

〈화면 출력〉

```
{'이름': '홍길동', '학번': 12345, '학점': 4.5}
```

작성한 코드의 예시 답을 살펴보면 다음과 같다. 스스로 작성한 답과 비교하여 살펴본다.

```
dicta의 key가 '이름' dicta의 value가 '홍길동'이 되도록 한다.
① dicta[lista[0]]=listb[0]

dicta의 key가 '학번' dicta의 value가 12345가 되도록 한다.
② dicta[lista[1]]=listb[1]

dicta의 key가 '학점' dicta의 value가 '4.5'가 되도록 한다.
③ dicta[lista[2]]=listb[2]
```

- 위의 코드의 규칙성을 찾아서 for 문으로 변경한다.

```
lista=['이름', '학번', '학점']
listb=['홍길동', 12345, 4.5]
dicta={}

for i in range(len(lista)):
    dicta[lista[i]]=listb[i]

print(dicta)
```

문제 1 78쪽에는 제어문(if)을 사용해서 한국어 요일을 영어 요일로 변경하는 프로그램이 제시되어 있다. 복습으로 다시 작성해 보자. 한국어로 '월요일'부터 '일요일'까지 요일을 입력받고 각 요일을 영어 요일로 변경해 주는 프로그램을 작성해 보세요. 문제 정답은 390쪽 참고

〈화면 출력〉

```
-영어로 알고 싶은 요일을 입력하세요.
-한국어로 월요일은 영어로 Monday입니다.
```

문제 2 위의 데이터를 딕셔너리로 정의하여 요일에 대한 영어 요일을 출력하는 프로그램으로 변경하세요. 문제 정답은 391쪽 참고

```
dicta={"월요일":"monday", "화요일":"tuesday", "수요일":"wednesday", "목요일":"thursday", "금요일":"friday", "토요일":"saturday", "일요일":"sunday"}
print("월요일부터 일요일 중 영어로 번역하고 싶은 요일을 입력하세요.")
```

〈화면 출력〉

```
월요일부터 일요일 중 영어로 번역하고 싶은 요일을 입력하세요.
월요일
monday
```

잠깐만요

업그레이드하기

위의 프로그램의 보완할 점을 생각해 보자. 위의 프로그램은 key 값이 아닌 값을 입력하면 프로그램 오류가 나온다. 이를 보완하기 위해 key 값이 아닌 값이 입력되는지를 확인하는 과정을 추가하도록 하자.

문제 3 딕셔너리에 키 요소값에 해당되지 않는 값을 입력했을 때 '요일을 잘못 입력했어요.'라는 정보를 화면에 출력하세요. 문제 정답은 391쪽 참고

〈15장〉에서 예외 처리 학습 후 예외 처리로 위의 프로그램을 변경한다.

syntax : item 포함 여부 알아보기

특정 요소가 포함되어 있는지 확인하기

리스트에 특정 요소가 포함되어 있는지 확인하는 문법으로 리스트에 특정 item이 포함되어 있으면 True를 포함되어 있지 않으면 False가 반환된다.

syntax

```
if element in 리스트:
```

딕셔너리에 특정 key가 포함되어 있는지 확인하는 문법으로 key가 포함되어 있으면 True를 포함되어 있지 않으면 False가 반환된다.

syntax

```
if 키값 in 딕셔너리:
```

ChatGPT에게 item 포함여부를 확인할 수 있는 문제를 출제하도록 해 보았다.

- 주어진 리스트에 숫자 7이 포함되어 있는지 확인하세요.

```
numbers=[1, 3, 5, 7, 9]
numbers=[1, 3, 5, 7, 9]
if 7 in numbers:
print("숫자 7이 리스트에 포함되어 있습니다.")
else:
print("숫자 7이 리스트에 포함되어 있지 않습니다.")
```

- 다음 딕셔너리에서 키 "name"이 포함되어 있는지 확인하세요.

```
person={"name": "John", "age": 30, "city": "New York"}
person={"name": "John", "age": 30, "city": "New York"}
if "name" in person:
print("'name' 키가 딕셔너리에 포함되어 있습니다.")
else:
print("'name' 키가 딕셔너리에 포함되어 있지 않습니다.")
```

ChatGPT 결합과제 완성 코드

4 〉 리스트로 완성한 피자 주문 프로그램

피자와 음료수 메뉴와 가격을 를 간단히 리스트로 표현하고 피자와 음료수를 2 종류 이상 주문할 수 있도록 프로그램을 업그레이드해 보자.

```
# [Step 1]
pizza_menu = ["페퍼로니 피자", "치즈 피자", "콤비네이션 피자", "불고기 피
자", "해산물 피자"] # --> ① 코드 작성 시 한 줄로 입력
pizza_price = [3000, 3200, 3500, 3600, 3800]
print("피자를 선택해주세요.")

# 리스트로 피자 메뉴 출력하기
for i in range(len(pizza_menu)):
    print(f"{pizza_menu[i]} ({pizza_price[i]}원)")
```

ChatGPT 결합과제 01 for 문으로 피자 메뉴 출력하기 설명

[Setp 1] 〈4장〉에서는 피자 메뉴와 가격을 저장하기 위해 10개의 변수, 음료 메뉴와 가격을 저장하기 위해 6개의 변수를 선언하고 총 16개의 변수를 선언하고 저장했다. 리스트를 사용하여 4개를 사용하여 변수를 선언하고 저장한다.

〈4장〉에서 아래와 같이 길게 코딩된 부분을 피자 메뉴는 리스트 pizza_menu, 가격은 pizza_price로 정의하고 for 문을 이용하여 출력해 보자. 변수명의 규칙성이 있는 리스트로 변수를 선언했기 때문에 가능하다.

①에서 실제 한 줄의 코드가 너무 길어서 두 줄로 표현해야 할 경우 역슬래시(\)를 표시하고 아랫줄에 작성하면 된다. 두 줄로 표현하고자 하는 경우 `pizza_menu = ["페퍼로니 피자", "치즈 피자", "콤비네이션 피자","불고기 피\자", "해산물 피자"]`와 같이 `"불고기 피\로 작성후 엔터키를 누르고자", "해산물 피자"]`라고 작성하면 된다.

ChatGPT 결합과제 02

```
pizza_order={}
while True:
    pizza=input("피자 이름을 입력하세요. (종료는 exit): ")
                                              # [Step 2] 피자 메뉴 주문
    if pizza=="exit":
        break
    elif pizza not in pizza_menu:  # [Step 2-1] 주문한 피자가 pizza_menu에 있
                                     는지 확인
       print("잘못된 입력입니다.")
       continue

    count=input("수량을 입력하세요.: ") # [Step 3] 피자 수량 선택
    count=int(count)
    pizza_order[pizza]=count # [Step 4] 주문한 피자 종류와 수량을 딕셔너리에 저장
```

코드 설명

[Setp 2] 피자 메뉴를 입력한다.

[Setp 2-1] pizza not in pizza_menu: # [Step 2] 주문한 피자가 pizza_menu에 있는지 확인한다.

리스트인 pizza_menu에 주문한 피자 메뉴가 있는지 확인해서 없는 피자를 주문한 경우 '잘못된 입력입니다.'라고 알려준다.

[Setp 3] 피자 수량을 입력한다.

[Setp 4] 주문한 피자 종류와 수량을 딕셔너리 데이터형에 저장해 놓고 주문내역에서 한꺼번에 출력한다. 딕셔너리 데이터형을 사용해서 간단히 한 줄로 할 수 있다.

잠깐만요

〈4장〉에서 저장하려면 또 10개의 새로운 변수를 생성하고 수량이 1개 이상인 피자 메뉴만을 조건문을 이용해 다시 선택해야 한다. 이번 장에서는 딕셔너리를 이용해 주문 내용을 간단하게 저장할 수 있다. 〈4장〉에서 반복문을 통해 복잡하게 코딩했던 것을 기억해 보면 딕셔너리의 필요성을 느낄 수 있고 딕셔너리를 이해하는 데 도움이 될 것이다.

```
drink_menu=["콜라", "사이다", "생수"] # [Step 5] 음료수 메뉴 선언 및 화면 출력
drink_price=[1500, 1500, 1000]
print("음료수를 선택해주세요.")
for i in range(len(drink_menu)):
    print(f"{drink_menu[i]} ({drink_price[i]}원)")

drink_order={}
while True:
   drink=input("음료수 이름을 입력하세요. (종료는 exit): ") # [Step 6] 음료수 선택
    if drink=="exit":
        break
    elif drink not in drink_menu: # [Step 6-1] 주문이 메뉴에 있는 음료인지 확인
        print("잘못된 입력입니다.")
        continue

    count=input("수량을 입력하세요: ")
    count=int(count) # [Step 7] 수량 선택
    drink_order[drink]=count # [Step 8] 딕셔너리에 저장
```

코드 설명

[Setp 6] 음료수 선택

[Setp 6-1] 주문한 음료가 메뉴에 있는 음료인지 확인

[Setp 7] 수량 선택

[Setp 8] 주문한 음료의 종류와 수량을 딕셔너리에 저장

ChatGPT 결합과제 03

```
# 총 주문 가격 계산
total_price=0
print("주문내역:")
print("피자:")
for pizza, count in pizza_order.items():
    price=pizza_price[pizza_menu.index(pizza)]
                                  # [Step 9-1, 2, 3] 주문한 피자의 가격 선택
```

```
    order_price=price * count
    total_price=total_price+order_price
    print(f" - {pizza} ({price}원) x {count}={order_price}원")
```

코드 설명

[Setp 9−1] 주문한 피자의 가격

[Setp 9−2] 주문한 피자가 pizza_menu 리스트의 몇 번째 인덱스인지를 알아내는 메소드인 index 메소드를 사용하였다. 불고기 피자를 선택했다면 3을 반환했을 것이다.

pizza_price[pizza_menu.index(pizza)] #[Step 9−2]는 pizza_price[3]이 되어 price는 3600이 저장된다.

```
print("음료수:")
for drink, count in drink_order.items():
    price=drink_price[drink_menu.index(drink)]
                            # [Step 10-1, 2, 3] 주문한 음료의 가격 선택
    order_price=price * count
    total_price=total_price+order_price
    print(f" - {drink} ({price}원) x {count}={order_price}원")

print(f"\n총 가격: {total_price}원")
```

코드 설명

[Setp 10−1] 주문한 음료의 가격

[Setp 10−2] drink_menu.index(drink) 주문한 음료가 drink_menu 리스트의 몇 번째 인덱스인지를 알아내는 index 메소드를 사용하였다. 콜라를 선택했다면 0을 반환했을 것이다.

[Setp 10−2, 3] drink_price[drink_menu.index(drink)]는 drink_price[0]이 되어서 price는 1000이 저장된다.

| 6장 |

함수 (1)

학습 목표

피자를 주문하고 음료수를 주문하는 과정은 동일하지만 지금까지는 피자 주문 코드와 음료수 주문 코드를 따로 작성해야만 했다. 동일하게 반복되는 과정(기능)을 묶어 이름을 붙이고, 필요할 때마다 이름으로 호출하여 사용하는 것은 프로그램을 아주 효율적으로 만들어 준다. 이렇게 동일한 과정(기능)을 묶어 정의해 놓은 것을 함수(function)라고 한다. 함수를 사용하기 위해서는 함수 이름을 호출하면 된다.

이번 장에서는 피자 메뉴와 음료수 메뉴를 선택하는 기능을 함수(select_menu)로 정의하고 함수를 함수 이름으로 호출하는 프로그램으로 수정해 보자.

만들어 보기

내용은 다르지만 기능은 동일한 부분인 피자 주문과 음료 주문을 하나의 함수로 정의하여 효율적인 프로그램으로 만들어 보자.

프로그램 업그레이드 하기

피자 메뉴와 음료 메뉴를 하나의 객체로 만들어 보자.

프로젝트 결과물

[Step 1] 피자 종류 선택

```
피자를 선택해주세요.
페퍼로니 피자 (3000원)
치즈 피자 (3200원)
콤비네이션 피자 (3500원)
불고기 피자 (3600원)
해산물 피자 (3800원)
```

[Step 2] 피자 선택

```
메뉴 이름을 입력하세요 (종료는 exit): 불고기 피자
```

[Step 3] 수량 선택

```
메뉴 이름을 입력하세요 (종료는 exit): 불고기 피자
수량을 입력하세요: 2
```

[Step 4] 메뉴를 묻는다. exit를 입력할 때까지 반복해서 메뉴 입력 가능

```
메뉴 이름을 입력하세요 (종료는 exit): 불고기 피자
수량을 입력하세요: 2
메뉴 이름을 입력하세요 (종료는 exit): exit
```

[Step 5] 음료수 화면 출력

```
음료수를 선택해주세요
콜라 (1500원)
사이다 (1500원)
생수 (1000원)
```

[Step 6] 음료수 선택

```
메뉴 이름을 입력하세요 (종료는 exit): 콜라
```

[Step 7] 수량 선택

```
메뉴 이름을 입력하세요 (종료는 exit): 콜라
수량을 입력하세요: 2
```

[Step 8] 음료를 다시 묻는다. exit 입력하면 종료

```
메뉴 이름을 입력하세요 (종료는 exit): 콜라
수량을 입력하세요: 2
메뉴 이름을 입력하세요 (종료는 exit): exit
```

[Step 9] 주문내역을 출력

```
주문 내역:
 - 불고기 피자 (3600원) x 2 = 7200원

총 가격: 7200원
주문 내역:
 - 콜라 (1500원) x 2 = 3000원

총 가격: 3000원
**************************************
피자와 음료 총 가격: 10200
```

[Step 1] pizza_menu 딕셔너리로 선언 후 반복문 이용하여 피자 종류 화면을 출력한다.
[Step 2, 3, 4] select_menu 함수로 피자 메뉴와 수량을 선택한다.
[Step 5] drink_menu 딕셔너리 만든 후 반복문 이용하여 음료 종류 화면을 출력한다.
[Step 6, 7, 8] select _menu 함수로 음료 메뉴와 수량을 선택한다.
[Step 9] print_order 함수로 주문내역 화면을 출력한다.

1 〉 함수 정의와 호출 형식

함수의 정의(Definition)는 함수가 해야 할 기능(function)을 구체적으로 기술하는 것이다. 파이썬은 def 키워드(식별자)로 함수 정의를 시작한다 함수를 정의할 때 전달받은 데이터를 저장할 변수를 지정하는데 이 변수를 매개변수(Parameter)라고 한다.

1.1 | 함수 정의 형식

syntax : 함수 정의 형식

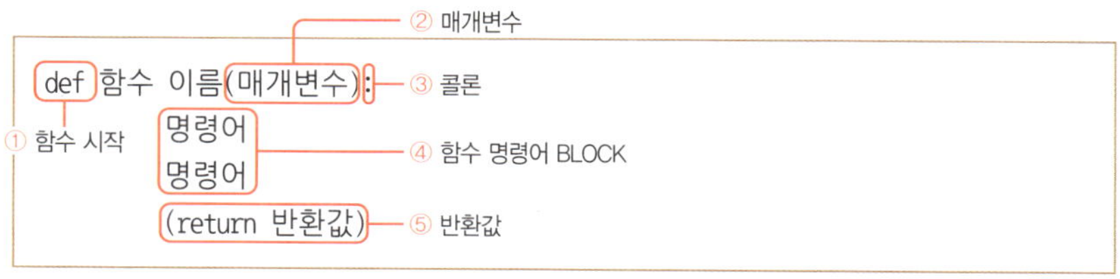

형식 설명

① def로 시작한다.

② 괄호 안에 매개변수를 작성한다. 매개변수가 없어도 괄호는 반드시 표시한다.

③ 콜론으로 마무리한다.

④ 들여쓰기되어 있는 부분이 함수 BLOCK이다.

⑤ 함수를 실행한 결괏값을 호출한 명령어에 return을 이용하여 반환한다. 반환할 필요가 없다면 작성하지 않으면 된다.

1.2 함수 호출 형식

함수를 정의하고 정의된 대로 기능을 하도록 하기 위해서는 함수를 호출해야 한다. 함수 호출 방법은 간단하게 함수 이름을 부르면 된다. 예를 들어, 심부름을 시킬 때 '나겸아'(함수 이름)라고 이름을 부르면서 돈(데이터, 변수)을 주고 사과를 사오라고(함수가 하는 일, 함수로 정의) 하는 과정을 생각하면 된다. 즉, 함수 호출은 이름을 부르면서 일할 때 필요한 데이터(돈, 변수)를 넘겨주면 된다.

syntax : 함수 호출 형식

```
함수 이름(인수)
```

함수 호출은 함수 이름으로 실행한다. 이때 함수를 호출 시 전달할 데이터(변수)를 지정하는 데 이 변수를 '인수(Argument)'라고 한다. 함수 호출 시 사용하는 인수와 함수 정의 시 사용하는 매개변수의 관계는 대입 연산자에서 r_value와 l_value 관계와 동일하지만 대입 연산자가 시각적으로 보이지 않을 뿐이다.

함수를 호출하여 데이터를 전달하는 방법을 생각해 보자. r_value(함수 호출 시 매개변수)를 l_value(함수 정의 시 매개변수)에 할당하는 대입 연산자 관계로 데이터를 전달한다.

함수 정의 시 매개변수 = 함수 호출 시 인수

다시 반복하면, 함수 정의 시 매개변수와 함수 호출 시 매개변수의 관계는 형식만 다른 대입 연산자 관계로 단지 표현 형식만이 다를 뿐이다. 시각적으로 대입 연산자를 표현하기가 어려우므로 함수 정의 매개변수와 함수 호출 매개변수로 표현하는 것뿐이다.

syntax : 함수 정의와 함수 호출 형식

```
def 함수 이름(매개변수):
        명령어
        명령어
        [return 반환값]

함수 이름(인수)
```

매개변수와 인수는 대입 연산자 관계이므로 1대1 관계이다.

```
a=10
b=10.7
c="파이썬"
```

이 세 개의 데이터를 인수로 사용할 경우 매개변수도 3개가 필요하다. 각 요소는 쉼표(, comma)로 구분한다. 매개변수의 각 이름을 pa, pb, pc로 하고 인수와 매개변수의 관계를 대입 연산자로 표현하면 다음과 같다.

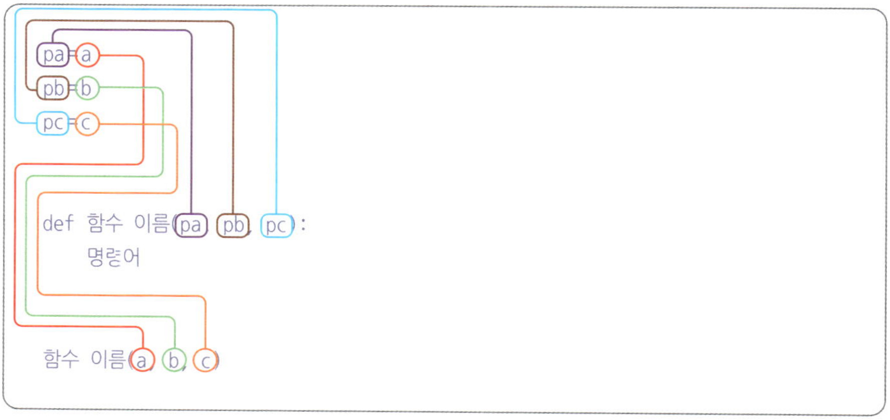

즉, '매개변수 = 인수'의 관계인 것을 공간상으로 나누어서 시각적으로 다를 뿐이지 기능적으로 동일한 대입 연산자 할당 관계이다.

2 〉 매개변수와 함수 호출

2.1 매개변수가 없는 함수 호출

매개변수가 없는 함수를 호출하기 위해 다음 정의와 호출 예시를 살펴보자.

```
# 함수 정의하기
def fhello(): # -----> ①
    print("매개변수 없는 함수 호출하기")

# 함수 호출하기
fhello() # ---------> ②
```

〈화면 출력〉

```
매개변수 없는 함수 호출하기
```

① fhello 함수를 정의할 때 매개변수가 없다.

② fhello 함수를 호출할 때도 인수가 없으면 된다. 단, 반드시 괄호를 붙여 주어야 한다.

```
def fweather(): # --> ①
    dica={"아침": 5, "점심":10, "저녁":7}
    for a, b in dica.items():
        print(a,"온도는", b,"도이다.")
fweather() # ---> ②
```

〈화면 출력〉

```
아침 온도는 5 도이다.
점심 온도는 10 도이다.
저녁 온도는 7 도이다.
```

① 함수 정의 시 매개변수가 없지만 함수 영역 내에 따로 변수를 정의하고 프로그램을 작성하는 것도 가능하다.

② 함수를 호출한다.

2.2 매개변수가 있는 함수 호출

함수로 바꾸는 코드

매개변수와 인수의 관계를 이해하기 위해 간단한 연산 프로그램을 함수로 바꾸어 보자.

```
③  ②
na=10
nb=11

nc=na+nb # ---> 이 부분을 funca 함수로 만들기

print(na,"+",nb,"=",nc)  ①
```

〈함수로 정의한 결과 코드〉

```
def funca(na, nb):
    nc=na+nb
    print(na,"+",nb,"=", nc)


funca(10, 20)
```

① 이 부분을 funca 함수로 정의하면 아래와 같다.

```
def funca():
    nc=na+nb
    print(na,"+",nb,"=", nc)
```

②는 r_value로 함수를 호출할 때 매개변수로 사용한다.

```
funca(10, 11)
```

③은 l_value로 함수를 정의할 때 매개변수이다.

```
def funca(na, nb):
    nc=na+nb
    print(na,"+",nb,"=", nc)
```

코드를 메인 메모리 관점으로 설명

Step 1 함수로 정의하기 전 global 영역에서 각 변수의 기억공간 할당과 각 변수와 명령어가 함수로 정의될 때 역할에 대한 설명이다.

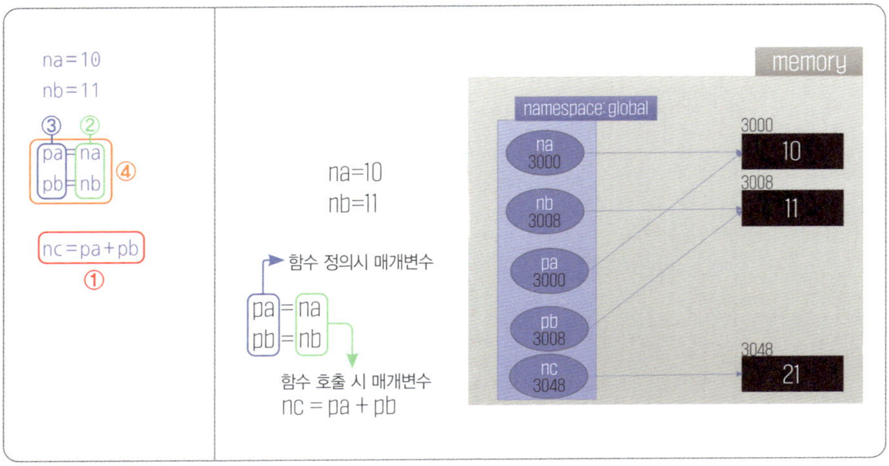

코드 설명

④는 코드에 불필요한 부분이다. 함수 호출 시 매개변수와 정의 시 매개변수의 관계를 설명하기 위해 명시적으로 써 놓았을 뿐이다. 함수가 정의되기 전 프로그램에서는 5개의 변수가 모두 global 영역에 생성되고 각각 정의된 데이터를 가리키고 있다. 함수를 정의하고 프로그래밍하는 것이 익숙하기 전까지 이렇게 l_value = r_value 관계를 코드 내에서 작성하는 것은 좋은 습관이다.

② na, nb 변수는 r_value로 함수 호출 시 인수(매개변수)로 사용된다. 함수가 정의된 이후에도 이 부분은 global 영역에 그대로 할당된다.

③ l_value로 함수 정의 시 매개변수로 사용되고 메인 메모리에서는 함수 영역에 변수가 할당된다. ① 부분은 함수 정의 시 함수가 실행할 명령어이다. 메인 메모리에서 함수 영역에 변수가 할당된다.

Step 2 함수로 정의한 프로그램의 메인 메모리 할당을 보면서 함수를 이해해 보자. 함수를 정의하면 매개변수를 포함하여 함수영역 내에서 사용하는 모든 변수는 global 영역과 구별되는 함수 영역(namespace: 함수 이름)을 별도로 생성하고 변수를 할당한다. 이렇게 별도로 생성된 영역은 global 영역과 구별되어 동일한 변수명을 사용하여도 서로 다른 변수이다. 즉, 동명이인이다. 또한 함수 영역에 정의된 변수는 local(지역) 변수로 함수 내에서만 접근 가능하다.

```
def funca(pa, pb): # ------> ②
    nc=pa+pb # ----------> ③

na=10
nb=11

fadd(na,nb) # ------------> ①
print(a,"+",b,"=", nc) # ---> ④
```

〈화면 출력〉

```
NameError: name 'nc' is not
defined
```

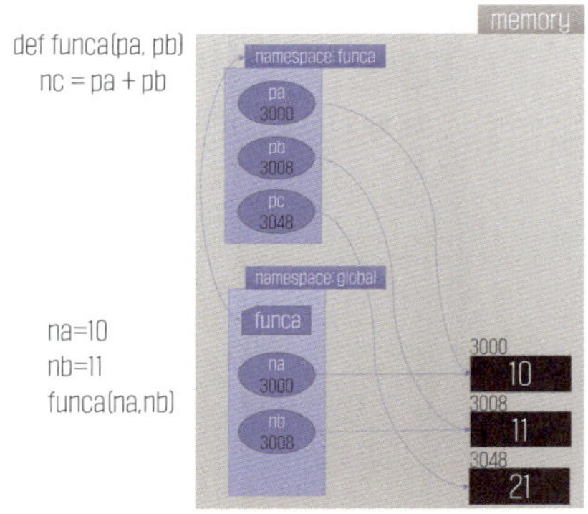

코드 설명

함수의 실행 단계를 살펴보면 다음과 같다.

①에서 funca 함수를 호출한다. 호출된 funca 함수는 제어권을 갖고 실행된다(②, ③). 그리고 실행이 종료되면서 제어는 ④로 넘어간다.

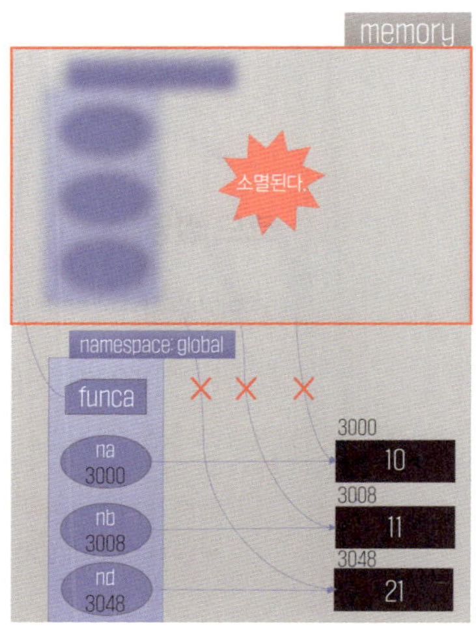

함수는 호출되어 실행되는 동안에만 생명력을 갖는다. 즉, 함수가 실행 중인 동안에만 함수를 구성하는 모든 요소에 접근할 수 있다. 함수 실행이 종료되면 함수는 생명력을 다하고 종료되며, 메모리 공간은 소멸된다.

위 프로그램 실행 시 "NameError: name 'nc' is not defined" **오류가 발생한다.** 이는 변수 nc는 funca 함수 내에 정의(③)되어 있으며, 해당 함수의 지역 변수로써 접근은 함수 내에서만 가능하다. 전역 이름공간에서 변수 nc의 값을 사용하여 출력(④)하려고 시도했기 때문에 오류가 발생하는 것이다.

함수의 생존 기간 관점에서 보면 이해가 쉽다. 함수가 실행되고 소멸할 때, 함께 소멸하는 구성 요소인 'nc' 변수로 인해 명령어 ④를 실행 전에 이미 변수가 소멸되었다. 함수는 호출 및 실행 중에만 존재하며 종료되면 소멸되는 개념이다. 그렇다면 이 문제를 어떻게 해결할 수 있을까?

Step 3 소멸하기 전에 유언(유산)을 남긴다. 이때 유산은 반환(return 반환값)의 형태로 남긴다.

```
def funca(pa, pb):
    nc=pa+pb
    return nc # ----------> ⑥

na=10
nb=11

nd=funca(na, nb) # ------> ①
print(a,"+", b, "=", nd) # -> ⑤
```

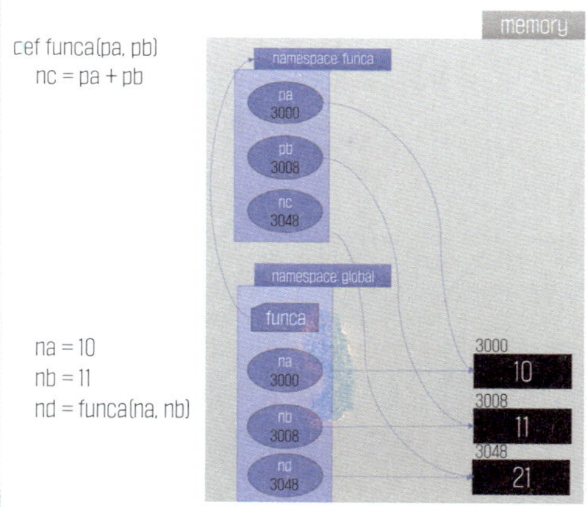

코드 설명

⑥에서 함수는 소멸되기 전에 작업의 결과를 return하여 호출한 함수에게 남긴다. 이때 return 되는 data는 nc 변수의 값이다.

```
nd=fadd(na, nb)# -------> ①
print(a, "+", b, "=", nd)
```

즉, return 한 변수가 함수 위에 올라온다고 시각적으로 생각하면, r_value인 nc 변수값이 nd 변수에 할당된다고 생각되어 이해하기 쉽다.

2.3 함수 return 값

syntax : return 반환값

```
return 반환값
```

반환값이 함수 호출 명령문 위로 살포시 올라왔다고 시각적으로 생각하면, 대입 연산자 오른쪽에 반환값이 있게 되어 r_value가 된다.

다음 프로그램은 함수로 정의된 지역 변수 영역과 함수를 호출한 전역 변수 영역에서 동일한 변수명을 사용해도 서로 다른 변수로 구별할 수 있다는 것을 위한 코드이다.

```
a=10
b=20

def fadd(a, b):
    nc=a+b
    return nc # -----> ①

a=a
b=b

nc=fadd(a, b) # ------> ②
print(a, "+", b, "=", nc)
```

〈화면 출력〉

```
10+20=30
```

이때, nc 변수는 함수 fadd 내부와 호출한 부분에서 두 번 정의되었다. 그러나 이 두 개의 nc 변수는 서로 다른 동명이인이다. 이는 이름공간(Namespace) 개념 덕분에 가능합니다. 함수 정의 시 namespace:fadd가 생성되고, 이것이 지역 변수 이름공간(Local Namespace)으로, 함수 외부에서 사용된 변수는 전역 변수 이름공간(Global Namespace)에 저장된다. 따라서 **동일한 이름으로 변수가 정의되어도 서로 다른 이름공간에 정의되면 구별할 수 있는 동명이인이 된다.** ①은 namespace fadd에 정의된 nc, ②는 namespace global에 정의된 nc로 서로 다른 이름공간에 정의되어 구별할 수 있는 변수이다. 변수의 생존 기간, 변수의 유효범위, 변수의 이름공간에 따라 변수를 전역 변수와 지역 변수로 구별한다.

```
def freturn(a, b, c, d):
    dica={a:b, c:d}
    return dica

a="이름"
b="이나겸"
c="학점"
d=4.3

dicb=freturn(a, b, c, d) # --> ①
print(dicb)
print(type(dicb))
```

〈화면 출력〉

```
{'이름': '이나겸', '학점': 4.3}
<class 'dict'>
```

freturn 함수에서 반환되는 값은 dica 딕셔너리이다. 반환된 값이 ①번 freturn 함수 호출 명령어 위에 살포시 올라와 이 리턴값이 r_value가 되고 l_value인 dicb에 할당된다. 이때 dicb의 데이터형은 dica의 데이터형과 동일한 딕셔너리이다. 즉, 지금까지 학습한 모든 데이터형은 매개변수로 그리고 반환값으로도 모두 사용 가능하다. 반환값으로 데이터를 전달하는 기능은 모두 대입 연산자의 할당(mapping) 관계이기 때문이다. 반환(return) 기능도 시각적으로 다르게 보일 뿐, 대입 연산자의 할당 관계이다.

3 〉 함수 호출 순서

함수가 호출되고 실행되는 순서를 살펴보면서 함수를 이해해 보자.

3.1 함수 정의와 호출

Step 1 아래 제시된 프로그램을 실행해 보자.

```
myabs(10)

def myabs(arg):
    if(arg < 0):
        result=arg * -1
    else:
        result=arg
    return result
```

〈화면 출력〉

```
NameError: name 'myabs' is not defined
```

실행하면 다음과 같은 오류 메시지를 확인할 수 있다. 오류 메시지가 나왔으니 ChatGPT에게 문제가 무엇인지 물어본다.

NameError: name 'myabs' is not defined 오류 메시지를 설명해줘.

이 오류 메시지는 'myabs'라는 이름의 함수가 정의되어 있지 않기 때문에 발생합니다. 즉, 파이썬 인터프리터가 'myabs'라는 이름을 인식하지 못했기 때문에 해당 함수를 찾을 수 없는 것입니다.

함수는 호출되기 전에 먼저 정의되어 있어야 한다.

- 함수는 호출되기 전에 정의되어야 한다.
- 함수는 실행되기 위해서는 반드시 함수 이름을 불러야 한다(함수 호출).

Step 2 **Step 1**의 프로그램을 제대로 실행되도록 순서를 변경하고, 실행하기 전에 출력 결과를 예측해 보자.

```
def fabs(arg):
    if(arg < 0):
        result=arg * -1
    else:
        result=arg
    return result

fabs(10)
```

Step 3 **Step 2**의 프로그램에서 함수를 호출하여 실행한 결과가 화면에 출력되도록 프로그램을 수정해 보자.

```
def fabs(arg):
    if(arg < 0):
        result=arg * -1
    else:
        result=arg
    return result

na=fabs(10) # ----> ①
print(na) # --------> ②
```

〈화면 출력〉

```
10
```

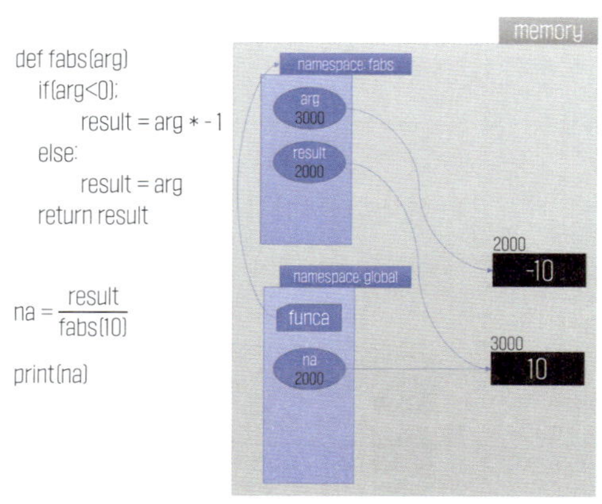

프로그램 실행 순서

프로그램은 위에서부터 차례로 읽어 내려간다.

- **제어 1** : 함수의 이름 fabs를 확인하고 함수가 정의되어 있다는 것을 이름공간에 저장하고 [함수 BLOCK] 다음으로 제어가 넘어간다.
- **제어 2** : ①에서 fabs 함수를 호출한다. 이름공간에서 함수 이름을 확인하고 [함수 BLOCK]으로 제어가 넘어간다.
- **제어 3** : 함수 BLOCK을 실행하고 result 값을 반환한다.
- **제어 4** : 함수를 호출한 명령어(①) 위로 result 값이 올라왔다고 시각적으로 생각하고 result 값이 대입 연산자 왼쪽에 있는 na 변수에 값이 할당된다.

다음 프로그램과 같이 return한 값을 변수에 저장하고 출력하거나, ①, ②를 하나의 명령어로 단들어 print(fabs(10))을 입력해도 같은 결과가 출력된다. 이는 간단하지만, 초심자가 많이 실수하는 부분이기도 하다. 익숙해질 때까지는 추상화된 시각화 그림 자료를 같이 보면서 학습하길 바란다.

3.2 함수 호출 순서

함수 호출 순서 코드 (1)

```
def funca():
    print("funca 함수 호출") # --> ④

def funcb():
    funca() # -----------------> ③
    print("funcb 함수 호출") # --> ⑤

def funcc():
    funcb() # -----------------> ②
    print("funcc 함수 호출") # --> ⑥

funcc() # --------------------> ①
⑦
```

〈화면 출력〉

```
funca 함수 호출
funcb 함수 호출
funcc 함수 호출
```

코드 설명

함수가 호출되는 순서이다.

- ①에서 funcc 함수 호출
- funcc 함수에서 ②의 funcb 함수 호출
- funcb 함수에서 ③의 funca 함수 호출
- funca 함수에서 ④의 print 출력 후 제어권이 자신을 호출한 명령문 다음으로 넘어간다.
- ⑤에서 print 화면 출력 후 제어권이 ⑥으로 넘어가고, print 출력 후 제어권이 ⑦로 넘어간다.
- 더 이상 명령문이 없으므로 프로그램은 종료된다.

함수 호출 순서 코드 (2)

두 개의 매개변수를 갖는 덧셈을 구하는 함수(fadd)가 결괏값을 반환하도록 정의하고 fadd 함수를 호출 시 인수(매개변수)는 10, 20인 프로그램을 작성해 보자.

```
def fadd(pa, pb):
    pc=pa+pb
    return pc

na=10
nb=20
nc=fadd(na, nb)
print(na, "+", nb, "결괏값은", nc,"이다.")
```

〈화면 출력〉

```
10+20 결괏값은 30 이다.
```

문제 1 함수 호출 순서 코드 (2) 프로그램에 빼셈(fsub), 곱셈(fmul), 나눗셈(fdiv) 함수를 추가하여 사칙 연산을 하는 4개의 함수가 정의되어 있고 함수 호출 시 매개변수 값은 100, 3으로 호출해서 각 결과를 반환하여 화면에 출력하도록 fsub, fmul, fdiv 함수를 추가하여 프로그램을 완성하세요. 문제 정답은 392쪽 참고

문제 2 함수 호출 순서 코드 (2) 프로그램을 input 표준 입력 함수로 임의의 값을 입력받아 매개변수 100과 3 대신 사용하도록 프로그램을 변경하세요.

문제 정답은 393쪽 참고

3.3 함수 반환값이 없을 때

아래 코드에서 ①은 함수를 호출하고 반환값을 받아 l_value로 받는다. 인수가 0인 경우 반환할 값이 없다. 이런 경우 함수는 호출자에게 None이 반환된다.

```
def fplusminus(arg):
    if arg > 0:
        return "plus"
    elif arg < 0:
        return "minus"

stra=fplusminus(0) # ---> ①
print(stra)
```

〈화면 출력〉

```
None
```

3.4 len() 함수와 동일한 기능의 함수

len()와 동일한 기능을 하는 함수를 만들어 보자. 내장 함수로 사용하고 있는 함수와 동일한 기능을 하는 함수를 정의해 보는 것은 함수에 대한 이해를 높인다.

문제 3 문자열을 입력받아 해당 문자열의 길이를 반환하는 함수를 작성하세요. 즉, 아래 코드에서 len(sta) 대신에 사용할 string_length(stb) 함수를 정의하고 호출하여 동일한 결과가 나오도록 하세요. 문제 정답은 394쪽 참고

```
sta="python example"
lena=len(sta)
print(lena)
```

제시된 코드와 동일한 결과가 나오도록 다음 코드를 완성해 보자.

```
sta="python example"
def string_length(stb):



lena=string_length(sta)
print(lena)
```

문제 4 2개의 매개변수를 받아 첫 번째 변수를 두 번째 변수로 나눗셈을 하는 fdiv 함수를 작성하세요. fdiv 함수를 호출 시 인수 2개를 표준 입력 함수 input로 입력받는다. 단, 임의의 두 수 중 두 번째 매개변수가 0인 경우 "0으로는 나눌 수 없다." 메시지를 출력하고 그렇지 않은 경우는 나눈 결과를 출력하는 프로그램을 작성하세요. 문제 정답은 394쪽 참고

문제 5 1부터 9까지의 정수 중 입력받은 정수의 100까지 배수의 합을 구하는 프로그램을 작성하세요. 문제 정답은 395~396쪽 참고

- "배수의 합을 구하고자 하는 정수를 입력하세요."라고 화면에 출력하고, 3의 배수인 경우는 3을 입력받으면 된다.
- for 문으로 작성하기

• while 문으로 작성하기

• for 문을 함수 이름 funca 함수로 정의하고 함수를 호출하여 결과를 출력하도록 프로그램을 수정하기

함수 정의 시 반환 데이터 형 변경

표준 입력 함수를 이용하여 정수를 입력하면 문자열로 반환되어 산술 연산 시에는 정수로 형 반환을 해야 했다. 이와 같은 과정을 프로그램으로 작성해 보자.

```
def finput(pa):
    pb=str(pa)
    return pb

na=10
print(type(na)) # ---> ①
nb=finput(na)
print(nb) # ---> ②
print(type(nb)) # ---> ③
nc=int(nb)
print(type(nc)) # ---> ④
```

<화면 출력>

```
<class 'int'> # ---> ①
10 # ---> ②
<class 'str'> # ---> ③
<class 'int'> # ---> ④
```

ChatGPT 결합과제 완성 코드

4 〉 함수로 완성한 피자 주문 프로그램

〈5장〉에서 만든 피자 주문 프로그램에서 동일한 기능은 함수로 정의하고 함수를 호출하도록 프로그램을 수정하여 보자.

```
피자를 선택해주세요.
페퍼로니 피자 (3000원)
치즈 피자 (3200원)
콤비네이션 피자 (3500원)
불고기 피자 (3600원)
해산물 피자 (3800원)
메뉴 이름을 입력하세요 (종료는 exit): 치즈 피자
수량을 입력하세요: 3
메뉴 이름을 입력하세요 (종료는 exit): 콤비네이션 피자
수량을 입력하세요: 2
메뉴 이름을 입력하세요 (종료는 exit): exit
음료수를 선택해주세요.
콜라 (1500원)
사이다 (1500원)
생수 (1000원)
메뉴 이름을 입력하세요 (종료는 exit): 사이다
수량을 입력하세요: 5
메뉴 이름을 입력하세요 (종료는 exit): exit
주문 내역:
 - 치즈 피자 (3200원) x 3 = 9600원
 - 콤비네이션 피자 (3500원) x 2 = 7000원

총 가격: 16600원
주문 내역:
 - 사이다 (1500원) x 5 = 7500원

총 가격: 7500원
************************************************************
피자와 음료 총 가격: 24100
```

```
# [완료6] 텍스트 프로그램 함수로 완성
def select_menu(menu): # --> ① 주문 기능을 함수로 정의
    order={}

    while True:
        item=input("메뉴 이름을 입력하세요 (종료는 exit): ")
        if item=="exit":
            break
        elif item not in menu:
            print("잘못된 입력입니다.")
            continue
        count=input("수량을 입력하세요.: ")
        count=int(count)
        order[item]=count

    return order
```

들여쓰기

```
def print_order(menu, order): # --> ② 메뉴 출력 기능을 함수로 정의
    total_price=0
    print("주문내역:")
    for item, count in order.items():
        price=menu[item]
        order_price=price * count
        total_price+=order_price
        print(f" - {item} ({price}원) x {count}={order_price}원")
    print(f"\n총 가격: {total_price}원") # --> ③ 피자 or 음료의 주문 총 가격 출력
    return total_price # --> ④ 피자 or 음료의 주문 총 가격 반환
```

```
pizza_menu={
    "페퍼로니 피자": 3000,
    "치즈 피자": 3200,
    "콤비네이션 피자": 3500,
    "불고기 피자": 3600,
    "해산물 피자": 3800
}
drink_menu={
    "콜라": 1500,
    "사이다": 1500,
    "생수": 1000
}

print("피자를 선택해주세요.")
for pizza, price in pizza_menu.items():
        print(f"{pizza} ({price}원)")
pizza_order=select_menu(pizza_menu) # --> ① 함수 호출

print("음료수를 선택해주세요.")
for drink, price in drink_menu.items():
    print(f"{drink} ({price}원)")
drink_order=select_menu(drink_menu) # --> ① 함수 호출

pizza_total_price=print_order(pizza_menu, pizza_order)
                                        # --> ⑤ 반환된 total_price를 저장
drink_total_price=print_order(drink_menu, drink_order)
                                        # --> ⑥ 반환된 total_price를 저장
print("**********************************************************")
print("피자와 음료 총 가격:", pizza_total_price+drink_total_price)
```

⑤ 피자 주문 가격 ⑥ 음료수 주문 가격

| 7장 |

함수 (2)

학습 목표

함수를 정의할 때, 함수 내에서 사용하는 변수를 위한 새로운 이름공간(Namespace)이 만들어지면서 그 변수의 이름을 저장하는데, 이 변수를 지역 변수(Local Variable)라고 한다. 이번 장에서는 함수를 작성하면서 변수의 생존 기간, 유효범위 그리고 이름공간 관점에서 지역 변수와 전역 변수의 개념을 자세히 알아본다. 또한, 함수를 호출할 때 사용하는 매개변수의 수가 다를 때 하디폴트 매개변수(Default Parameter)를 활용하는 방법을 학습한다. 이번 장은 메인 메모리에 변수의 할당과 지역 변수 전역 변수 개념으로 〈7장〉과 〈8장〉은 우선 넘기고 〈9장〉 클래스부터 학습을 진행해도 된다. 어느 정도 코딩에 익숙해지면 다시 돌아와 학습하는 것도 좋은 방법이다.

1 〉 SWAP

두 수를 서로 맞바꾸는 기능을 하는 함수를 단계별로 작성해 보자.

1.1 두 수를 서로 맞바꾸기

```
na=10
nb=11
print("na 값은", na, "nb 값은", nb)
temp=na
```

na = 10
nb = 11

temp = na

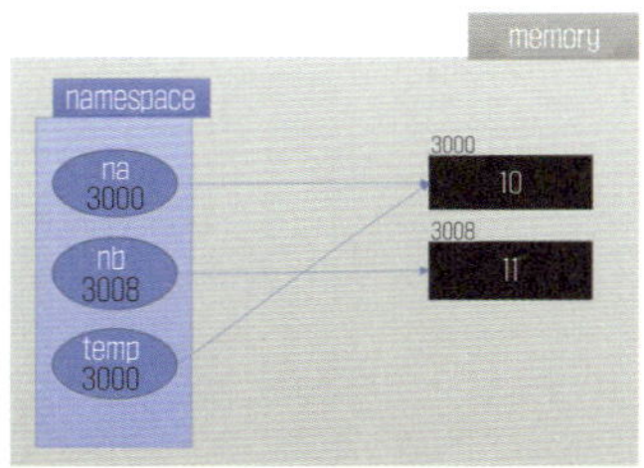


```
①
na=nb
②
```

na = 10
nb = 11

temp = na
na = nb

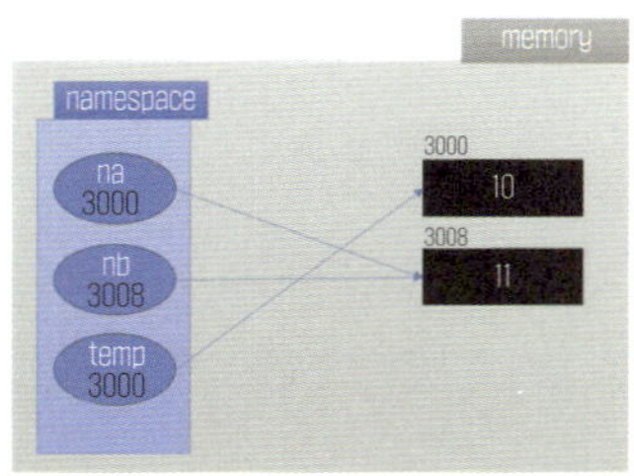


```
nb=temp
③
print("na 값은", na, "nb 값은", nb)
```

na = 10
nb = 11

temp = na
na = nb
nb = temp

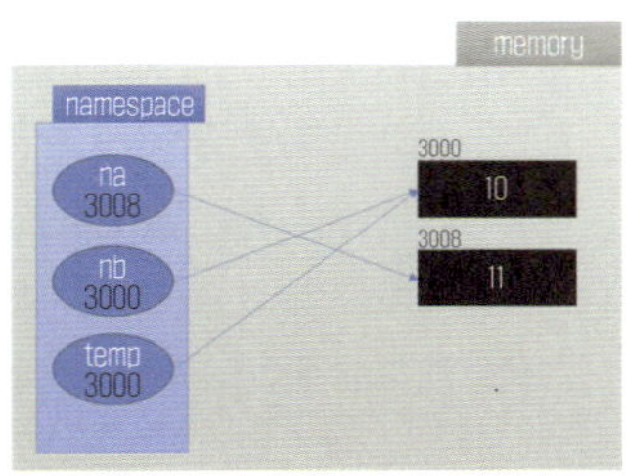

〈화면 출력〉

```
na 값은  10 nb 값은  11
na 값은  11 nb 값은  10
```

파이썬에서는 l_value를 여러 개 사용할 수 있어 데이터를 서로 맞바꾸기 (SWAP)위해 temp 변수가 필요 없다. 그러나 여기서는 일반적인 알고리즘을 이해하기 위해 l_value를 하나만 사용하겠다.

코드 설명

①, ②, ③ 순으로 swap이 이루어진다고 공식처럼 생각하면 쉽다. swap을 공부해야 할 이유는 알고리즘의 기초인 정렬의 기본이기 때문이다.

① r_value인 na가 가리키는 data를 l_value인 temp에 할당한다. temp는 임시적으로 데이터를 저장해 놓는 변수이다. na 변수와 temp 변수가 동일한 데이터를 가리킨다.

② na 변수는 l_value가 되고 r_value인 nb의 데이터 11이 할당되어 na와 nb는 동일하게 11을 가리킨다. ①에서 미리 temp가 데이터 10을 가리키도록 할당하지 않았다면 데이터 10을 가리키는 변수가 없게 된다.

③ l_value인 r.b가 r_value인 temp의 데이터 11을 할당받음으로써 nb가 데이터 10을 가리킨다. 이 부분에서는 대입 연산자를 이용한 할당 과정을 데이터가 할당된다고 C언어 설명과 유사하게 설명하였다. 실제 파이썬에서는 주소가 할당되는 것이 맞지만 C언어의 할당 과정으로 설명하는 것이 더 쉽게 받아들여지는 경우도 있어 'C언어' 방식으로 설명하면서 각 변수가 데이터를 가리킨다는 표현도 함께 사용하였다.

정렬은 이 swap의 과정이 정렬의 종류에 따라 여러 방식으로 반복되는 과정이다. 이 기능을 함수로 작성해 보자.

1.2 SWAP 함수 생성

예제 1 두 수를 swap 하는 기능을 함수로 정의하고 함수를 호출한다.
왼쪽 예시 코드를 확인하고 화면에 출력될 프로그램을 생각해 본 다음 결과를 오른쪽에 작성한다.

```
def funca(pa, pb):
    temp=pa
    pa=pb
    pb=temp

na=10
nb=11
print("na 값은 ", na, "nb 값은 ", nb)
funca(na, nb)
print("na 값은 ", na, "nb 값은 ", nb)
```

〈화면 출력〉

다음 코드를 코딩하여 본인의 생각이 맞는지 확인해 보자.

```
def funca(pa, pb):
    temp=pa
    pa=pb
    pb=temp
```

메모리 설명

[Step 1] funca 함수가 정의되어 있는 것을 확인하고 namespace: funca 공간을 확보한다.

[Step 2] namespace:global 영역을 확보하고 funca 함수가 정의되어 있다는 기록을 해 놓는다.

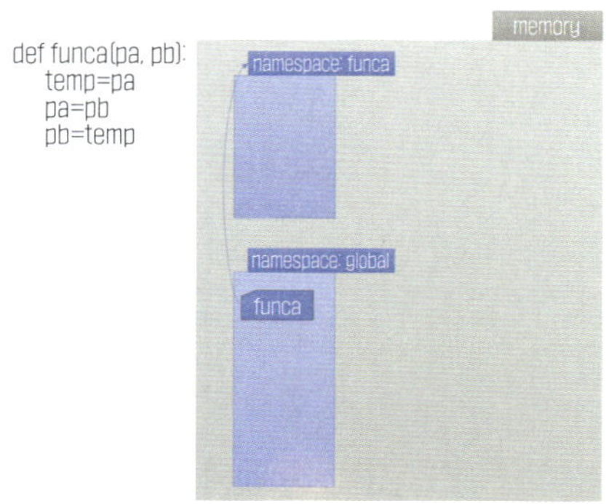


```
na=10
nb=11
print("na 값은", na, "nb 값은 ", nb)
```

메모리 설명

[Step 3] namespace: global 영역에 주소 data를 넣을 수 있는 기억공간을 확보하고 변수명을 na로 붙이고 정수 데이터 10이 저장된 주소 3000을 저장한다. 또한, 기억공간을 확보하고 변수명을 nb로 붙이고 정수 데이터 11이 저장된 주소 3008을 저장한다.

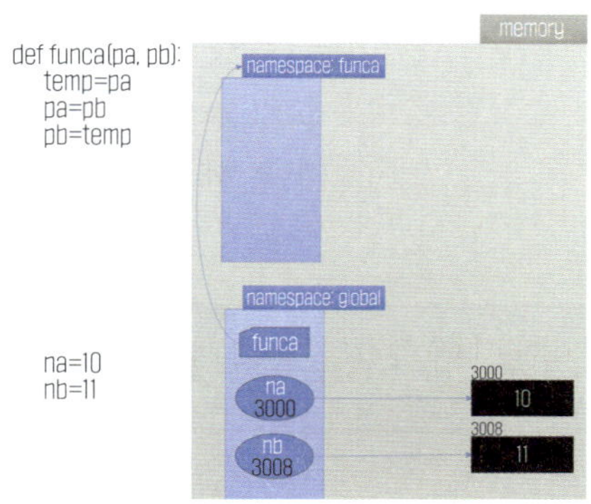

`funca(pa, pb)` **메모리 설명** [Step 4] funca 함수를 호출한다. 함수는 호출되면서 실제 실행된다. namespace: funca 영역에 주소 data를 저장할 기억공간 2개를 확보하고 변수명 pa, pb라고 이름을 붙인다. pa = na pb = na 인수와 매개변수의 관계는 지금까지 설명했듯이 위와 같은 관계로 na 변수의 값 3000이 pa 변수에 nb 변수의 값 3008이 pb 변수에 저장된다. 그 결과 pa, na변수는 10을 가리키고 pb, nb 변수는 11을 가리킨다.	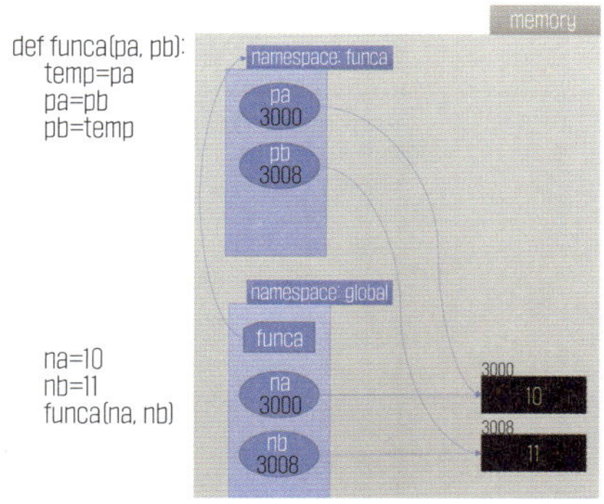
`print("na 값은", na, "nb 값은 ", nb)` **메모리 설명** [Step 5] funca 함수 명령어가 실행되면서 namespace: funca 영역에서 temp 변수를 추가로 생성 후 서로 맞바꾸기(SWAP)한 결과 pa에는 주소 data 3008, pb 변수에는 주소 data 3000, temp 변수에는 주소 data 3000이 저장된다. funca 영역에서 print("pa 값은", pa, "pb 값은 ", pb)를 실행하면 당연히 pa 값은 11 pb 값은 10이 출력된다. 그러나 namespace:global 영역에서 다음과 같이 실행하면 na 값은 10 nb 값은 11이 출력된다.	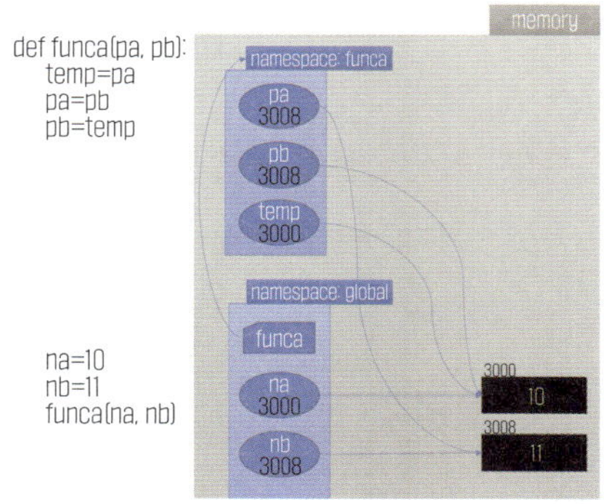

〈화면 출력〉

```
na 값은  10 nb 값은  11
na 값은  10 nb 값은  11
```

두 수를 swap 하는 함수(funca)를 작성하여 funca를 호출하고 실행했다. 함수를 정의한 fswap 함수 내에서는 두 수가 swap 되었지만 fswap 함수를 호출 후 확인한 결과 두 수는 swap 되지 않았다. funca 함수를 호출한 후 출력 결과를 보면서 두 변수가 서로 맞바꿔지 않은 이유를 살펴보도록 하자.

예제 2 **예제 1**과 동일한 코드이지만 좀 더 이해를 돕기 위해 인수와 매개변수의 이름을 동일하게 하여 프로그램을 다시 제시하였다. 이 프로그램의 결과를 오른쪽에 작성해 보자.

코드	〈화면 출력〉

<pre>def funca(na, nb):
    temp=na
    na=nb
    nb=temp
 	
na=10
nb=11
print("na 값은 ", na, "nb 값은 ", nb)
funca(na, nb)
print("na 값은 ", na, "nb 값은 ", nb)</pre>	

자 이제 코딩하고 프로그램을 실행 후 생각대로 결과가 제시되는지 확인해 보자.

- 함수 호출 시 사용한 매개변수(인수, argument) **na, nb**
- 함수 정의 시 사용한 매개변수(매개변수, parameter) **na, nb**

프로그램을 실행하면 **예제 1**과 마찬가지로 함수 호출 후에도 na, nb 변수값은 서로 swap 되지 않고 출력된다. 프로그램에서 변수 이름이 같아서 구별할 수 없으면 오류가 발생할 수 있지만 위의 프로그램은 오류 없이 제대로 실행된다.

왜 오류가 발생하지 않는 것일까? 그 이유는 파이썬이 변수를 구별할 때, 이름과 변수가 속한 영역(Scope)을 기준으로 구별하기 때문이다. 이는 파이썬을 만든 프로그래머가 구별할 기준을 명확히 컴파일러에 제시했기 때문이다.

현실에서 데이터를 다룰 때도 마찬가지이다. 예를 들면, 서울과 경기도에 동일한 전화번호 5555-5555 가 존재한다고 하자. 이런 경우에는 각각의 전화번호에 대해 구별할 수 있는 방법이 필요하다. 이때 영역을 구분할 정보를 추가하여 서울은 (02)555-5555, 경기도는 (031) 555-5555로 표시한다. 프로그램에서도 동일한 정보를 구분할 수 있는 정보를 추가한다. 함수 내에서 사용되는 변수는 지역 변수로 그 함수 안에서만 접근할 수 있는 이름공간(Namespace)을 정의한다.

1.3 이름공간

프로그래밍에서는 이름공간(Namespace)이라는 개념을 이용해 서로 다른 공간에 정의된 동일한 이름을 구별할 수 있도록 한다. 함수는 그 자신만의 이름공간(Namespace)을 갖고 있으며, 함수에 정의된 변수를 지역 변수(Local Variable)라고 한다. 함수 내에서 만든 지역 변수는 함수가 호출되어 실행될 때 기억장소를 할당받고 사용되며, 함수의 실행이 종료되면 할당이 회수되고 소멸된다. 즉, 함수가 실행되는 동안을 유효범위로 가지는 변수를 '지역 변수'라고 하는 것이다.

함수 외부에서 만든 변수는 프로그램이 실행될 때 메모리에 할당되어 사용되며, 프로그램이 종료될 때 메모리에서 같이 소멸된다. 이러한 변수를 전역 변수(Global Variable)라고 한다.

함수의 실행이 끝나면 함수를 호출했던 다음 명령줄로 제어권을 넘기고 함수는 소멸되기 때문에 함수가 소멸된 후 함수외의 namespace:globa 영역에서 함수 내의 변수를 사용하려고 하면 접근할 수 있는 유효범위를 넘어서서 오류가 발생한다. 즉, 함수내 지역 변수의 유효범위는 함수가 실행되는 동안이고 함수 외의 전역 변수의 유효범위는 프로그램이 실행되는 동안이다.

이렇게 동일한 이름을 서로 구별할 수 있는 나누어진 구역이 이름공간(Name space)이다. 함수는 새로운 이름공간이 생성되기 때문에 함수 내부에서 정의된 변수 na와 함수 외부에서 정의된 변수 na는 서로 별개의 변수이다.

앞서 살펴본 **예제 2** 프로그램 결과는 다음과 같이 제시되는 것을 알 수 있다.

〈화면 출력〉

```
na 값은  10 nb 값은  11
na 값은  10 nb 값은  11
```

오류가 발생하지도 않지만 두 수의 swap도 일어나지 않는다. 그 이유를 전역 변수 지역 변수의 개념으로 이해해 보자.

2 〉 전역 변수와 지역 변수

변수 유효범위(Scope)에 따라 변수는 전역 변수와 지역 변수로 나눌 수 있다.

전역 변수(Global Variable)

프로그램 전체에서 접근 가능한 유효범위를 갖는 변수를 말한다. 함수 외부에서 정의된 변수는 프로그램이 실행되는 동안 살아있다가 프로그램이 종료될 때 같이 소멸된다. 즉, 전역 변수는 프로그램이 실행되는 동안 함께 살아 있으며, 모든 함수에서도 접근이 가능하다.

지역 변수(Local Variable)

자신이 생성된 범위(코드 블록) 내부에서만 유효하다. 함수 내부에서 만든 변수는 함수 내부에서만 살아있다가 함수 코드의 실행이 종료되면 그 생명이 다하여 소멸된다. 이러한 지역 변수의 특성으로 인해, 지역 변수는 생성된 함수 내부에서만 접근 가능하다.

이름공간(Namespace)

변수 이름을 정의하는 공간으로, 프로그램 전체 범위에서 사용되는 전역 이름공간(namespace: global)과 함수 영역에서 사용되는 지역 이름공간(namespace: 함수 이름)으로 구별된다.

C언어와 파이썬의 차이점 : 변수 유효범위

이름공간(Namespace)은 접근 가능한 내용을 기록해 놓은 메인 메모리 공간이라고 생각하자.

변수 유효범위(변수 스코프, Variable Scope)란 이름공간(namespace: 이름공간 이름)에 정의되어 있는 접근 가능 범위를 의미한다. 이름공간 이름이 global이면 실행되는 프로그램 어디서나 접근 가능하므로 변수 유효범위는 전역(global)이 된다. 만약 이름공간 이름이 특정 함수 이름으로 되어 있다면 그 함수 내에서만 접근 가능하고 변수 유효범위는 그 함수 내인 지역(local)이다.

C++과 같이 중괄호({…})를 통해 블록을 나누는 경우에는 블록을 기준으로 변수 유효범위가 결정된다. 따라서 중괄호 내에서 선언된 변수는 중괄호를 빠져나오면 소멸된다.

파이썬에서는 C++과는 달리 블록 단위의 스코프가 존재하지 않으며 전역 변수 스코프와 지역 변수 스코프로 나뉜다.

2.1 전역 변수와 지역 변수로 swap 이해

프로그램에서 funca 함수의 인수명을 na, nb로 사용했을 때를 다시 한 번 메모리 생성 관점에서 살펴보자.

```
def funca(na, nb):
    temp=pa
    pa=pb
    pb=temp
```

\# 컴파일러는 funca 함수가 정의되어 있다는 사실만 확인하고 전역 변수 공간에 함수명을 기록한다.

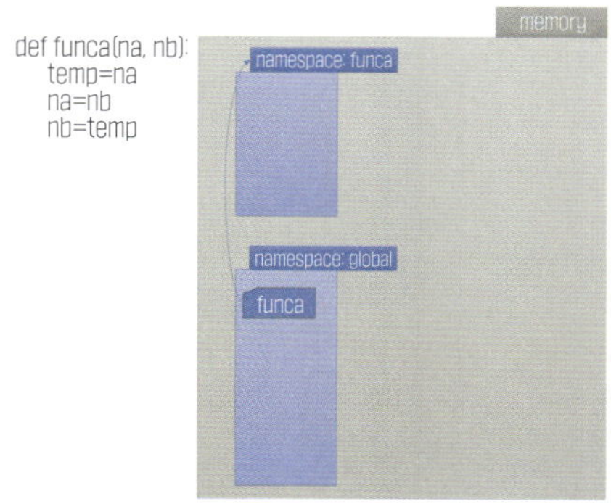


```
na=10
nb=11
print("na 값은", na, "nb 값은", nb)
```

\# 전역 변수 공간(namespace: global)에 변수 na, nb가 생성된다.

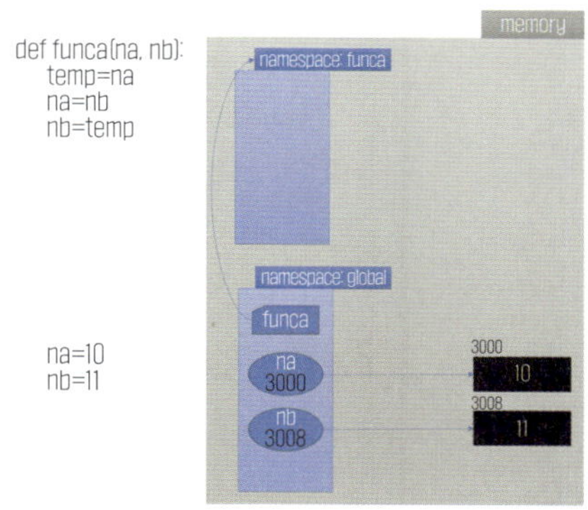


```
funca(na, nb)
```

\# 지역 변수 공간(namespace: funca)에 지역 변수 na, nb가 생성된다.

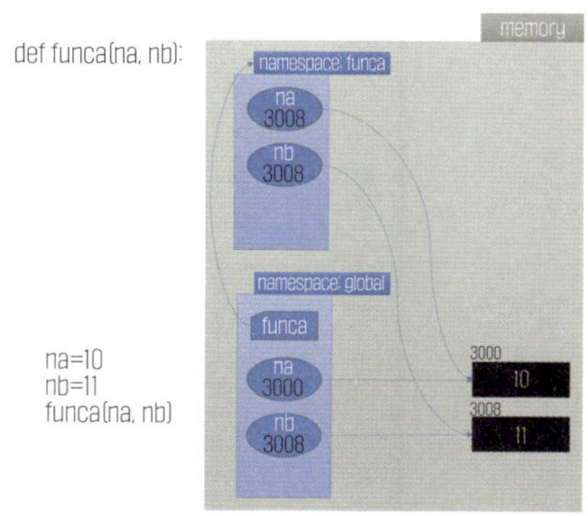

코드 설명

지역 변수 공간(namespace: funca)에 temp 변수가 추가적으로 생성되고 지역 변수 na와 nb 값은 서로 swap 된다. 그러나 전역 변수 공간(namespace: global)의 na, nb 값은 서로 swap 되지 않는다.

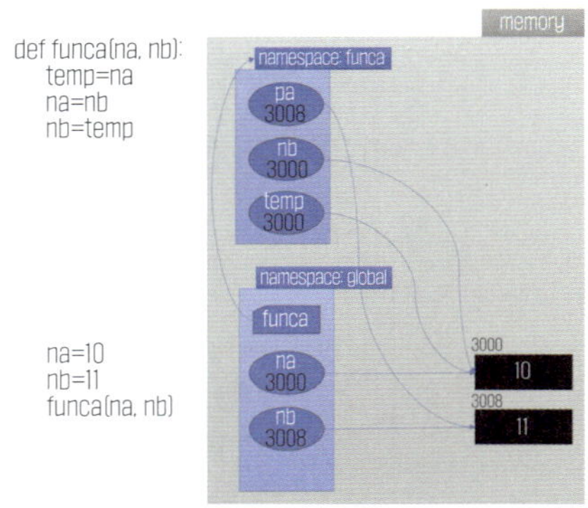

그러면 함수를 정의하여 서로 두 값을 swap 할 수 있는 방법은 없는 것일까? 이 부분을 해결하는 방법은 2가지로 다음과 같다.

1. funca 함수에서 서로 맞바꾼 값을 return 하는 것이다. 파이썬은 1개 이상의 데이터를 return 하고 받을 수 있다.
2. 리스트를 매개변수로 하여 서로 swap 하는 것이다. 이 내용은 〈8장〉에서 자세히 설명한다.

문제 1 funca 함수에서 서로 맞바꾼 값을 갖는 두 개의 변수를 return 해서 서로 swap 된 결과를 화면에 출력하도록 프로그램을 변경하세요. 문제 정답은 397쪽 참고

- 이 책에서는 2개 이상의 변수가 l_value로 사용되는 내용은 다루지 않는다. 정답 코드를 보고 파이썬에서는 2개 이상의 변수를 l_value로 사용 가능하도록 정의되어 있다는 것을 확인만 하고 넘어가자.

3 〉 global 키워드

global 키워드는 지정한 변수의 유효범위가 전역임을 알리고, 지역 변수의 생성을 막는다.

변수의 유효범위(Scope)는 자신이 생성된 범위(코드블록) 안에서만 유효하다. 함수 내부(안)에서 만든 변수는 함수 안에서만 존재하다가 함수 코드의 실행이 종료되면 생명을 다한다. 이것을 지역 변수(Local Variable)라고 한다.

함수 외부에서 만든 변수는 프로그램이 살아있는 동안 함께 살아 있다가 프로그램이 종료될 때 같이 소멸된다. 함수 안에서 사용되는 모든 변수를 지역 변수(Local Variable)로 간주하고, 이와 다르게 프로그램 전체를 유효 범위로 가지는 변수를 전역 변수(Global Variable)라고 한다.

3.1 지역 변수를 전역 변수로 선언

함수 내에서 전역 변수를 사용하려면 global 키워드를 사용해야 한다. 함수 내에 정의된 변수를 전역 변수로 사용하는 예시를 살펴보자. 아래 프로그램을 설명하기 위한 그림에서 각 변수는 주소 data를 저장하고 있어 각각 정수 데이터를 가리킨다. 실제 주소 data를 표시하지 않고 화살표만을 사용하여 더 이해하기 쉬울 수도 있다. 이전에 설명했던 주소 data를 명시적으로 표시한 그림 설명도 주소 data에 신경쓰지 말고 단순히 데이터를 가리키는 화살표로 이해하는 것이 도움이 된다.

global 키워드 코드 (1)

다음 프로그램의 화면 출력 결과를 작성한다.

```
b=0 # ---------------------> ①
print("b의 값은",b)
b=1 # ---------------------> ②
print("b의 값은",b)

def scope_test():
  a=1 # -------------------> ④
  print("scope_test() 함수 안의 a 값은", a)

a=0 # ---------------------> ③
print("scope_test() 함수 밖의 a 값은", a)
scope_test() # ------------> ④
print("socpe_test() 함수 호출 후 a 값은", a)
```

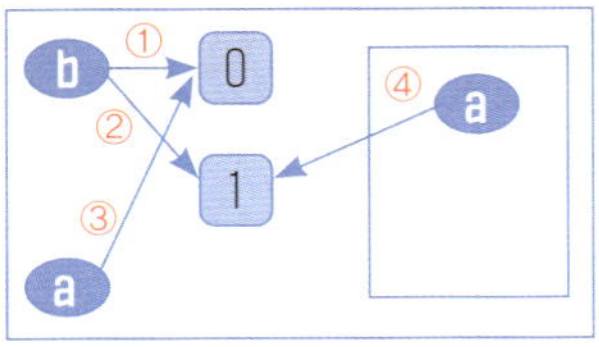

〈화면 출력〉

```
b의 값은 0
b의 값은 1
scope_test() 함수 밖의 a 값은 0
scope_test() 함수 안의 a 값은 1
scope_test() 함수 호출 후 a 값은 0
```

이 프로그램에서 함수 밖에 정의된 변수 a와 함수 내에 정의된 변수 a는 서로 다른 동명이인이다.

global 키워드 코드 (2)

앞서 살펴본 프로그램과 비교하여 살펴 보자. 다음 프로그램은 global a로 선언하면 변수 a를 지역 변수로 새로 정의하지 않고 전역 변수 a를 사용하겠다는 선언이다.

```
b=0 # ---------------------> ①
print("b의 값은",b)
b=1 # ---------------------> ②
print("b의 값은",b)

def scope_test():
  global a
  a=1 # -------------------> ④
  print("scope_test() 함수 안의 a 값은", a)

a=0 # ---------------------> ③
print("scope_test() 함수 밖의 a 값은", a)
scope_test() # ------------> ④
print("scope_test() 함수 호출 후 a 값은", a)
```

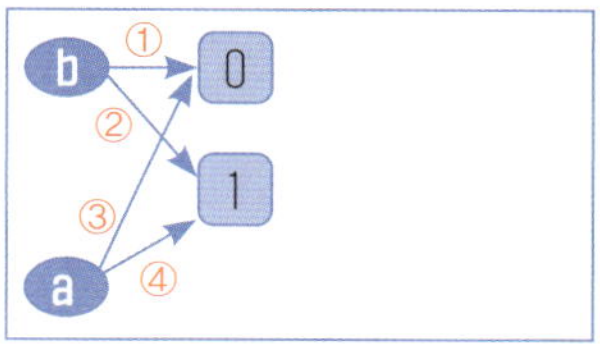

〈화면 출력〉

```
b의 값은 0
b의 값은 1
scope_test() 함수 밖의 a 값은 0
scope_test() 함수 안의 a 값은 1
scope_test() 함수 호출 후 a 값은 1
```

코드 설명

④ global a에서 a가 지역 변수로 생성되는 것을 막고 전역 변수를 이용하도록 하는 것이다. ③에서 생성된 전역 변수 a가 0을 가리키다 ④를 실행하면서 a는 새로운 지역 변수를 생성하지 않고, 기존의 전역 변수 a를 의미하여 a가 1을 가리킨다. global a가 지역 변수의 생성을 막는 명령어이기 때문에 a 변수가 기존의 전역 변수 a를 사용하는 것이다.

global 키워드 코드 (3)

다음 프로그램의 화면에 출력 결과를 작성하고, 문제를 해결할 수 있게 코드를 변경한다.

```
b=0
print("b의 값은", b)
b=1
print("b의 값은", b)

def scope_test():
    a=a+3 # ----------------------------> ③
    print("scope_test() 함수 안의 a 값은", a)

a=0
print("scope_test() 함수 밖의 a 값은", a) # -------> ①
scope_test() # ---------------------------------> ②
print("scope_test() 함수 호출 후  a 값은", a)
```

〈화면 출력〉

```
b의 값은 0
b의 값은 1
scope_test() 함수 밖의 a 값은 0
---------------------------------------------------
UnboundLocalError                          Traceback (most recent call last)
Input In [3], in <cell line: 13>()
     11 a=0
     12 print("scope_test() 함수 밖의 a 값은", a)
---> 13 scope_test()
     14 print("scope_test() 함수 호출 후  a 값은", a)
Input In [3], in scope_test()
      7 def scope_test():
----> 8     a=a +3
      9     print("scope_test() 함수 안의 a 값은", a)
UnboundLocalError: local variable 'a' referenced before assignment
```

코드 설명

① 변수 a를 0으로 초기화하고 값을 출력하는 부분이다. 이 부분은 함수 바깥에서 실행되며, 이후 함수 scope_test()가 호출된다.

② scope_test() 함수를 호출하는 부분이다. 이때, 함수 안에서 사용되는 변수 a와 함수 밖에서 사용되는 변수 a는 서로 다른 변수이다.

③ 함수 scope_test() 안에서 변수 a를 참조하고 3을 더한 값을 출력하는 부분이다. 하지만 변수 a는 지역 변수로 함수 내에서만 유효하므로, 함수 바깥에서 선언된 변수 a를 참조할 수 없다.

따라서 오류 메시지 UnboundLocalError가 발생한다.

오류 메시지를 확인해 보면 l_value로 정의되기 전에 r_value로 사용되었다는 것이다. 이 프로그램에서 여러분이 scope_test() 함수 내 값을 전역 변수로 사용할 것인지, 또는 지역 변수로 사용할 것인지에 따라 해결 방법과 결괏값은 다르다.

1. a를 전역 변수로 사용하도록 변경
2. a를 지역 변수로 사용하는 방법

문제 2 제시된 코드의 오류를 아래 2가지 방법으로 수정하세요.

문제 정답은 397~398쪽 참고

- a를 전역 변수로 사용하도록 변경한다.

- a를 지역 변수로 사용한다.

문제 3 다음 세 개의 프로그램의 화면 출력 결과를 작성해 보세요.

문제 정답은 399~400쪽 참고

```
x=10
def fadd(num):
    b=x+num
    print("변수x값은", x)
    print("변수b값은", b)
fadd(10)
```

〈화면 출력〉

```
x=10
def fadd(num):
    x=x+num
    print("변수x값은", x)

fadd(10)
```

〈화면 출력〉

```
x=10
def fadd(num):
    global x
    x=x+num
    print("변수x값은", x)

fadd(10)
```

〈화면 출력〉

문제 4 순서도대로 프로그램을 작성하고, 이 프로그램이 무엇을 하기 위한 프로그램인지 작성하세요. 문제 정답은 400쪽 참고

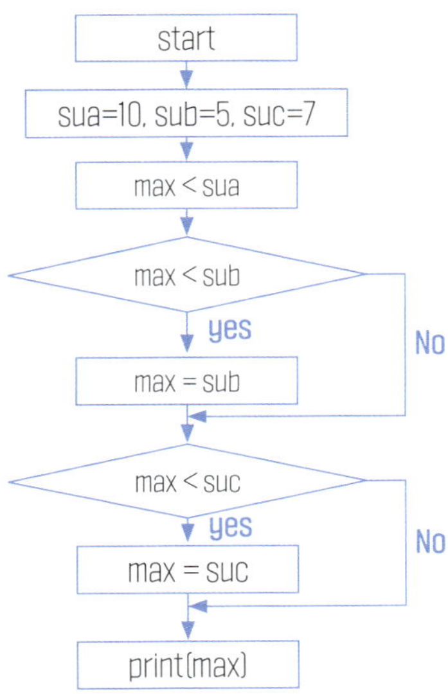

문제 5 앞서 작성한 프로그램을 fmax 함수로 정의하고, fmax 함수를 호출하도록 프로그램을 변경하세요. 문제 정답은 401쪽 참고

- 최댓값을 return 한다.
- fmax 함수 호출하고 함수에서 리턴되는 값을 받아 출력한다.

```
def fmax(                    ):




fmax 함수 호출하고 리턴되는 값을 받아
출력하는 프로그램 작성
```

잠깐만요

아래 코드가 문법 오류 없이 실행이 가능한 이유를 생각해 보자.

```
x=10
y=0
if y !=0:
  ndiv=x/y # ---------------> ①
else:
  ndiv="분모 0 불가" # ----> ②
```

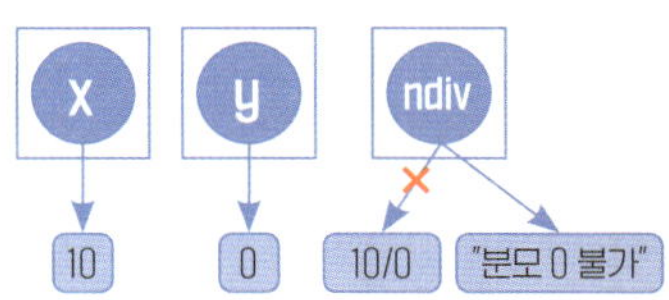

ndiv 변수는 ①에서는 실수형 변수 ②에서는 문자열형 변수로 사용된다. 하지만 실제로 변수에 저장되어 있는 데이터는 각 데이터형을 가리키는 주소 data이다. 즉, ndiv 변수에는 ①, ② 어떤 명령어가 실행되던 실제로 같은 형식인 주소 data가 저장된다. 그리고 저장된 주소 data가 가리키는 데이터가 정수형, 실수형, 문자열 그 외 데이터형 등 모든 데이터형을 가리킬 수 있는 것이다.

4 〉 디폴트 매개변수

함수에서 인수와 매개변수는 일대일 대응 관계이다. 인수의 수와 매개변수의 수는 일치해야 하며, 그렇지 않으면 오류가 발생한다. 그러나 디폴트 매개변수를 이용하여 인수와 매개변수의 수가 다르면, 미리 정의된 매개변수의 값을 기본 매개변수로 사용하도록 한다.

이러한 디폴트 매개변수는 클래스에서 객체 생성 시에도 활용되는 개념이므로 알아두는 것이 좋다. 다음 제시되는 코딩과 코드를 살펴보자.

syntax : 정확한 코딩

```
def 함수명(매개변수1=defaut값1. 매개변수2= defalut값2, ...):
```

4.1 함수의 디폴트 매개변수

다음 프로그램은 함수의 디폴트 매개변수 예시 코드이다. 이 프로그램을 살펴보고 오류가 발생하는 부분을 확인하여 수정하는 과정을 알아보자.

디폴트 매개변수 코드

```
def persona(width, height): # -----------> ①
    print("함수디폴트값없음,width=", width,"height=", height)

def personb(width=4, height=3): # -------> ②
    print("함수디폴트값설정width=", width,"height=", height)
```

```
persona(10, 20) # ----------------------> ③
persona() # ---------------------------> ④
personb() # ---------------------------> ⑤
```

〈화면 출력〉

```
함수디폴트값없음,width=10 height=20
Traceback (most recent call last):
  File "C:/함수인수디폴트값.py", line 8, in <module>
    persona()
TypeError: persona() missing 2 required positional arguments: 'width' and
'height' # -------------------------> ⑥
>>>
```

코드 설명

① persona 함수를 정의한다. 이 함수는 width와 height 두 개의 매개변수를 갖는다.

② personb 함수를 정의한다. 이 함수는 width와 height 두 개의 매개변수를 갖는다. width 매개변수에는 디폴트 값으로 4를, height 매개변수에는 디폴트 값으로 3을 할당한다.

③ persona 함수를 호출한다. 이때 width에는 10, height에는 20이 전달된다. 함수가 호출되면서 "함수디폴트값없음,width= 10 height= 20"이 출력된다.

④ persona 함수를 호출한다. 이때 매개변수가 2개인 persona가 정의되어 있지 않았기 때문에 오류가 발생한다.

⑤ personb 함수를 호출한다. 이때 인수가 전달되지 않았기 때문에 디폴트 값으로 width는 4, height는 3이 사용된다. 함수가 호출되면서 "함수디폴트값설정width= 4 height= 3"이 출력된다.

③에서는 인수가 2개인 persona 함수를 호출하면 ①에서 정의한 함수가 호출되어 정상적으로 실행된다. 하지만 ④에서는 인수가 없는 persona 함수를 호출하면 매개변수가 없는 함수가 정의되어 있지 않아 ⑥과 같은 오류가 발생한다.

이때, 오류 메시지는 현재 정의되어 있는 함수는 매개변수가 2개 있는 persona 함수밖에 없으므로 persona 함수를 호출하려면 2개의 인수를 사용하라고 알려주는 것이다.

살펴본 프로그램을 오류가 발생하지 않게 실행하기 위해서는 2가지 해결 방법이 있다. 다음 제시된 수정 코드를 살펴보며 이해하자.

디폴트 매개변수 수정 코드 (1)

첫 번째는 아래 코드와 같이 매개변수의 개수를 맞추어 새로운 함수를 정의한다.

```
def persona(width, height): # ---------> ①
    print("함수디폴트값없음,width=", width,"height=", height)
def persona(): # --------------------> ⑦
    print("매개변수없는 함수")

def personb(width=4, height=3):
    print("함수디폴트값설정width=", width,"height=", height)

persona(10, 20)
persona() # ----------------------> ④
personb()
```

코드 설명

⑦ 매개변수가 없는 persona 함수를 정의하는 것이다. 즉, 함수를 구별하는 조건에는 함수의 이름 뿐 아니라 매개변수의 갯수도 포함된다. 즉, 함수이 이름이 같은 persona 함수가 2개 정의되어 있지만 매개변수의 갯수에 따라 함수를 구별하여 적절한 함수를 호출한다.

④ ⑦에서 함수를 정의했기에 인수없는 persona 함수를 호출할 때 ① 함수와 ⑦ 함수 중 ⑦번 함수가 호출되면서 제대로 프로그램이 실행된다.

이 기능을 함수 오버로딩이라고 한다. 그러나 파이썬은 함수 오버로딩을 지원하지 않아 오류가 발생하므로 ①과 ⑦을 디폴트 매개변수로 수정해야 한다.

디폴트 매개변수 수정 코드 (2)

두 번째는 persona 함수를 디폴트 매개변수를 이용하여 정의한다.

```
def persona(width=11, height=21): # -------> ①
    print("함수디폴트값없음,width=", width,"height=", height)

def personb(width=4, height=3):
    print("함수디폴트값설정width=", width,"height=", height)

persona(10, 20)
persona() # ----------------------> ④
personb()
```

코드 설명

① 디폴트 매개변수를 이용하여 persona 함수를 정의해 주는 것이다.

④ persona() 함수를 호출하면 ① 디폴트 매개변수로 정의된 persona 함수가 호출되어 디폴트 매개변수를 사용하여 실행된다.

리스트를 디폴트 매개변수로 사용

ChatGPT에게 리스트를 디폴트 매개변수로 사용하는 문제를 출제하게 하고, 출제된 문제 일부를 수정하여 아래 제시하였다.

```
def fget(nums=[0]): # ---> ①
   return nums # ---> ②
result1=fget() # ---> ③
# 디폴트 매개변수가 사용됨
print(result1)
result2=fget([1, 2, 3]) # -> ④
# nums에 값 [1, 2, 3]이 전달
print(result2)
```

〈화면 출력〉

```
[0]
[1, 2, 3]
```

③에서 fget() 함수를 호출하여 ①번 함수를 실행하고 nums=[0]으로 정의되며, ②에서 nums 리스트가 반환된다. ④에서 get_sum([1, 2, 3]) 함수를 호출하여 ①번 함수를 실행하고 nums=[1, 2, 3]으로 정의되며, ②에서 nums 리스트가 반환된다.

| 8장 |

자료구조와 알고리즘

학습 목표

프로그램에 관심 있다면 자료구조와 알고리즘이라는 단어를 들어봤을 것이다. 프로그래밍을 다르게 표현하면 현실 세계를 표현하는 데이터(자료구조, Data Structure)를 효율적으로 처리하기 위한 알고리즘을 구현하는 것으로 볼 수 있다. 이번 장에서는 파이썬으로 대표적인 알고리즘 중 하나인 선택 정렬을 구현하는 방법을 배운다. 이를 위해 〈5장〉에서 살펴본 리스트와 딕셔너리와 같은 자료구조를 활용하여 데이터를 표현하고, 이를 효율적으로 처리하는 방법을 익힌다. 여기서 목표는 알고리즘을 창조하는 것이 아니라, 이미 주어진 알고리즘을 파이썬 언어로 구현하는 것이다. 〈6장〉의 함수를 학습하고 〈7장〉과 〈8장〉을 넘긴 다음 〈9장〉 클래스를 학습해도 된다.

1 〉 리스트 데이터 SWAP

〈7장〉에서 배웠던 SWAP은 정렬의 시작이다. 먼저 변수에 저장된 두 값을 swap 하는 프로그램을 복습해 보자. 예를 들어, na=10, nb=20인 경우에 na와 nb의 값을 서로 교환하여 nb=10, na=20이 되도록 함수를 사용하지 않고 프로그램을 작성하자.

변수로 정의된 데이터 값 서로 바꾸기

변수로 정의된 데이터 값을 서로 맞바꾸는 프로그램이다.

```
na=10
nb=11
print("na=", na, "nb=", nb)
temp=na
na=nb
nb=temp
print("na=", na, "nb=", nb)
```

〈화면 출력〉

```
na=10 nb=11
na=11 nb=10
```

리스트로 정의된 데이터 값 서로 바꾸기

변수로 정의된 데이터 값 서로 바꾸기 프로그램을 리스트로 작성하자. 리스트로 데이터를 정의하고 서로 맞바꾸는 프로그램은 다음과 같다.

```
ca=[10, 11]
print("ca[0]의 값은", ca[0], "ca[1]의 값은", ca[1])
temp=ca[0]
ca[0]=ca[1]
ca[1]=temp
print("ca[0]의 값은", ca[0], "ca[1]의 값은", ca[1])
```

그림으로 이해하기

오른쪽 그림과 함께 코드를 살펴본다.

```
ca=[10,11]
print("ca[0]=",ca[0],"ca[1]=",
ca[1])
temp=ca[0]  # --> ①
ca[0]=ca[1] # --> ②
ca[1]=temp  # --> ③
print("ca[0]=",ca[0],"ca[1]=",
ca[1])
```

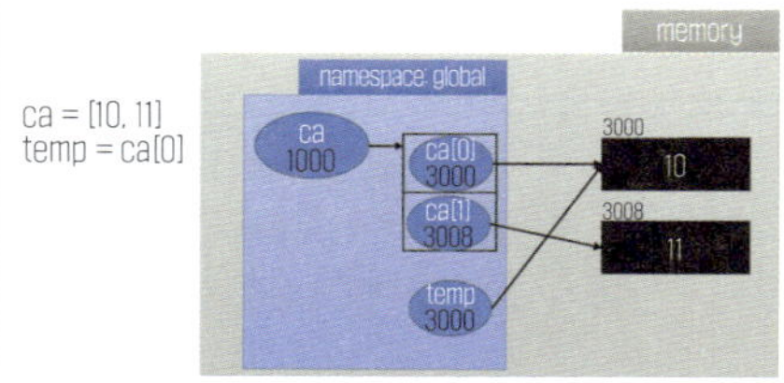

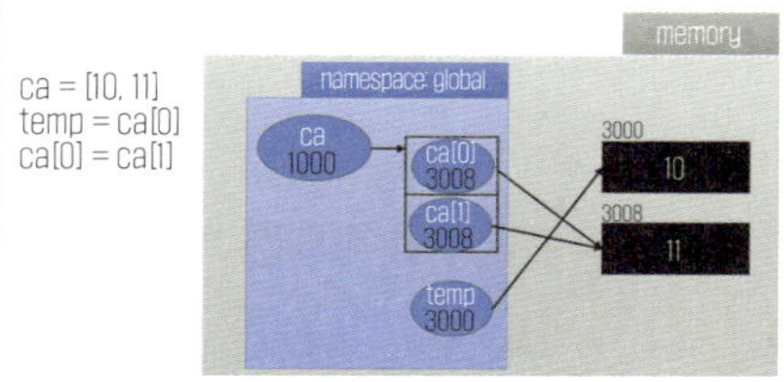

〈화면 출력〉

```
ca[0]=10 ca[1]=11
ca[0]=11 ca[1]=10
```

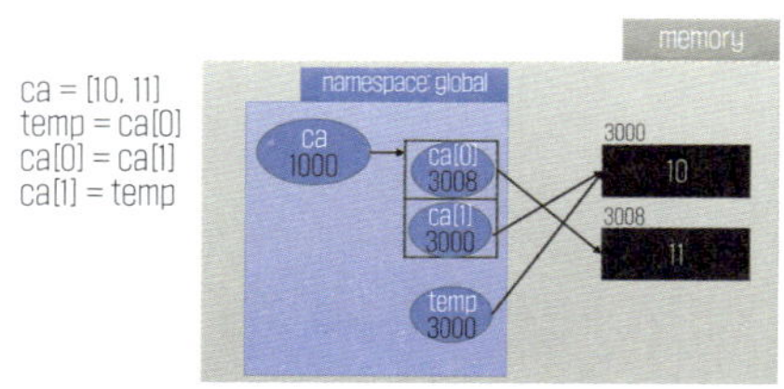

코드 설명

① ca[0] 변수가 가리키는 data 10을 temp 변수도 가리킨다. 즉, ca[0] 변수에 저장된 주소 data 3000이 temp 변수에 할당된 것이다.

② ca[1]이 가리키는 값 11을 ca[0] 변수도 가리키도록 변경된다. 즉, 값 11을 ca[0]과 ca[1]이 동시에 가리키게 된다. 즉, ca[1] 변수에 저장된 주소 data 3008이 ca[0] 변수에 할당된 것이다.

③ temp가 가리키는 값 10을 ca[1]도 가리키도록 변경된다. 즉, temp 변수에 저장된 주소 data 3000이 ca[1]에 할당된 것이다.

파이썬은 대입 연산자 왼쪽에 여러 개의 변수를 동시에 지정할 수 있어서 temp 변수를 사용할 필요가 없다는 것을 알 것이다. 하지만 이번 장에서는 어느 프로그래밍 언어에서도 사용될 수 있는 범용적인 코드를 작성하기 위해 temp 변수를 사용하는 것으로 설명하고 있다.

swap을 함수로 정의하고 호출

ca=[10,20]을 서로 맞바꾸도록 함수 funca 함수를 정의

• 리스트 요소 각각을 매개변수로 넘기기

```
def funca(na, nb): # ---> ⑪
    temp=na # ---> ⑦
    na=nb # ---> ⑧
    nb=temp # ---> ⑨
ca=[10, 11] # ---> ①
na=ca[0]
nb=ca[1]
print("ca[0] 값은", ca[0], "ca[1] 값은", ca[1])
funca(ca[0], ca[1]) # ---> ⑩
print("ca[0] 값은", ca[0], "ca[1] 값은", ca[1])
                                    # ---> ⑪
```

〈화면 출력〉

```
ca[0] 값은 10 ca[1] 값은 11
ca[0] 값은 10 ca[1] 값은 11
```

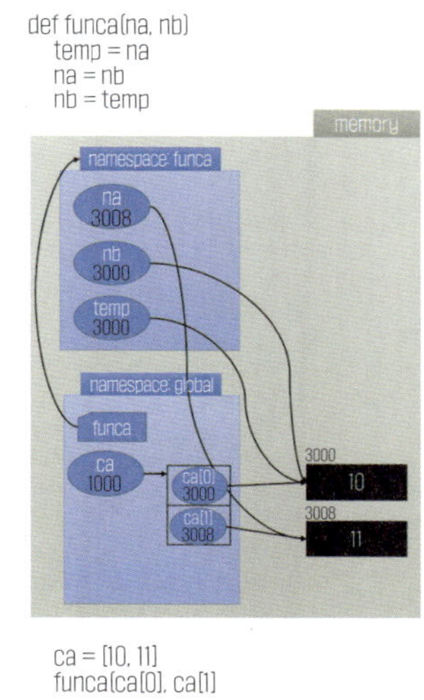

위의 ⑥은 실제 프로그램에서 필요 없는 부분이지만 리스트를 인수와 매개변수로 사용할 때 이해를 돕기 위해 추가하였다. 즉, 리스트의 0번째 요소 ca[0]을 r_value로 사용하고 l_value는 변수명 na를 사용한다. 1번째 요소도 마찬가지로 ca[1]을 r_value로 사용하고 l_value는 변수명 nb를 사용한다. 리스트의 각 요소를 인수(r_value)로 사용하면 l_value로 리스트형으로 선언해야 한다고 생각하는 초보 학습자들이 많다. 리스트의 각 요소가 형식이 인덱스가 있는 특수한 형태이지만 주소 data를 갖고 있는 일반 변수일 뿐이다. 그러므로 r_value는 주소 data를 넣을 수 있는 일반적인 변수명을 사용하면 된다.

함수를 이용하여 리스트의 각각의 요소를 넘긴 결과이다. 앞서 〈7장〉에서 swap을 정의한 함수로 호출한 결과와 마찬가지로 두 변수의 값이 swap 되지 않는다는 사실을 확인하고 이번 〈8장〉에서 해결 방법을 생각해 보기로 했었다. 앞서 살펴본 코드에서처럼 리스트의 각 요소를 매개변수로 사용하여 작성한 경우도 두 요소가 swap 되지는 않고 있다. 함수로 넘겨서 두 요소의 값을 swap 하기 위해서는 어떻게 해야 할까?

코드 설명

①에서 ca 리스트를 선언하고 메모리 영역 namespace: global 영역에 ca[0], ca[1] 리스트가 생성되고 ca[0]에는 주소 data 3000, ca[1]에는 주소data 3008이 저장되고, ca 변수에는 ca[0]과 ca[1]에 접근할 수 있는 주소 data 1000이 저장된다.

⑥에서 보면 ② ca[0] 변수의 값 주소 data 3000이 ④ na 변수에 할당한다. ③ ca[1] 변수의 값 주소 data 3008을 ⑤ nb 변수에 할당한다. ⑥은 함수 정의 시 매개변수와 함수 호출 시 인수의 관계와 동일한 것으로 설명을 위해 추가한 것일 뿐 ⑥은 삭제해도 된다. funca 함수를 호출하면서 메모리 영역 namespace: funca에 생성된 ④ na 변수에 주소 data 3000이 저장되고 ⑤ nb 변수에 주소 data 3008번지가 저장된다.

⑧에서 na의 주소 data 3000이 temp변수에 저장, ⑦에서 nb의 주소 data 3008이 na에 저장, ⑨에서 temp의 주소data 3000이 nb에 저장된다. 즉, na 변수는 data 11을 가리키고 nb 변수는 10을 가리키게 된다. namespace: funca 영역에서 na와 nb를 출력하면 서로 swap 되어 있는 것을 확인할 수 있다.

그러나, funca 함수 실행 종료 후 함수 호출 다음 명령어 줄인 ⑪ print 문을 출력하면 ca[0]은 주소 data 3000, ca[1]은 주소 data 3008이 저장되어 있어 서로 swap 되지 않은 데이터가 출력되는 것을 확인할 수 있다.

2 〉 매개변수로 사용하는 리스트 이름

리스트명을 함수의 매개변수로 사용하면 함수의 실행 결과가 인수로 사용된 리스트에도 영향을 미치게 된다. 리스트명을 매개변수로 사용하는 방법에 대해 알아보자.

2.1 리스트에 새로운 이름(별명) 추가

이미 생성된 리스트에 새로운 이름(별명)을 붙이는 것을 '얕은 복사'라고 한다. 메인 메모리에 하나의 기억공간이 있고 이 기억공간에 접근할 수 있는 새로운 이름(별명)을 할당하는 과정이다. 즉, 대입 연산자 오른쪽 변수의 값(주소 데이터)을 왼쪽 변수에 할당함으로써, 동일한 데이터를 가리키는(참조하는) 것이다.

리스트에 별명 붙이기

기존 리스트 변수의 주소 data를 새로운 리스트 변수에 할당(저장)해서 리스트에 별명을 붙인다.

```
ca=[10, 11]
cb=ca
print("리스트ca 값은", ca)
print("리스트cb 값은", cb)
```

〈화면 출력〉

```
리스트ca 값은 [10, 11]
리스트cb 값은 [10, 11]
```

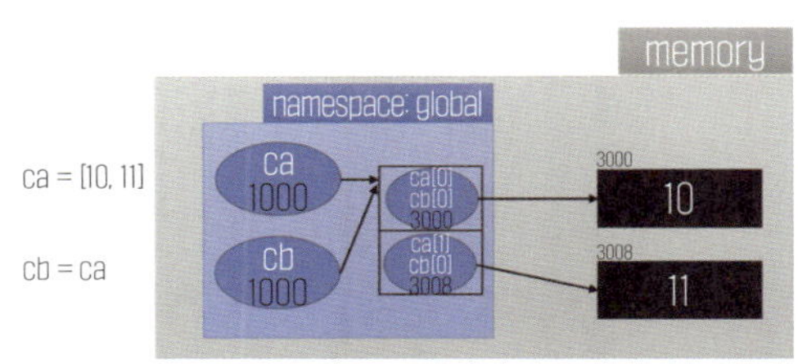

위의 코드를 보면 ca 리스트가 가리키는 데이터를 cb 데이터도 가리키도록 ca 리스트 변수의 주소 data(1000)를 cb 변수에 저장한다. 그 결과, ca 변수와 cb 변수가 동일한 주소 data(1000)를 갖게 된다.

리스트에 별명을 붙이고 별명 변수명으로 데이터 맞바꾸기

리스트 이름을 할당(리스트 얕은 복사)하여 데이터를 맞바꾼다.

```
ca=[10, 11]
cb=ca # -------------------------> ①
print("리스트ca 값은", ca)
print("리스트cb 값은", cb)
temp=cb[0]
cb[0]=cb[1]   ②
cb[1]=temp
print("리스트ca 값은", ca) # --------> ③
print("리스트cb 값은", cb)
print("ca[0]=", ca[0], "ca[1]=", ca[1])
print("cb[0]=", cb[0], "cb[1]=", cb[1])
```

〈화면 출력〉

```
리스트ca 값은 [10, 11]
리스트cb 값은 [10, 11]
리스트ca 값은 [11, 10]
리스트cb 값은 [11, 10]
ca[0]=11 ca[1]=10
cb[0]=11 cb[1]=10
```

코드 설명

① cb 변수에 ca 변수의 값(주소 데이터 1000)을 할당하여 cb 변수도 동일한 값(주소 데이터 1000)을 갖게 되어 ca[0], ca[1] 리스트 묶음의 시작을 가리킬 수(참조, 접근) 있게 되었다. cb[0]은 ca[0]의 별명(동일인에게 다른 이름)으로 사용되며, cb[1]은 ca[1]의 별명으로 사용된다. 즉, 리스트명에 별명을 붙이면 리스트 각 item도 각각 별명이 자동으로 생성된다.

② cb 리스트로 데이터를 swap 하는 것을 확인할 수 있다. swap 한 결과 cb[0] 변수에는 주소 데이터 3008이 저장되고 cb[1]에는 주소 데이터 3000이 저장된다. 이 결과 cb[0]의 다른 이름인 ca[0]에도 주소 데이터 3008이 저장되고 cb[1]의 다른 이름인 ca[1]에는 주소 데이터인 3000이 저장된다.

③ ca 리스트의 데이터도 swap 된 것을 확인할 수 있다. 쉽게 설명하면 이름이 두 개인 하나의 기억장소의 두 데이터를 맞바꾼 것이다.

2.2 리스트 이름을 매개변수로 사용한 SWAP

ca=[10,20]을 서로 맞바꾸는 작업을 funca 함수로 정의한다. 이전 프로그램에서 리스트명에 별명을 붙이고 별명을 이용 swap 기능을 정의했던 부분을 묶어서 funca라고 이름을 붙이면 된다. 이때 별명을 붙이는 과정 cb=ca를 함수 정의 시 매개변수와 함수 호출 시 인수의 관계로 표현하면 된다.

```
def funca(cb):
    temp=cb[0]
    cb[0]=cb[1]
    cb[1]=temp
ca=[10, 11]
print("ca[0] 값은", ca[0], "ca[1] 값은 ", ca[1])
funca(ca) # ---------------> ①
print("ca[0] 값은", ca[0], "ca[1] 값은 ", ca[1])
```

〈화면 출력〉

```
ca[0] 값은 10 ca[1] 값은  11
ca[0] 값은 11 ca[1] 값은  10
```

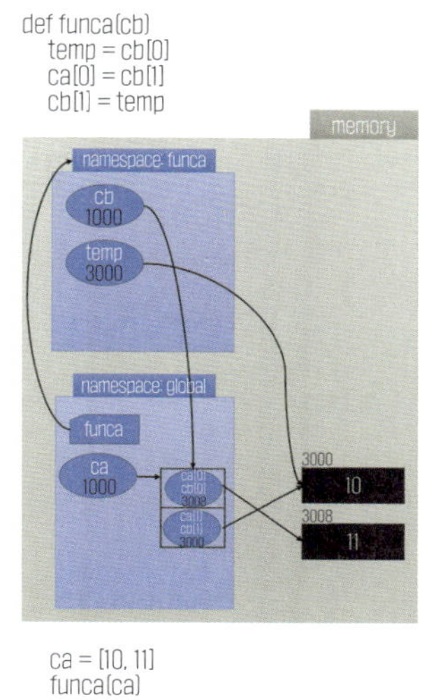

함수에서 사용된 매개변수 cb는 지역 변수로 funca 이름공간에 정의되어 있다. 그러나 cb가 가리키는 cb[0]은 ca[0]의 별명으로, ca[0]과 동일한 주소 데이터(3000)를 가지고 있다. cb[1]은 ca[1]의 별명으로, ca[1]과 동일한 주소 데이터(3008)를 가지고 있다.

①에서 cb[0]과 cb[1]이 서로 갖고 있는 데이터를 맞바꾸어서 cb[0]은 주소 데이터 3008을 cb[1]은 주소 데이터 3000을 가지게 된다. 그렇게 되면 같은 기억공간을 차지하는 ca[0]은 주소 데이터 3008을, ca[1]은 주소 데이터 3000을 가지게 된다.

전역 변수 이름공간에 정의되어 있는 ca와 지역 변수 이름공간에 정의되어 있는 cb는 동일한 주소 데이터 1000을 가지지만, ca[0], cb[0], ca[1], cb[1]은 서로 다른 이름으로 동일인을 가리키고 있다. 따라서 cb를 이용한 swap은 ca에 영향을 미치게 되는 것이다. funca 함수 실행이 종료되고 ② 명령어를 실행하기 전에 namespace:funca는 소멸된다. 그러나 ca[0]은 주소 data 3008을 갖고 데이터 10을 가리키고 ca[1]은 주소 data 3000을 갖고 데이터 11을 가리키고 있다. 데이터가 서로 swap 된 결과가 출력되는 것으로 확인될 수 있다.

2.3 id 함수와 리스트

아래 프로그램에서 리스트 변수 a는 정수 item 4개로 구성된 리스트를 가리키는 주소 data를 갖고 있다. 변수 b에 a 변수의 값(주소 data)가 할당(저장)되면, 변수 b도 같은 리스트를 가리키게 된다. 따라서 변수 a와 변수 b는 같은 데이터를 가리키는 상태가 되며, b는 a의 별명이 된다. 따라서 변수 a를 출력한 결과와 변수 b를 출력한 결과는 같을 것이다.

```
a=[10, 11, 12, 13]
print("리스트 a 값", a)
b=a
print("리스트 b 값",b)
```

〈화면 출력〉

```
리스트 a 값 [10, 11, 12, 13]
리스트 b 값 [10, 11, 12, 13]
```

아래 프로그램을 살펴보자.

```
a=[10,11,12,13] # --> ①
print("리스트 a 값", a)

a[1]=21 # --> ②
print("리스트 a 값",a)

b=a # --> ③
print("리스트 b 값",b)

b=[30, 31, 32, 33] # --> ④
print("리스트 b 값",b)
```

〈화면 출력〉

```
리스트 a 값 [10, 11, 12, 13]
리스트 a 값 [10, 21, 12, 13]
리스트 b 값 [10, 21, 12, 13]
리스트 b 값 [30, 31, 32, 33]
```

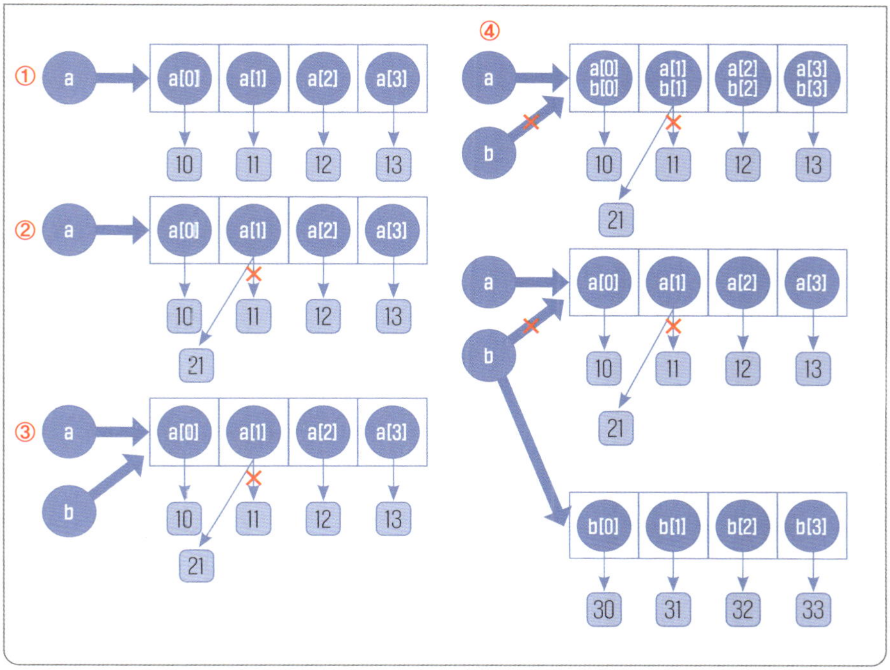

코드 설명

① 4개의 item을 갖고 있는 리스트 변수 a를 정의한다.

② a[1] 변수가 정수 11이 아닌 정수 21을 참조할 수 있게 주소 data를 할당한다.

③ 리스트 변수 b에 변수 a의 주소 data를 할당한다. 변수 a는 별명 b를 갖게 된다.

④ 리스트 변수 b에는 [30, 31, 32, 33]를 가리킬 수 있는 새로운 주소 data가 할당된다.

그림으로 이해한 프로그램을 메모리에 저장되는 위치를 이해하기 위하여 id() 함수를 사용해 보자.

id 함수는 identity로 변수가 저장된 기억장소의 위치를 알려주는 주소이다. 다음 제시되는 프로그램을 실행하면 실제 메모리에 저장되는 위치는 컴퓨터마다 다르기에 결괏값(주소)이 다르게 나오겠지만 프로그램을 이해하는 데 도움이 될 것이다.

```
a=[10, 11, 12, 13]
print(id(a))
print(id(a[0]))
print(id(a[1]))
print(id(a[2]))
a[1]=21
print(id(a))
print(id(a[0]))
print(id(a[1]))
print(id(a[2]))
b=a
print(id(b))
print(id(b[0]))
print(id(b[1]))
print(id(b[2]))
b=[30, 31, 32, 33]
print(id(b))
print(id(b[0]))
print(id(b[1]))
print(id(b[2]))
print(id(b[3]))
```

〈화면 출력〉

```
2483374094024
1721550800
1721550832
1721550864
2483374094024
1721550800
1721551152
1721550864
2483374094024
1721550800
1721551152
1721550864
2483374160520
1721551440
1721551472
1721551504
1721551536
```

메모리 주소이므로 코딩 결과는 다르게 나온다.

함수에서 리스트명을 return 하는 프로그램을 살펴보자.

```
def fk(cb):
   total=0
   for sb in range(0, 3, 1):
      total=total+cb[sb]
   cb[2]=total
   return cb # ---> ①
ca=[10, 20, 30]
print(ca)
cd=fk(ca) # ---> ②
print(ca) # ---> ③
print(cd) # ---> ④
```

〈화면 출력〉

```
[10, 20, 30]
[10, 20, 60]
[10, 20, 60]
```

①에서는 리스트명 cb를 반환하고, ②에서 cb가 반환되어 fk(ca) 위로 전달된다. 이때 cb에 별명으로 cd가 생기게 되는데, 결과적으로 ca, cb, cd는 동일한 메모리 공간을 가리키게 된다. 즉, ca는 cb와 cd라는 별명을 가지게 되는 것이다. 당연히 함수가 소멸하면 cb도 소멸된다. ③와 ④의 출력 결과를 보면 동일한 결과가 출력되는 것을 확인할 수 있다.

3 〉 최댓값 찾기 (1)

정렬은 데이터를 순서대로 정리하는 것으로, 오름차순(작은 수에서 큰 수로)이나 내림차순(큰 수에서 작은 수로)으로 정렬할 수 있다. 이를 위해서는 현재 데이터들 중에서 가장 큰 수 또는 가장 작은 수를 찾을 수 있어야 한다. 〈7장〉에서는 3개의 변수 중 가장 큰 값을 찾는 프로그램을 작성했는데, 이번에는 동일한 알고리즘을 리스트 변수에 적용하여 리스트 내에서 가장 큰 값 또는 가장 작은 값을 찾는 프로그램을 작성해 보자.

문제 1 리스트에서 가장 큰 값 찾기 프로그램 작성하기 문제 정답은 402쪽 참고

ca=[10, 17, 13, 11]으로 정의된 리스트에서 최댓값을 구하는 프로그램을 작성하고, 리스트 변수명의 규칙성을 이용하여 for 문으로 작성하세요.

- 오른쪽에 최댓값을 찾는 알고리즘을 순서도를 보며 순서도대로 작성한다.
- 이전 프로그램과 동일하게 작성하는데, 비교해야 할 정수가 4개이고, 변수명이 리스트일 뿐이다.

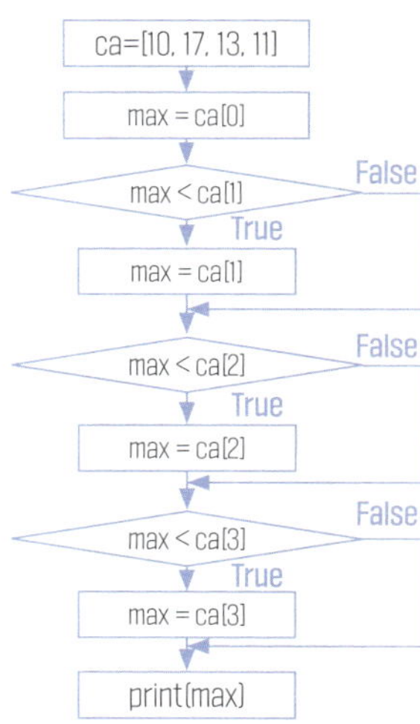

문제 2 규칙성을 찾아 for 문으로 프로그램을 변경하세요. 문제 정답은 403쪽 참고

힌트 : range( ) 함수를 이용해 큰 바구니를 만든다.

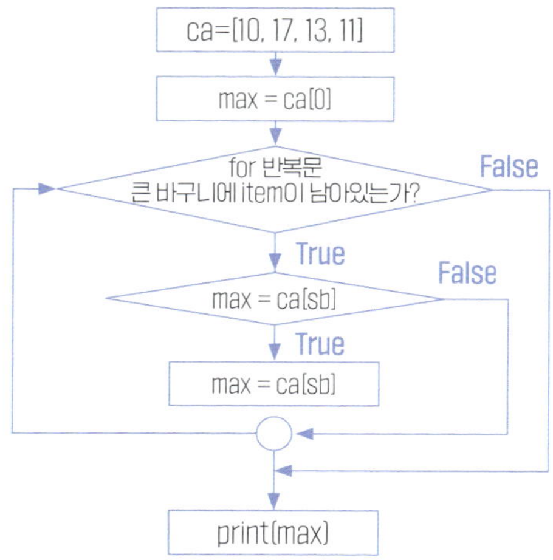

문제 3 for 문 작성 시 리스트를 큰 바구니로 사용하고 작은 바구니의 이름으로 최댓값 찾아내도록 프로그램을 작성하세요. 문제 정답은 403쪽 참고

힌트 : ca 리스트를 큰 바구니로 사용한다.

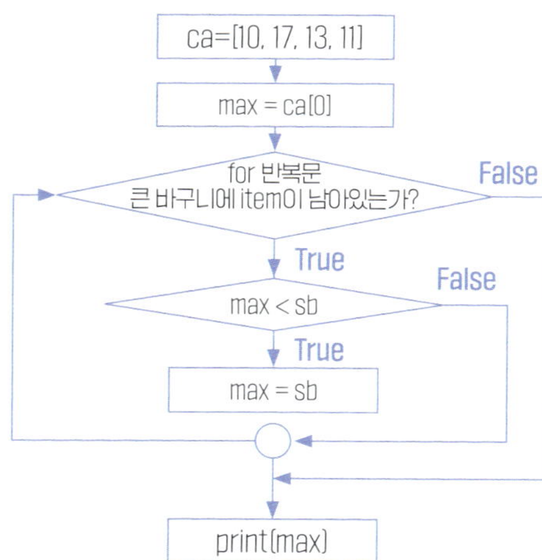

4 〉 선택 정렬

지금까지는 최댓값을 찾아서 swap 하는 알고리즘을 이용해 정렬을 해왔다. 이번에는 이를 응용하여 선택 정렬 프로그램을 작성해 본다.

선택 정렬 알고리즘은 주어진 요소 중에서 가장 작은 값을 골라 첫 번째 위치의 요소와 최솟값을 서로 맞바꾸는 과정을 모든 요소가 정렬될 때까지 반복하는 알고리즘이며, 이를 위해 최솟값을 찾는 알고리즘을 사용한다.

이 알고리즘은 맨 0번째 수를 무조건 min 변수에 저장하고, 첫 번째 수와 비교해 첫 번째 수가 더 작으면 첫 번째 수를 min 변수에 저장하는 것이다. 이제 우리는 이 알고리즘을 파이썬 코드로 변환하는 것이다.

Step (1)

리스트에 5개의 아이템이 있을 때, 가장 작은 최솟값(10)을 찾고 해당 값의 인덱스(1번째)를 minix 변수에 저장한다. 그 후, ca[0]과 ca[minix]의 데이터를 서로 맞바꿔 맨 왼쪽(0번째)에 가장 작은 값을 위치하도록 한다.

```
# 선택 정렬
ca=[21,10,11,15,13]
mina=ca[0] # ---> ①
minix=0 # --> ②
for sb in range(1, 5, 1): # --> ③
    if mina > ca[sb]: # --> ④
        mina=ca[sb]
        minix=sb

temp=ca[0] # --> ⑤
ca[0]=ca[minix]
ca[minix]=temp
print(ca)
```

〈화면 출력〉

```
[10, 21, 11, 15, 13]
```

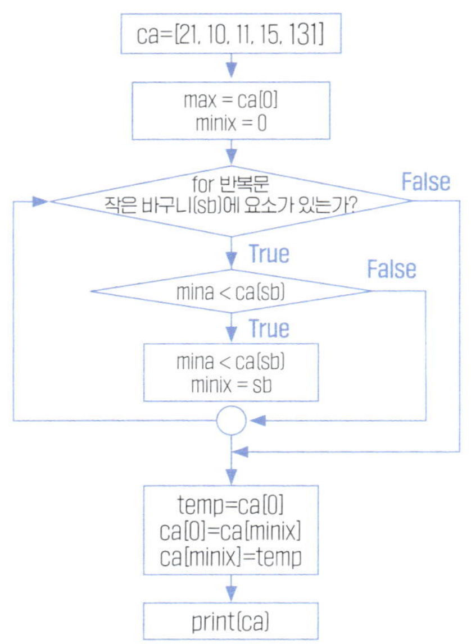

코드 설명

① 리스트의 첫 번째 아이템(ca[0])은 비교 대상이 없기 때문에, 다른 비교 대상이 나오기 전까지 무조건 최솟값으로 간주되며, 이를 mina에 저장한다.

② 지금까지 최솟값의 위치(0)를 minix 변수에 저장한다.

③ 반복문을 이용하여 리스트의 두 번째 아이템부터 비교를 시작한다.

④ 이전까지의 최솟값이 저장되어 있는 mina 변수와 다른 리스트 변수를 비교하여, mina 변수보다 작은 값이 있으면 그 값을 mina에 저장하고, 그 위치를 minix에 저장한다. for 문은 총 4번 반복된다. 이 과정을 통해 5개의 아이템 중 가장 작은 값을 mina에 저장하고, 해당 위치를 minix에 저장한다.

⑤ 반복문이 끝난 후, 최솟값이 위치한 인덱스(minix)와 0번째 인덱스의 값을 서로 맞바꾼다. 이를 위해 최솟값이 위치한 인덱스를 minix에 저장해 놓는 것이다.

Step (2)

나머지 4개의 수 중에서 가장 작은 수와 ca[1]에 위치한 수와 서로 맞바꾸는 프로그램을 추가한다.

```
# 선택 정렬
ca=[21,10,11,15,13]
mina=ca[0]
minix=0
for sb in range(1, 5, 1):
    if mina > ca[sb]:
        mina=ca[sb]
        minix=sb
temp=ca[0]
ca[0]=ca[minix]
ca[minix]=temp
print(ca)
mina=ca[1] # ---> ①
minix=1 # ---> ②
for sb in range(2, 5, 1): # ---> ③
    if mina > ca[sb]: # ---> ④
        mina=ca[sb]
        minix=sb

temp=ca[1] # --> ⑤
ca[1]=ca[minix]
ca[minix]=temp
print(ca)
```

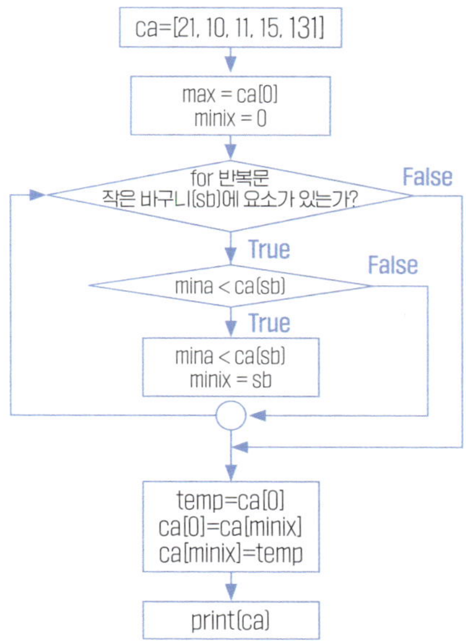

〈화면 출력〉

```
[10, 21, 11, 15, 13]
[10, 11, 21, 15, 13]
```

코드 설명

① 첫 번째 item(ca[1])은 비교 대상이 없으므로 다른 비교 대상이 있기 전까지 무조건 최솟값이므로 mina에 저장한다.

② 지금까지 최솟값 위치(1)를 minix 변수에 저장한다.

③ 반복문을 이용해 index 두 번째부터 비교를 시작한다.

④ 지금까지의 최솟값이 저장되어 있는 mina 변수와 나머지 다른 리스트 변수를 비교하여 mina 변수보다 작은 값이 있으면 그 값을 mina에 저장하고 그 위치를 minix에 저장하는 것이다. for 문을 3번 반복한다. 그 결과 4개의 item 중 최솟값이 mina에 저장되고, 최솟값의 위치가 minix에 저장된다.

⑤ 반복문이 끝난 후 최솟값이 들어 있는 위치와 1번째 위치의 값을 서로 맞바꾼다. 이를 위해 최솟값이 들어있는 위치를 minix에 저장해 놓는 것이다.

step (3), (4)

리스트 index 2에 index 2, 3, 4의 값중 최솟값을 찾아 index 2와 서로 swap 하는 과정과 index3에 index 3, 4의 값 중 최솟값을 찾아 index 3과 서로 swap 하는 과정이 추가되었다.

```
# 선택 정렬
# ca[2]번째에 나머지 3개의 수 중에서 가장 작은 수와 서로 맞바꾸는 프로그램을 추가
ca=[21,10,11,15,13]
mina=ca[0]
minix=0
for sb in range(1, 5, 1):
    if mina > ca[sb]:
        mina=ca[sb]
        minix=sb
temp=ca[0]
ca[0]=ca[minix]
ca[minix]=temp
print(ca)
mina=ca[1]
minix=1
for sb in range(2, 5, 1):
    if mina > ca[sb]:
        mina=ca[sb]
```

```
# 선택 정렬
# 나머지 2개의 수 중 가장 작은 수를 ca[3]의 수와 서로 맞바꾸는 명령어 추가
ca=[21,10,11,15,13]
mina=ca[0]
minix=0
for sb in range(1, 5, 1):
    if mina > ca[sb]:
        mina=ca[sb]
        minix=sb
temp=ca[0]
ca[0]=ca[minix]
ca[minix]=temp
print(ca)
mina=ca[1]
minix=1
for sb in range(2, 5, 1):
    if mina > ca[sb]:
        mina=ca[sb]
        minix=sb
```

``
        minix=sb
temp=ca[2]
ca[2]=ca[minix]
ca[minix]=temp
print(ca)
``
	``
	temp=ca[2]
	ca[2]=ca[minix]
	ca[minix]=temp
	print(ca)
	mina=ca[3]
	minix=3
	for sb in range(4, 5, 1):
	    if mina > ca[sb]:
	        mina=ca[sb]
	        minix=sb
	temp=ca[3]
	ca[3]=ca[minix]
	ca[minix]=temp
	print(ca)
	``

〈화면 출력〉 [10, 21, 11, 15, 13] [10, 11, 21, 15, 13] [10, 11, 13, 15, 21]	**〈화면 출력〉** [10, 21, 11, 15, 13] [10, 11, 21, 15, 13] [10, 11, 13, 15, 21] [10, 11, 13, 15, 21]

이렇게 모든 과정이 끝나면 0번째부터 4번째까지 모든 수가 작은 수에서 큰 수로 정렬되어 있는 것을 확인할 수 있다. 이것이 선택 정렬 알고리즘을 파이썬으로 코딩하는 과정이다. 우리가 공부해야 할 부분은 이 알고리즘을 생각해 내는 것이 아니라 이미 만들어진 이 선택 알고리즘을 파이썬 언어로 구현하는 것이다.

문제 4 이중 for 문으로 선택 정렬 작성하기

지금까지 4단계에서 4번의 for 문을 사용하여 선택 정렬 프로그램을 작성하였다. 4장에서 구구단을 2중 for 문으로 작성하는 과정과 동일하게 코드를 보면서 눈으로 규칙성을 찾을 수 있을 것이다. 이 규칙성을 찾아서 중첩된 for 문으로 변경해 보세요. 문제 정답은 404쪽 참고

- 오른쪽에 코딩 과정의 힌트로 제시한 순서도를 참고해도 좋지만, 위에서 직접 작성한 코드를 시각적으로 보고 규칙성을 찾아 중첩된 for 문으로 작성한다.

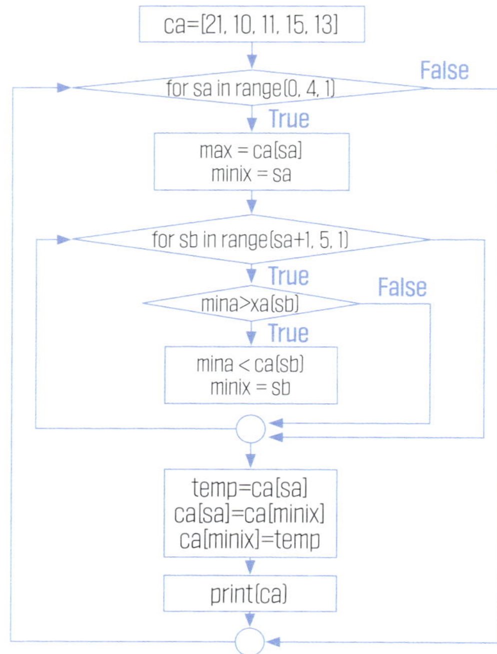

문제 5 앞서 살펴본 선택 정렬 프로그램에서 선택 정렬 부분을 fsort 함수로 정의하고 제시한 코드로 호출하여 데이터가 정렬되도록 프로그램을 작성하세요.

문제 정답은 405쪽 참고

```
ca=[21,10,11,15,13]
fselsort(ca)
```

5 〉 최댓값 찾기 (2)

리스트는 이름에 규칙성이 있기 때문에 데이터를 효율적으로 처리할 때 아주 좋은 데이터형이다. 리스트로 프로그램하는 연습을 좀 더 하기 위해 데이터를 리스트로 정의하고 최댓값을 구하는 함수 fmax를 정의하고 함수를 호출하여 최댓값을 반환하는 프로그램을 작성한다.

```
su=[5, 4, 7, 10, 6]
```

매개변수와 인수 (1)

- 함수 호출 시 매개변수는 su[0],su[1],su[2],su[3],su[4]다.

다음 각각의 프로그램은 모두 최댓값을 찾는 프로그램이다. 하지만 매개변수의 형태를 다르게 코딩하였다. 나중에 리스트를 활용한 코딩을 할 때 데이터의 특성에 따라 효율적인 방법을 선택하여 사용할 수 있도록 연습하는 것이 중요하다.

다음 코드에서 ①, ②, ③, ④, ⑤는 불필요하지만 이해를 돕기 위해 작성했다.

- 대입 연산자의 오른쪽은 함수 호출 시 인수로, 왼쪽은 함수 정의시 매개변수로 사용된다.
- ⑥에서 함수 호출 시 대입 연산자 오른쪽에 있는 ①, ②, ③, ④, ⑤가 매개변수로 사용된다.
- 함수 정의 시 대입 연산자 왼쪽에 있는 ①, ②, ③, ④, ⑤가 매개변수로 사용된다.

잠깐만요

다음 코드는 Step 별로 진행되어 문제와 정답이 제시되어 있다. 문제 부분을 먼저 살펴보고 스스로 작성한 다음 정답을 확인하자.

```
# [Step 1] 연습을 위해 이름에 규칙성이 없는 변수명을 매개변수로 사용하였다. 다음 프로그램은 변수의 규칙성이 없어서 반복문을 사용할 수 없다.

su=[5, 4, 7, 10, 6]

def fmax(a, b, c, d, e): # ---> ⑦
    max=a
    if max < b:
        max=b
    if max < c:
        max=c
    if max < d:
        max=d
    if max < e:
        max=e
    return max

a=su[0] # ---> ①
b=su[1] # ---> ②
c=su[2] # ---> ③
d=su[3] # ---> ④
e=su[4] # ---> ⑤

max=fmax(su[0],su[1],su[2],su[3],su[4])
                                    # ---> ⑥
print("최댓값 max는", max)
```

```
# [Step 2] 변수의 규칙성이 없는 매개변수로 받은 데이터를 리스트 변수로 저장하여 규칙성을 찾도록 프로그램을 작성한다.

su=[5, 4, 7, 10, 6]

def fmax(a, b, c, d, e):
    fu=[Step 2 - 문제 1]
    max=fu[0]
    if max < fu[1]:
        maxfu[1]
    if max < fu[2]:
        max=fu[2]
    if max < fu[3]:
        max=fu[3]
    if max < fu[4]:
        max=fu[4]
    return max

a=su[0]
b=su[1]
c=su[2]
d=su[3]
e=su[4]

max=fmax(su[0],su[1],su[2],su[3],su[4])
print("최댓값 max는", max)
```

[Step 2 - 문제1] 왼쪽 코드의 변수명은 규칙성이 없다. 규칙성을 이용하기 위해 매개변수 5개를 리스트로 정의하도록 코드를 변경한다.

[Step 2 - 문제 2] 왼쪽의 규칙성을 찾아 for 문으로 변경한다.

• 규칙성을 찾아서 for 문으로 변경한다.

```
# [Step 3] Step 2의 규칙성을 찾아 반복문으로 변경하자. 반복문의 큰 바구니 range 함수를 사용한다.
su=[5, 4, 7, 10, 6]

def fmax(a, b, c, d, e):
    fu=[a, b, c, d, e]          [Step 2 - 문제 1] 정답
    max=fu[0]
    for i in range(1, 5, 1):    Step 2 - 문제 2] 정답
        if max < fu[i]:
            max=fu[i]
    return max
a=su[0]
b=su[1]
c=su[2]
d=su[3]
e=su[4]
max=fmax(su[0],su[1],su[2],su[3],su[4])
print("최댓값 max는", max)
```

[Step 3 - 문제] range 함수 대신 리스트를 큰 바구니로 사용한다.

```
# [Step 4] Step 2의 규칙성을 찾아 반복문으로 변경하자. 반복문의 큰 바구니 리스트를 사용한다.
su=[5, 4, 7, 10, 6]

def fmax(a, b, c, d, e):
    fu=[a, b, c, d, e]
    max=fu[0]
    for sfu in fu:              [Step 3 - 문제] 정답
        if max < sfu:
            max=sfu
    return max
a=su[0]
b=su[1]
c=su[2]
d=su[3]
e=su[4]
max=fmax(su[0],su[1],su[2],su[3],su[4])
print("최댓값 max는", max)
```

[Step 4 - 문제] fu=[]로 선언하고 메소드 함수 append로 데이터를 추가한다.

매개변수와 인수 (2)

리스트에서 append 메소드는 아직 결정되지 않은 데이터를 프로그램과 실행하면서 동적으로 저장하고 처리하는 데 중요하다. 비어있는 리스트를 정의하고 매개변수의 값을 리스트에 추가하는 프로그램을 작성해 보자.

```
# [Step 5] fmax 함수에 빈 리스트를 생성하고 append 함수로 데이터를 저장한다.
su=[5, 4, 7, 10, 6]
def fmax(a, b, c, d, e):
    fu=[]
    fu.append(a)
    fu.append(b)                [Step 4 - 문제] 정답
    fu.append(c)
    fu.append(d)
    fu.append(e)
max=fu[0]
for sfu in fu:
if max < sfu:
```

```
# [Step 6] fmax 함수를 호출 시 리스트명을 인수로 사용하였다. 매개변수를 완성한다.
su=[5, 4, 7, 10, 6]
def fmax( ① ):
    max=fu[0]
    for sfu in fu:
        if max < sfu:
            max=s f u
    return max

max=fmax(su)
print("최댓값 max는", max)
```

[Step 6 - 문제] ①의 매개변수를 완성한다.

```
max=s f u
return maxfu.append(d)
    fu.append(e)
    max=fu[0]
    for sfu in fu:
       if max < sfu:
           max=s f u
    return max

max=fmax(su[0], su[1], su[2],
su[3], su[4])
print("최댓값 max는", max)
```

• 리스트의 이름을 매개변수로 하여 fmax 함수를 호출한다.

[문제 6] 왼쪽 [Step 7]의 최댓값을 구하는 fmax 함수를 참고하여, su=[5, 4, 7, 10, 6] 중 최솟값을 구하는 fmin 함수를 정의하고 호출하는 프로그램을 완성해 보자.
문제 정답은 405쪽 참고

[Step 6 - 문제] 정답

```
#[Step 7] fmax 함수의 인수를 su 리스트로 사용한다.
su=[5, 4, 7, 10, 6]
def fmax(fu): # ---> ③
    max=fu[0]
    for i in range(1, 5, 1):
        if max < fu[i]:
            max=fu[i]
    return max
fu=su # ---> ①
max=fmax(su) # ---> ②
print("최댓값 max는", max)
```

```
su=[5, 4, 7, 10, 6]

mina=fmin(su)
print("최솟값 mina는", mina)
```

코드 설명

① fu = su는 실제로 불필요한 코드이지만 함수 호출 시 매개변수(r_value)와 함수 정의 시 매개변수(l_value)의 관계를 시각적으로 설명하기 위해서 추가적으로 코딩하였다.

② 함수를 호출할 때 매개변수로 r_value인 리스트 su를 사용한다.

③ 매개변수로 l_value인 fu를 사용한다. su 리스트 변수의 주소인 data1000이 fu 변수에 할당(저장)되어, fu 리스트는 su 리스트와 동일한 리스트 목록의 첫번째 리스트인 su[0]을 가리키고, su[0]은 별명 fu[0]이 생성된다.

6 〉 딕셔너리를 매개변수로 사용

파이썬에서 딕셔너리는 매우 유용한 데이터 타입 중 하나이다. 딕셔너리는 키-값 쌍으로 이루어진 자료형으로, 특정 키를 사용하여 해당 키에 연결된 값을 찾을 수 있다. 또한, 함수 내에서 딕셔너리를 다루기 위해서는 해당 딕셔너리를 매개변수로 사용할 수 있다. 딕셔너리를 매개변수로 사용하는 방법에 대해 알아보자.

딕셔너리를 매개변수로 사용하는 코드 (1)

딕셔너리 데이터형을 매개변수로 사용하여 함수를 작성하기 전에 딕셔너리 a가 가리키는 데이터를 변수 x도 가리키게 하고 x를 이용하여 데이터를 처리해 보자.

```
a={1:"월", "tue":"화", "wed":"수"}
print(a)
x=a # ----------> ①
print(x) # -----> ②
x[1]="일" # ----> ③
print(x) # -----> ④
print(a) # -----> ⑤
```

〈화면 출력〉

```
{1: '월', 'tue': '화', 'wed': '수'}
{1: '월', 'tue': '화', 'wed': '수'}
{1: '일', 'tue': '화', 'wed': '수'}
{1: '일', 'tue': '화', 'wed': '수'}
```

코드 설명

① a 변수의 데이터 주소를 x 변수에 할당하여 x도 a와 같은 데이터를 가리키도록 한다.

② x와 a가 같은 데이터를 참조하는지 확인한다.

③ 딕셔너리 x에서 key가 1인 value "월"을 "일"로 변경한다.

④, ⑤에서 변경된 것을 확인할 수 있다.

딕셔너리를 매개변수로 사용하는 코드 (1)

딕셔너리를 매개변수로 사용하는 코드 (1) 프로그램을 함수로 작성해 보자. 딕셔너리를 함수 매개변수로 사용한다. 딕셔너리를 매개변수로 사용는 코드 (1)의 ① 에서 x=a를 함수로 작성하면서 l_value인 x를 함수를 정의할 때 매개변수로 r_value인 a를 함수를 호출할 때 매개변수로 나누어 사용한다. 딕셔너리를 매개변수로 사용는 코드 (1)에서 ③의 명령어는 fch 함수를 정의하는 데 사용한다.

```
def fch(x):
    x[1]="일" # ----> ③
a={1:"월", "tue":"화", "wed":"수"}
print(a)
fch(a)
print(a)
```

〈화면 출력〉

```
{1: '월', 'tue': '화', 'wed': '수'}
{1: '일', 'tue': '화', 'wed': '수'}
```

ChatGPT 활용하기

파이썬 코드를 확인하다 보면 *를 곱하기가 아닌 부분에서 사용한 경우를 볼 수가 있다. 이러한 경우 다음과 같이 궁금한 부분을 ChatGPT에게 질문하여 유용하게 학습할 수 있다.

파이썬에서 * 의 의미를 설명해줘.

파이썬에서 *는 여러 가지 의미로 사용될 수 있습니다.

1. 곱셈 연산자

*은 곱셈 연산자로 사용됩니다. 예를 들어, 2 * 3은 6을 반환합니다.

2. 제곱 연산자

**은 제곱 연산자로 사용됩니다. 예를 들어, 2 ** 3은 8을 반환합니다.

3. 가변 인자

함수의 매개변수로 *를 사용하면 가변 인자(variable-length argument)를 받을 수 있습니다. 가변 인자란, 함수를 호출할 때 전달하는 인자의 개수가 가변적일 때 사용합니다. 가변 인자는 튜플(tuple)로 처리됩니다. 예를 들어,

```
def my_func(*args):
    for arg in args:
        print(arg)

my_func(1, 2, 3, 4, 5)
```

위의 함수는 호출할 때 전달하는 인자의 개수가 가변적이므로, 모든 인자를 args 변수에 튜플로 저장합니다. 그리고 for 문을 이용하여 각각의 인자를 출력합니다.

4. 키워드 가변 인자

함수의 매개변수로 **를 사용하면 키워드 가변 인자(keyword variable-length argument)를 받을 수 있습니다. 키워드 가변 인자는 딕셔너리(dictionary)로 처리됩니다. 예를 들어,

```
def my_func(**kwargs):
    for key, value in kwargs.items():
        print(key, value)

my_func(name='John', age=30, gender='Male')
```

위의 함수는 호출할 때 키워드 인자를 딕셔너리 형태로 kwargs 변수에 저장합니다. 그리고 for 문을 이용하여 각각의 키와 값을 출력합니다.

| 9장 |

클래스 (1)

학습 목표

클래스는 데이터를 사용자가 편하게 다룰 수 있도록 '사용자가 정의한 데이터형'이다. 프로그램 코딩과정에서 필요한 데이터형을 정의하고 사용함으로써 프로그램의 효율성을 높일 수 있다. 이 책에서 클래스를 학습하는 목적은 import 하여 사용하는 전문가가 작성한 프로그램을 이해하기 쉽도록 하기 위한 것이다. 클래스를 정의하고 사용할 수 있어야만 import 한 프로그램의 보이지 않는 구성을 추측해서 유연하게 사용할 수 있다.

만들어 보기

6장에서 함수로 만들었던 피자 주문과 주문내역을 화면에 출력하는 코드를 클래스로 정의하고 출력하는 프로그램으로 작성해 보자.

프로그램 업그레이드 하기

이번 장까지 만들어 놓은 프로그램은 텍스트 프로그램이었다. 실제 음식을 주문할 때 문자를 입력하는 경우는 거의 없다. 손이나 마우스로 클릭할 수 있는 화면으로 업그레이드가 필요하다.

프로젝트 결과물

[Step 1] 피자 종류 선택

```
피자를 선택해주세요.
페퍼로니 피자 (3000원)
치즈 피자 (3200원)
콤비네이션 피자 (3500원)
불고기 피자 (3600원)
해산물 피자 (3800원)
```

[Step 2] 피자 선택

```
메뉴 이름을 입력하세요 (종료는 exit): 불고기 피자
```

[Step 3] 수량 선택

```
메뉴 이름을 입력하세요 (종료는 exit): 불고기 피자
수량을 입력하세요: 2
```

[Step 4] 메뉴를 묻는다. exit를 입력할 때까지 반복해서 메뉴 입력 가능

```
메뉴 이름을 입력하세요 (종료는 exit): 불고기 피자
수량을 입력하세요: 2
메뉴 이름을 입력하세요 (종료는 exit): exit
```

[Step 5] 음료수 화면 출력

```
음료수를 선택해주세요
콜라 (1500원)
사이다 (1500원)
생수 (1000원)
```

[Step 6] 음료수 선택

```
메뉴 이름을 입력하세요 (종료는 exit): 콜라
```

[Step 7] 수량 선택

```
메뉴 이름을 입력하세요 (종료는 exit): 콜라
수량을 입력하세요: 2
```

[Step 8] 음료를 다시 묻는다. exit 입력하면 종료

```
메뉴 이름을 입력하세요 (종료는 exit): 콜라
수량을 입력하세요: 2
메뉴 이름을 입력하세요 (종료는 exit): exit
```

[Step 9] 주문내역을 출력

```
주문 내역:
 - 불고기 피자 (3600원) x 2 = 7200원

총 가격: 7200원
주문 내역:
 - 콜라 (1500원) x 2 = 3000원

총 가격: 3000원
****************************************
피자와 음료 총 가격: 10200
```

[Step 1] Menu 클래스의 pizza_menu 객체 생성 후 menu 멤버 변수 이용 피자 종류 화면 출력

[Step 2, 3, 4] select 메소드로 피자 메뉴와 수량 선택

[Step 5] Menu 클래스의 drink_menu 객체 생성 후 menu 멤버 변수 이용 음료수 화면 출력

[Step 6, 7, 8] select 메소드로 음료 메뉴와 수량 선택

[Step 9] print_order 메소드로 화면 출력

1 〉 클래스

클래스에는 Built-In class와 사용자가 정의하는 class가 있다. 우선 사용자가 정의하는 클래스를 다루어 보고 이를 바탕으로 Built-In class를 이해해 보자.

1.1 클래스 구성

클래스는 객체를 생성하는 템플릿(틀)이다. 클래스는 멤버 함수(메소드)와 멤버 변수로 구성되어 있다.

1. **멤버 함수(메소드)** : 클래스 내에 정의되어 있는 함수이다. 매개변수는 반드시 self를 포함하여야 한다.
2. **멤버 변수** : 클래스 내에 정의되어 있는 변수로 self.변수명으로 정의한다.

클래스는 함수의 확장된 개념으로 이해하면 좀 더 쉽게 접근할 수 있다.

이때 클래스는 멤버 함수(메소드)와 멤버 변수의 정의로 구성되어 있고, 이 클래스를 사용하기 위해서는 클래스의 객체를 생성해야 한다.

1.2 클래스 정의 형식

syntax : 클래스 정의

class 클래스 이름: → (들여쓰기) def 함수이름(self): self.변수	class Pizzaclass: → (들여쓰기) def order(self): 명령문 self.kind=10

클래스 이름은 반드시 대문자로 시작해야 한다. 클래스 이름 뒤에는 반드시 콜론(:)이 와야 한다. 들여쓰기가 적용된 부분까지가 클래스의 정의 부분이다. 클래스 내부에 있는 함수 중 매개변수로 self가 있는 함수를 '멤버 함수'라고 하며, 멤버 함수 내에서 self.변수로 정의된 변수는 멤버 변수를 의미한다. 멤버 함수와 멤버 변수는 클래스의 객체를 생성해야만 접근할 수 있는 함수와 변수를 의미한다.

1.3 객체 생성

객체를 생성하고 객체 내부를 확인하면서 이해해 보자.

syntax : 객체 생성

객체 이름 = 클래스 이름(인수)	na = Pizzaclass()

객체 생성은 지금까지 만들어 온 변수 생성과 동일하다. 객체를 생성하면 객체 내에 멤버 변수와 멤버 함수가 같이 생성된다.

1.4 객체의 멤버 접근

객체의 멤버(멤버 변수, 멤버 함수)에 접근하기 위해서는 접근 연산자(.)를 이용한다.

```
cala=Calculator()
cala.setinit()
```

사용자가 정의한 데이터형을 클래스라고 하며, 이 클래스를 구체화한 것이 객체이다. 객체 내부에 존재하는 멤버 함수와 멤버 변수에 접근하기 위해서는 접근 연산자(.)를 사용해야 한다.

지금까지는 클래스의 개념적인 설명을 다루었지만, 이제는 실제로 클래스를 정의하고 사용하는 코드를 예시로 설명한다. 이를 통해 쉽게 클래스의 개념과 사용법을 이해할 수 있을 것이다.

클래스 정의 코드 (1)

멤버 함수(메소드)를 정의한다.

```
class Cexm: # ---------> ①
    def fsam(self): # ---> ②
        print("멤버 함수(메소드)")

ca=Cexm() # --------> ③
ca.fsam() # -----------> ④
```

〈객체 생성 후 객체 내부〉

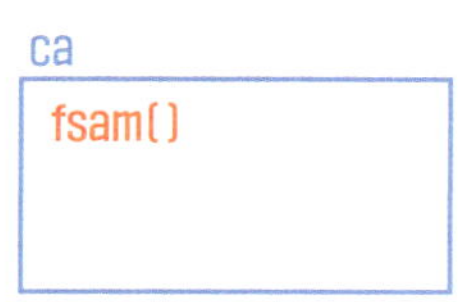

코드 설명

① Cexm 클래스를 정의할 때는 함수와 달리 ()를 사용하지 않는다는 것이 특징이다. 함수는 인수 사용 여부와 상관없이 ()를 사용하는 반면, 클래스는 정의 시 괄호를 사용하지 않는다.

② 멤버 함수는 〈6장〉에서 학습한 함수와 유사하게 정의했지만 클래스 내부에서 정의되어 객체 생성 시 자동으로 객체 내부에 정의되는 함수이며 이것이 멤버 함수임을 알려주는 특별한 매개변수인 self를 사용해야 한다는 문법적 제약이 있다. 클래스 내부에 정의된 함수로 객체 생성 시 자동으로 객체 내부에 정의되는 함수가 멤버 함수이고 멤버 함수임을 알려주는 syntax가 매개변수로 사용되는 self라고 이해하도록 하자.

③ 객체를 생성하면 클래스에 정의된 멤버 함수의 정의도 함께 생성된다. 이때, 객체 내부를 그림으로 시각화하여 기억하는 것이 도움이 된다.

④ 객체 내부에 있는 멤버 함수에 접근하기 위해서는 접근 연산자(.)를 사용해야 한다. 접근 연산자를 이용해 멤버 함수를 호출하면 멤버 함수가 실행되면서 출력된다. 함수가 실행되기 위해서는 함수를 호출해야만 했던 것처럼 멤버 함수도 호출해야만 실행된다. 단, 객체 내부에 생성되어 있으므로 반드시 접근 연산자를 이용해서 호출해야 한다.

컴파일러는 코드를 위에서 아래로 읽으면서 ①에서 클래스 Cexm이 정의되어 있는 것을 확인한다. 그 다음으로 ③에서 객체를 생성하고 ④에서 멤버 함수를 호출하는 순서로 프로그램이 실행된다.

클래스 정의 코드 (2)

멤버 함수(메소드)와 멤버 변수를 정의한다.

```
class Cexm:
    def fsam(self):
        print("멤버 함수(메소드)")
    def fsbm(self, pa): # ----------------> ①
        self.x=pa # --------------------> ②
        print("멤버 변수 x는", self.x)  # -> ③

ca=Cexm() # ---------------------------> ④
ca.fsam() # ----------------------------> ⑤
ca.fsbm(10) # --------------------------> ⑥
```

〈화면 출력〉

멤버 함수(메소드)
멤버 변수 x는 10

〈객체 생성 후 객체 내부〉

④ ca 객체 생성 후의 객체 내부

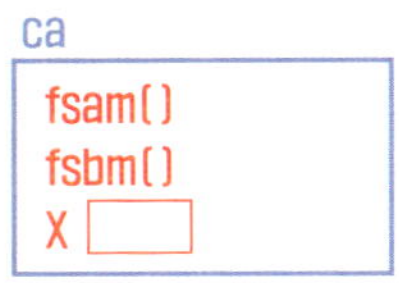

⑥ 실행 후의 ca 객체 내부

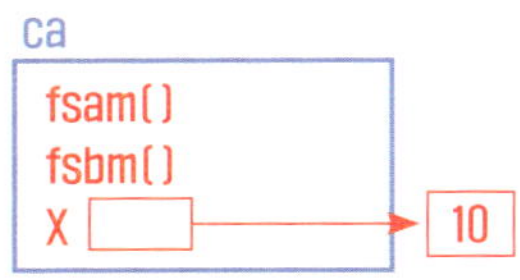

코드 설명

① 멤버 함수 fsam은 매개변수로 pa를 받는다.

② self.x는 멤버 변수이며, 멤버 변수를 생성하기 위해 self를 사용해야 한다.

④ 객체 ca를 생성하면 위의 그림과 같이 멤버 함수 fsam(), fsbm() 2개와 멤버 변수 x가 ca 객체 내부에 생성된다.

⑤ ca 객체의 멤버 함수를 호출하려면 접근 연산자를 사용하여 fsam() 함수를 호출해야 한다. 객체 생성 후 내부에 생성된 멤버 함수와 멤버 변수에 접근하려면 접근 연산자를 사용해야 한다.

⑥ 멤버 함수 fsbm(10)을 호출한다. 함수에 정의된 매개변수 pa에는 정수 10이 저장된 주소 data가 할당되어 pa 변수가 정수 10을 가리킨다. ②에서 self.x는 left value로 사용되어 pa 매개변수의 주소 data가 멤버 변수 x에 할당되어 정수 10을 가리킨다. ③에서 멤버 변수 x가 가리키는 정수 10이 화면에 출력된다.

프로그램의 진행 순서를 살펴보면 컴파일러는 위에서 아래로 프로그램을 읽으면서 Class Cexm이 정의되어 있다는 것만 확인하고, 클래스 정의가 끝난 ④에서 명령어를 실행하여 객체 ca를 생성한다. ⑤에서 멤버 함수 fsam()이 호출되어 실행되고, ⑥에서 멤버 함수 fsbm(10)이 호출되고 실행된다.

1.5 초기화 메소드 : __init__

초기화 메소드는 초기화(initialize)의 약자이다. 지금까지 객체를 생성할 때 눈에는 보이지 않았지만 항상 __init__ 초기화 메소드가 자동으로 호출되었다. 이를 생성자라고도 하는데 실제 하는 일이 정의되어 있지는 않은 상태이다. 이 초기화 메소드의 정의를 우리가 작성하는 클래스에 필요한 명령어를 추가하여 완성함으로써 효율적으로 사용할 수 있다. __(언더바)로 시작하는 정의들은 파이썬에서 제공하는 기능이다. 이 초기화 메소드를 활용하여 인수가 있는 객체를 생성할 수 있다.

```
class Cexm:
    def fsam(self):
        print("멤버 함수(메소드)")
    def __init__(self, pa): # ------------> ①
        self.x=pa
        print("멤버 변수 x는", self.x) # -> ③

ca=Cexm(10) # -------------------------> ②
ca.fsam()
```

〈화면 출력〉

```
멤버 변수 x는 10
멤버 함수(메소드)
```

코드 설명

프로그램의 진행 순서를 살펴보면 컴파일러가 위에서 아래로 프로그램을 읽으면서 Class Cexm이 정의되어 있다는 것만 확인하고 클래스 정의가 끝난 ②에서 명령어를 실행하여 객체 ca를 생성한다.

이때 클래스에 정의되어 있는 ①에서 __init __ 메소드가 자동으로 호출되는데, __init __ 메소드는 매개변수가 하나 정의되어 있다.

객체를 생성할 때 ca = Cexm(10)와 같이 클래스에 인수를 하나 넣어 객체를 생성하고 __init __ 생성자가 자동으로 호출되면서 ③이 화면에 출력된다.

이후에 살펴볼 프로그램 코드에서 fsbm 멤버 함수가 하는 일과 __init__ 함수가 해야 하는 기능이 동일하게 정의되어 있다. 차이점은 fsbm은 반드시 명시적으로 이름을 호출해야 하지만 __init__는 객체 생성시 자동으로 호출된다는 점이다. 즉, 우리가 객체 생성시 반드시 해야 할 기능들을 init 초기화 메소드에 정의해 놓으면 편리하다.

1.6 self

self는 다음과 같은 의미를 가지고 있다.

- 파이썬의 메소드에 사용되는 self는 메소드가 속해있는 객체 '자신(self)'을 의미한다.
- 메소드에서는 자신의 이름이 정의되기 전에 생성되어 있는 정의이기 때문에 자신의 이름을 지칭할 수 없어 self를 사용한다.
- 객체를 생성 후에는 객체명으로 객체를 지칭하여 사용한다.
- 멤버 함수 정의 시 매개변수에 반드시 self를 사용해야 한다.

```
class Cexm:
    def fssam(): # ----> ①
        print("멤버 함수가 아니다")
    def fsam(self): # ----> ②
        print("멤버 함수(메소드)")
    def __init__(self, pa, pb): # --> ③
         self.x=pa # -> ④
         y=pb # ---> ⑤
         print("멤버 변수 x는", self.x)
         print("변수 y는", y)

ca=Cexm(10, 20)
ca.fsam()
```

〈화면 출력〉

```
멤버 변수 x는 10
변수 y는 20
멤버 함수(메소드)
```

위의 클래스 정의에서 멤버 함수는 ②, ③이고 ①은 매개변수에 self가 없어서 멤버함수가 아니다. 멤버 변수는 ④에서 self.x로 사용된 x변수만 멤버 변수이다. self를 사용하지 않은 pa, pb, y는 모두 멤버 변수가 아니다.

2 〉 클래스와 객체

클래스를 'Built-In Class'와 '사용자가 정의한 데이터'인 Class로 분류할 수 있다. 지금까지 쉽게 이해하기 위해 객체라는 용어를 사용하지 않았지만, 이제부터 객체지향 언어인 파이썬의 관점에서 변수와 객체 그리고 클래스의 개념을 이해해 보자.

변수명(객체명)은 주소 data를 저장하고 있어 실제 데이터(객체)를 참조할 수 있다. r_value에 int(정수형), float(실수형), str(문자형), list(리스트형), dictionary(딕셔너리형) 데이터를 저장하고 l_value인 변수에 이 값을 참조할 수 있는 주소를 할당한다.

기본 데이터형, 클래스

- **변수명(객체명)** : 객체(데이터)를 가리킬 수 있는 주소 data가 저장됨
- **클래스** : 1. 파이썬에서 제공하는 클래스(파이썬에서 제공하는 데이터형, 내장클래스)
  2. 사용자가 정의하는 클래스(사용자가 정의하는 데이터형)
- **클래스의 구성** : 데이터형(멤버 변수, 속성) + 메소드
- **객체** : 클래스의 구체화된 실체(Object)

2.1 내장 클래스

데이터형을 파이썬이 정의하여 제공하는 클래스를 내장 클래스(Built-In Class)라고 하고, 클래스가 객체(Object)를 생성하는 것을 인스턴스화(Instantiate)라고 한다.

예를 들어, 할아버지에게 손자가 여러 명이다. 이때 손자 집합 전체가 '객체'고, 손자 중 특정 손자가 '인스턴스'로 객체 중 특정 객체가 '인스턴스'라고 생각하면 되는 것이다. 특별히 객체와 인스턴스를 구별하지 않고 객체로 지칭한다. 모든 변수명(객체명)은 클래스의 구체적인 실체인 객체를 참조하는 정보(주소 data)를 저장한 기억공간이다.

클래스를 데이터형이라고 하며 이 데이터형을 구체화한 것이 객체이다. 즉, 객체는 이 클래스를 구체화한 실체(Object)이다. 변수(l_value)에 객체를 참조할 수 있도록 값(주소 data)을 할당하는 것을 객체 참조라고 한다. 즉, 대입 연산자를 이용해 right value를 left value로 할당한 것을 객체 참조라고 한다. 변수가 참조하는 객체(Object)는 데이터형(클래스)의 구체적인 실체(Object)이다. 기본 데이터형(Built-In Types)인 int, float, str 그리고 컨테이너인 list, dictionary는 파이썬에서 제공하는 Built-In Class이다. C++에서 사용자가 정의하여 사용해야 했던 배열과 같은 기능을 가진 컨테이너를 Built-In Class로 제공함으로써 클래스와 객체란 용어를 사용하지 않고 데이터형(클래스)와 변수(객체)라는 용어를 이용하여 Built-in Class를 배운 것이다.

syntax : 정확한 코딩

na = 10	na = int(10)

syntax : 변수와 객체 생성 설명

- na = 10은 10이라는 정수 객체를 생성하고 이 정수 객체를 참조할 수 있는 정보(주소 data)를 na 변수에 할당하는 과정이다.
- 할당을 파이썬으로 해석하면 int 객체 10을 생성하고 10을 참조할 수 있는 정보를 na 변수에 저장하는 것이다. '참조할 수 있는 정보'는 '객체 10'이 저장된 메모리 주소(주소 data)이고 na 변수에는 그 주소 data가 할당되어 저장되었다고 이해하는 것이 좋다.
- int는 클래스(템플릿)이고 10은 그 클래스의 객체이다.
- na = int(10) 이 가장 정확한 변수(객체) 생성 과정이다.
- na는 객체명(변수명)이다. int는 클래스(Built-in class)로 매개변수 10을 넣어 객체를 생성하고 그 객체에 na이라고 이름을 붙이는 것이다. int 클래스에 매개변수가 하나 있는 __init__(self, pa) 초기화 메소드가 정의되어 있어 int(10)으로 객체를 생성할 때 자동으로 호출되는 것이라고 추측할 수 있을 것이다.

예시 코드

```
stra="abc"
print(stra)
```

```
strb=str("abc")
print(strb)
strc=strb.capitalize() # -----> ①
print(strc)
```

코드 설명

왼쪽 코드는 1) 문자열 "abc"를 변수 stra에 저장한다, 또는 2) "abc"를 가리키는 주소 data를 변수 stra(객체 stra)에 저정하는 것으로도 설명할 수 있다. 이는 클래스의 객체 생성 형태로도 나타낼 수 있다.

str 클래스의 객체

오른쪽 코드에서 str 클래스의 객체를 생성하면서 문자열 "abc"를 인수로 받는 __init__(self, pa) 메소드가 호출되었다고 추측할 수 있다면 클래스를 어느 정도 이해한 것이다.

① capitalize()는 str 클래스에 정의된 메소드(멤버 함수)로, 대문자로 변경하는 기능을 한다. 멤버 함수를 사용하면 데이터를 쉽게 다룰 수 있다. 리스트에서 사용했던 append()도 리스트 클래스의 멤버 함수이다.

2.2 기억장소 관점의 클래스

앞에서 클래스를 정의하고 객체를 생성 후 사용하는 프로그램을 작성하는 과정을 통해 클래스를 학습하였다. 이러한 클래스가 사용자가 정의한 데이터형이다.

- **파이썬에서 정의한 클래스(파이썬에서 제공하는 데이터형)** : int, float, str, list, dictionary
- **사용자가 정의한 클래스** : 사용자가 클래스를 정의하고 이름을 붙인다.

클래스는 객체를 만들 수 있는 템플릿으로 데이터형이다. 객체는 클래스를 구체화한 것이다. 변수는 '변할 수 있는 수'라는 의미로 상수('변하지 않는 수')의 상대적 개념으로 프로그래밍에서는 데이터(값)를 저장하는 기억장소를 의미한다. 데이터(값)를 저장할 수 있는 물리적 공간은 메인 메모리(Main Memory, 주기억장치, RAM, 기억장소, 저장공간, 기억공간)에 만들어 지고 프로그래밍에서는 기억장소라는 용어로 표현한다. 값이 저장되는 기억장소의 시작 주소를 메모리 주소(기억장소 주소, 주소 data)라고 하는데 이 기억장소에 이름을 붙인것이 변수명(변수)이다.

폰 노이만 구조에서는 **먼저 연산의 수행과 관련된 명령어와 연산에 필요하거나 결과로 나온 데이터를 저장 장치(메모리)에** 적재(load)하게 되며, 순차적으로 메모리에 저장된 내용을 명령어 순서대로 처리한다. 변수, 객체, 클래스의 관계를 이해하기 위해서는 클래스를 정의하고 지금까지 데이터형이라고 단순히 생각하였던 int, float, str을 클래스 관점에서 다시 보면 좀 더 이해하기 쉬울 것이다.

파이썬에서의 변수와 기억장소 할당

파이썬에서 변수는 객체이며, 대입 연산자를 이용하여 객체명(변수명)에 데이터를 가리킬(접근, 참조) 수 있는 주소(주소값, 주소 data)를 할당한다.

객체명(변수명) = 클래스명(인수)

예를 들어, na = int(10)은 대입 연산자 오른쪽에 있는 클래스명(인수)로 생성되는 실체(object)가 객체이고 이 객체를 참조(접근)할 수 있는 주소 data를 객체명(na)에 저장(할당)하는 것이다.

syntax : 파이썬 기억장소 참조

- 변수명(객체명, 기억장소) = 객체(data)

객체명

- 기억장소(l_value) = data(r_value)

C언어의 포인터 Vs. 파이썬의 참조

C언어는 변수에 '데이터값'을 직접 저장하고 파이썬은 변수에 데이터에 접근할 수 있는 '주소data'를 저장한다. C언어에서 '주소data'를 저장하기 위해 포인터 변수를 사용하는 데 파이썬에서 변수에 '주소data'를 저장하는 것과 유사하다. 차이점은 c언어의 포인터는 포인터

(주소 data)가 가리키는' 데이터값'을 직접 변경하지만 파이썬은 변수에 저장된 '주소 data'를 변경할 뿐이지 '주소data'가 가리키는 '데이터값'을 직접 변경하지는 않는다.

• 클래스와 메소드를 정의하고 사용한다.

```
class Cexm:
    def fsam(self):
        print("클래스 만들기")

    def fadder(self, a,b ):
        self.result=a+b
        return self.result
cal1=Cexm()
cal1.fsam()
c=cal1.fadder(9,5)
print("메소드 fadder(9,5) 호출 결괏
값은", c,"이다.")
```

〈화면 출력〉

```
클래스 만들기
메소드 fadder(9,5) 호출 결괏값은 14
이다.
```

• 클래스와 메소드를 사용하여 계산기 기능을 구현한다.

```
class Calculator:
    def setinit(self):
        self.result=0

    def adder(self, num):
        self.result=self.result+num
        return self.result
cal1=Calculator()
cal1.setinit()
cal2=Calculator()
cal2.setinit()
print(cal1.adder(3))
print(cal1.adder(4))
print(cal2.adder(3))
print(cal2.adder(7))
```

〈화면 출력〉

```
3
7
3
10
```

2.3 __init__() 메소드

클래스를 이해하는데 있어서, 하나의 클래스에 여러 개의 객체를 생성하여 사용하는 방법을 학습한다.

이전 예제에서는 Calculator 클래스를 정의하고 객체 cal1을 생성한 후, cal1.setinit() 메소드를 명시적으로 호출하여 멤버 변수 result를 0으로 초기화하는 기능을 수행하였다. 만약 클래스에서 반드시 실행되어야 하는 기능이 있다면, 이렇게 명시적으로 호출하는 대신 생성될 때 자동으로 호출되면 편리하다. __init__() 메소드는 객체가 생성될 때 자동으로 호출되는 특수한 초기화 메소드로, 다음 예시 코드에서 cal1, cal2 객체가 생성될 때 init() 메소드가 자동으로 호출된다. 이 __init()__ 메소드가 하는 기능은 직접 코딩하여 정의할 수 있다.

```
class Calculator:
    def __init__(self):
        self.result=0

    def adder(self, num):
        self.result=self.result+num
        return self.result
cal1=Calculator()
cal2=Calculator()
print(cal1.adder(3))
print(cal1.adder(4))
print(cal2.adder(3))
print(cal2.adder(7))
```

〈화면 출력〉

```
3
7
3
10
```

코드 설명

이 프로그램에서는 __init__(self) 초기화 메소드가 매개변수 없이 정의되어 있어, 객체를 생성할 때 매개변수 없이(Calculator()) 생성한다. 클래스를 정의하고 객체를 생성하면, 클래스에 정의되어 있는 멤버 함수와 멤버 변수는 각 객체 내부에 생성된다고 시각적으로 이해하면 좋다. 각 객체에 생성된 멤버 변수와 멤버 함수에 접근하기 위해서는 접근 연산자(.)를 이용하여 '객체명.멤버 변수', '객체명.멤버 함수' 방식으로 사용한다.

초기화하는 init 메소드

Car 클래스를 만들어서 차량 번호와 속도를 입력받아 초기화하는 init 메소드를 작성한다.

```
class Car:
    def __init__(self, pnum, pspeed):
        self.num=pnum
        self.speed=pspeed

new_car=Car(2023, 90)
print("차량 번호", new_car.num) # ----> ①
print("속도는", new_car.speed) # -----> ②
```

〈화면 출력〉

```
차량 번호 2023
속도는 90
```

지금까지 클래스를 정의하고 객체를 생성하는 과정을 학습하면서, 언제 클래스를 정의해서 사용하는 것이 효율적일지 고민해 보았을 것이다.

함수는 반복해서 사용할 기능을 묶어서 이름을 붙여 놓은 것이라고 하였다. 클래스는 반복해서 사용할 변수와 함수를 묶어서 새로운 데이터형을 만들어 놓고 필요할 때마다 호출하여 사용하는 것이 효율적인 경우 사용하면 된다. 다음 그림에서 볼 수 있듯이 리스트 클래스에는 멤버함수들이 정의되어 있다. 이렇게 처리할 기능들을 멤버 함수로 정의해 놓으면 객체를 생성할 때마다 따로 함수를 정의하지 않고 멤버 함수를 이용하여 편리하게 처리할 수 있다.

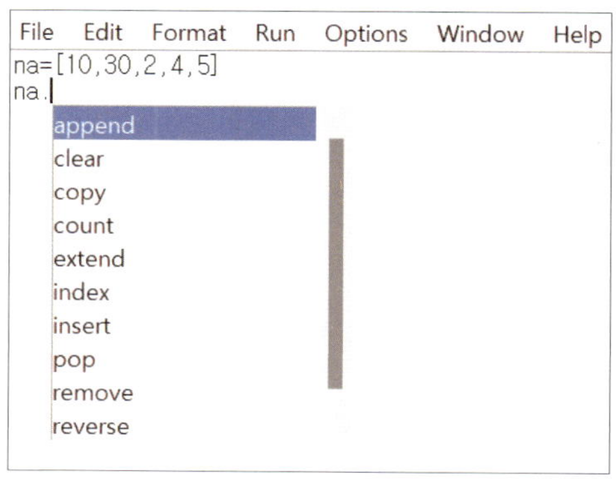

fprint 메소드 생성

초기화하는 init 메소드 예제에서 ①, ② 두 개의 print 내장 함수를 이용하여 객체의 내용을 화면에 출력했다. 이번에는 클래스의 멤버 함수로 정의하여 사용할 수 있도록 클래스를 변경할 수 있다. ①, ②의 print 기능을 하나로 묶어서 멤버 함수 fprint를 정의한 다음 객체 생성 후 이를 사용하도록 프로그램을 작성해 보자.

```
class Car:
    def __init__(self, pnum, pspeed): # ----> ①
        self.num=pnum
        self.speed=pspeed
    def fprint(self):
        print("차량 번호", self.num)
        print("속도는", self.speed)

new_car=Car(2023, 90) # ----> ②
new_car.fprint()
```

〈화면 출력〉

```
차량 번호 2023
속도는 90
```

코드 설명

① __init __(self, pnum, pspeed)는 두 개의 매개변수가 2개 존재한다.

② 2개의 매개변수가 존재하므로 객체 생성 시 매개변수를 2개 사용한다.

3 〉 클래스 개념

클래스는 사용자가 정의한 데이터형이다. 파이썬에서 다양한 라이브러리를 import 하여 프로그램을 작성할 때, 클래스를 정확히 이해하고 있는 것은 많은 도움이 된다. 다음은 클래스의 개념을 정확히 이해하고 있는지 확인할 수 있는 문제이다. 스스로 문제를 풀고 클래스 개념을 확실히 이해하자.

문제 1 문제에 제시된 프로그램이 오류 없이 제시된 화면 출력 결과가 나오도록 프로그램 일부를 변경하세요. 문제 정답은 406쪽 참고

```
class Cadd:
    def fadd(self, a, b):
        x=a
        y=b
        hap=x+y

obj=Cadd()
obj.fadd(10, 20)
print("객체 obj 내의 인스턴스 변수 x의 값은", obj.x)
print("객체 obj 내의 인스턴스 변수 y의 값은", obj.y)
print("객체 obj 내의 인스턴스 변수 hap의 값은", obj.hap)
```

〈화면 출력〉

```
객체 obj 내의 인스턴스 변수 x의 값은 10
객체 obj 내의 인스턴스 변수 y의 값은 20
객체 obj 내의 인스턴스 변수 hap의 값은 30
>>>
```

문제 2 다음 프로그램의 객체인 obj의 구성을 그리세요. 문제 정답은 407쪽 참고

```
class Cadd:
    def fadd(self, a,b):
        x=a
        y=b
        hap=x+y
        return hap

obj=Cadd()
ohap=obj.fadd(10, 20)

print("ohap의 값은", ohap)
```

〈화면 출력〉

```
ohap의 값은 30
>>>
```

obj

문제 3 디폴트 매개변수를 이용하여 제시된 화면 출력 결과가 나오도록 fadd 함수를 정의하세요. 문제 정답은 407쪽 참고

```
ohap=fadd(10, 20)
print("ohap의 값은", ohap)
ohap2=fadd(10)
print("ohap2의 값은", ohap2)
ohap3=fadd()
print("ohap2의 값은", ohap3)
```

〈화면 출력〉

```
ohap의 값은 30
ohap2의 값은 12
ohap2의 값은 3
>>>
```

문제 4 디폴트 매개변수의 사용을 응용하여 클래스를 변경해 보세요.

문제 정답은 408쪽 참고

```
class Cadd:
    (                                        )
        self.x=a
        self.y=b
        self.hap=self.x+self.y
obj=Cadd()
obj.fadd(10, 20)
print("객체 obj 내의  인스턴스 변수  hap의 값은", obj.hap)
obj.fadd(10)
print("객체 obj 내의  인스턴스 변수  hap의 값은", obj.hap)
obj.fadd()
print("객체 obj 내의  인스턴스 변수  hap의 값은", obj.hap)
```

〈화면 출력〉

```
객체 obj 내의  인스턴스 변수  hap의 값은 30
객체 obj 내의  인스턴스 변수  hap의 값은 12
객체 obj 내의  인스턴스 변수  hap의 값은 3
```

문제 5 다음 제시된 화면 출력 결과가 나타나도록 프로그램을 완성하세요.

문제 정답은 408쪽 참고

```
class Cadd:
    def fadd(self, a=1, b=2):
        self.x=a
        self.y=b
        self.hap=self.x+self.y
        (                      )
obj=Cadd()
ohap1=obj.fadd(10, 20)
print("ohp1 값은", ohap1)
ohap2=obj.fadd(10)
print("ohp1 값은", ohap2)
ohap3=obj.fadd()
print("ohp1 값은", ohap3)
```

〈화면 출력〉

```
객체 obj 내의 인스턴스 변수 hap의 값은 30
객체 obj 내의 인스턴스 변수 hap의 값은 12
객체 obj 내의 인스턴스 변수 hap의 값은 3
```

문제 6 제시된 화면 출력 결과가 나오도록 프로그램을 완성하세요.

문제 정답은 409쪽 참고

```
class Cadd:
    (                                        )
        self.x=a
        self.y=b
        self.hap=self.x+self.y


obj=Cadd(10,20)
print("obj 객체 내의 인스턴스 hap의 값은", obj.hap)
```

〈화면 출력〉

```
obj 객체 내의 인스턴스 hap의 값은 30
>>>
```

잠깐만요

__init__() 생성자 정의 시 주의할 점

```
class Cadd:
    def __init__(self, a=1, b=2):
        self.x=a
        self.y=b
        self.hap=self.x+self.y
        return self.hap # -----> ①

obj=Cadd(10,20)
print("obj 객체 내의 인스턴스 hap의 값은", obj.hap)
```

〈화면 출력〉

```
obj 객체 내의 인스턴스 hap의 값은 30
>>>
    obj=Cadd(10,20)
TypeError: __init__() should return None, not 'int'
```

오류가 나는 이유는 ①에서 return을 사용했기 때문이다. __init__() 메소드는 return을 사용하지 못한다. 이는 __init__() 메소드 사용의 제한점이다.

문제 7 __init__() 생성자는 멤버 변수 x, y의 값을 할당하는 기능만을 담당하고, fadd 메소드가 두 멤버 변수의 값을 더하고 그 결괏값을 리턴하도록 __init__생성자와 fadd 메소드를 정의하세요. 문제 정답은 409쪽 참고

```
class Cadd:
    def __init__(self, a=1, b=2):
        [                    ]
    def fadd(self):
        [                    ]
obj=Cadd(10,20)
ohap=obj.fadd()
print("ohap의 값은", ohap)
```

〈화면 출력〉

```
ohap의 값은 30
```

문제 8 제시된 화면 출력 결과가 나타나도록 프로그램을 완성하세요.

문제 정답은 410쪽 참고

```
class Cadd:
    def __init__(self, a=1, b=2):
        self.x=a
        self.y=b
    def fadd(self):
        self.hap=self.x+self.y
        return self.hap
    (

                                            )//  10 /20 의 결괏값 제시
obj=Cadd(10,20)
ohap=obj.fadd()
omok=obj.fdiv()
print("ohap의 값은", ohap)
print("omok의 값은", omok)
```

〈화면 출력〉

```
ohap의 값은 30
omok의 값은 0.5//  10 /20 의 결괏값 제시
```

ChatGPT 결합과제 완성 코드

4 〉 클래스로 완성한 피자 주문 프로그램

프로젝트 완성 코드

함수로 작성했던 피자 주문 프로그램을 클래스로 완성해 보자.

```
피자를 선택해주세요.
페퍼로니 피자 (3000원)
치즈 피자 (3200원)
콤비네이션 피자 (3500원)
불고기 피자 (3600원)
해산물 피자 (3800원)
메뉴 이름을 입력하세요 (종료는 exit): 치즈 피자
수량을 입력하세요: 3
메뉴 이름을 입력하세요 (종료는 exit): 콤비네이션 피자
수량을 입력하세요: 2
메뉴 이름을 입력하세요 (종료는 exit): exit
음료수를 선택해주세요.
콜라 (1500원)
사이다 (1500원)
생수 (1000원)
메뉴 이름을 입력하세요 (종료는 exit): 사이다
수량을 입력하세요: 5
메뉴 이름을 입력하세요 (종료는 exit): exit
주문 내역:
 - 치즈 피자 (3200원) x 3 = 9600원
 - 콤비네이션 피자 (3500원) x 2 = 7000원

총 가격: 16600원
주문 내역:
 - 사이다 (1500원) x 5 = 7500원

총 가격: 7500원
************************************************************
피자와 음료 총 가격: 24100
```

```
class Menu:
    def __init__(self, menu_dict): # ① 객체 생성 시 자동 호출
        self.menu=menu_dict # ⑦ 멤버 변수 생성

    def select(self): # ② 6장 함수의 select_menu() 함수 부분
        order={}
        while True:
            item=input("메뉴 이름을 입력하세요 (종료는 exit): ")
            if item=="exit":
                break
            elif item not in self.menu:
                print("잘못된 입력입니다.")
                continue

            count=input("수량을 입력하세요: ")
            count=int(count)

            order[item]=count

        return order

    def print_order(self, order): # ③ 6장 함수의 print_order() 함수 부분
        total_price=0
        print("주문내역:")
        for item, count in order.items():
            price=self.menu[item]
            order_price=price * count
            total_price+=order_price
            print(f" - {item} ({price}원) x {count}={order_price}원")
        print(f"\n총 가격: {total_price}원")
        return total_price

pizza_menu=Menu({ # ④ 클래스 Menu의 객체 pizza_menu 생성
    "페퍼로니 피자": 3000,
    "치즈 피자": 3200,
   "콤비네이션 피자": 3500,
    "불고기 피자": 3600,
    "해산물 피자": 3800
})
```

```
drink_menu=Menu({ # ⑤ 클래스 Menu의 객체 drink_menu 생성
    "콜라": 1500,
    "사이다": 1500,
    "생수": 1000
})

print("피자를 선택해주세요.")
for pizza, price in pizza_menu.menu.items():
                                        # ⑥ 딕셔너리 데이터형의 items() 메소드
    print(f"{pizza} ({price}원)")

pizza_order=pizza_menu.select() # ⑨ 피자 메뉴 선택

print("음료수를 선택해주세요.")
for drink, price in drink_menu.menu.items(): # ⑧ 딕셔너리 데이터형의 items() 메소드
    print(f"{drink} ({price}원)")
drink_order=drink_menu.select() # ⑩ 음료 메뉴 선택

pizza_total_price=pizza_menu.print_order(pizza_order)
                                             # ⑪ 메소드 print_order 호출
drink_total_price=drink_menu.print_order(drink_order)
                                             # ⑫ 메소드 print_order 호출

print("************************************************************")
print("피자와 음료 총 가격:", pizza_total_price+drink_total_price)
```

코드 설명

② select(self) 함수는 〈6장〉의 select_menu(menu) 함수와 동일한 기능을 하는 Menu 클래스의 메소드로 선언되었다. 단, select(self) 메소드는 인수가 없다. 대신 ①의 __init__(self, menu_dict)에서 인수를 사용한다.

③ print_order(self, order) 함수는 〈6장〉에서 사용한 print_order(slef, order)와 동일한 기능을 하는 메소드이다.

④ 클래스 Menu의 객체 pizza_menu를 생성하면서 __init__(self, order)가 자동 호출되고 인수로 딕셔너리 데이터형 { "페퍼로니 피자": 3000, "치즈 피

자": 3200, "콤비네이션 피자": 3500, "불고기 피자": 3600, "해산물 피자": 3800} 직접 사용되었다.

〈6장〉의 함수와 비교하면 함수에서는 직접 pizza_nemu= { "페퍼로니 피자": 3000, "치즈 피자": 3200, "콤비네이션 피자": 3500, "불고기 피자": 3600, "해산물 피자": 3800} 로 선언했던 것을 클래스에서는 인수로 넘긴 것이다.

⑤ drink_menu도 ④의 pizza_menu와 동일하다. 내용은 다르지만 기능이 동일하므로 메소드로 정의한 것이다.

⑥ pizza_menu.menu.items(): pizza_menu는 객체이다. 객체의 멤버 변수 menu가 딕셔너리 데이터형이다. 딕셔너리 데이터형의 items() 메소드를 호출한 것이다.

⑦ 멤버 변수 menu를 생성하고 인수로 받은 메뉴(딕셔너리 데이터)를 저장한다. ⑥에서 menu 멤버 변수가 딕셔너리인 이유이다.

⑧ drink_menu.menu.items(): drink_menu는 객체이다. 객체의 멤버 변수 menu가 딕셔너리 데이터형이다. 딕셔너리 데이터형의 items() 메소드를 호출한 것이다.

⑨ 메소드 select()를 호출해서 피자 메뉴를 선택한다.

⑩ 메소드 select()를 호출해서 음료 메뉴를 선택한다.

⑪ 메소드 print_order 를 호출한다.

⑫ 메소드 print_order를 호출한다.

⑨, ⑩, ⑪, ⑫은 메소드를 호출한다는 점만 다를 뿐 〈6장〉 함수 파트에서 함수를 호출해서 작업했던 것과 동일하다.

| 10장 |

클래스 (2)

학습 목표

클래스를 배우는 가장 큰 목적은 전문가가 작성한 모듈(라이브러리)을 import 하여 전문가 수준의 프로그램을 작성할 수 있는 것이다. 스스로 작성한 프로그램을 저장하고 import 하여 사용해 보면서 import의 개념을 이해해 본다.

1 〉 모듈 생성

프로그램은 모듈의 일종이다. import 하여 사용할 프로그램 단위를 '모듈'이라고 하며, 파이썬 프로그램에서 가장 강력한 기능 중 하나는 import를 이용하여 전문적인 프로그램을 작성할 수 있다는 점이다. 모듈 전체를 이해할 필요는 없지만, 클래스와 import를 이해한다면 다른 코드를 참조하여 프로그램을 작성하는 과정을 보다 쉽게 할 수 있다. 직접 프로그램을 작성하고 작성한 모듈(라이브러리)을 import 하여 사용하면서 모듈과 import를 좀 더 쉽게 이해해 보자.

1.1 멤버 변수로 사용하는 리스트

모든 데이터형은 클래스의 멤버변수로 사용될 수 있다. 리스트를 멤버변수로 사용하여 효율적인 프로그램을 작성할 수 있지만, 초보자가 사용하려면 명령어가 길어져서 조금 생소해 보일 수 있기 때문에 연습을 통해 익숙해져야 할 필요가 있다.

리스트를 멤버 변수로 사용하여 프로그램을 작성해 보자.

```
class Cvalue:

    def __init__(self):
         self.lista=[] # ---------------------> ①
    def add(self,num):
        self.lista.append(num) # -----------> ②
    def fprint(self):
        print(self.lista)
p1=Cvalue() # -----------> ③
```

p1 객체 내부

```
lista [    ]
fprint(self)
fadd(self, num)
```

```
p1.add(1) # -----------> ④
p1.add(2)
p1.add(3)
p1.fprint()
```

〈화면 출력〉

```
[1, 2, 3]
```

코드 설명

① 리스트를 멤버 변수로 사용하기 위해 self를 사용한다.

② 멤버 변수 lista에 데이터를 추가하기 위해 리스트 메소드인 append를 사용하는데 lista가 멤버 변수이기 때문에 self.lista.append(num)과 같이 복잡해 보이는 명령어가 작성되었다.

③ 객체 p1을 생성하면 오른쪽에 있는 그림처럼 p1 객체가 생성되고 객체 내부에 멤버 변수와 멤버 함수가 있다.

④ 객체 내부에 생성된 리스트에 데이터가 추가된다.

1.2 plus 함수로 모듈 생성

앞서 살펴본 프로그램에서 함수를 하나 추가하여 코드를 작성해 보자. 다음 프로그램의 파일명은 'mex1.py'이다.

'mex1.py' 파일

```
class Cvalue:
    def __init__(self):
        self.lista=[]
    def add(self,num):
        self.lista.append(num)
```

```
    def fprint(self):
        print(self.lista)
def plus(a, b): # -------------------> ①
    c= a + b
    return c

p1=Cvalue()
p1.add(1)
p1.add(2)
p1.add(3)
p1.fprint()
```

코드 설명

① plus 함수를 추가하였다. 이 함수는 멤버 함수가 아니다.

프로그램을 C:₩python 디렉토리에 'mex1.py'로 저장한다. 모듈은 특별한 프로그램이 아니다. 모듈은 하나의 독립된 단위를 말하며, 함수, 변수, 클래스 등으로 이루어진 프로그램을 저장한 파일이며, 다른 프로그램에서 import 하여 사용할 수 있는 독립된 하나의 단위로 구성된 파이썬 파일이다.

초보 프로그래머가 하기에는 복잡한 프로그램을 모듈 또는 패키지로 제공하여 전문가가 할 수 있는 작업을 간단하게 import 하여 사용할 수 있도록 하는 것이 파이썬 프로그램의 가장 큰 장점이다. 그러나 import한 프로그램을 완전히 이해해야만 사용할 수 있다면 그것도 시간이 걸리는 일이다. import 한 프로그램을 정확히 이해할 수 없더라도, 지금 내가 작성하는 명령어를 보면서 이것이 import한 모듈에 있는 클래스의 객체를 생성하는 일인지, 멤버 함수를 사용하는 것인지, 함수를 사용하는 것인지 추측할 수 있다면 좀 더 쉽게 프로그램을 작성할 수 있다.

우리가 스스로 작성한 'mex1.py' 모듈을 import 하여 사용해 보면서 이러한 능력을 키워보자.

2 〉 import

import는 전문가가 전문적인 영역의 데이터와 처리가 가능하도록 작성한 프로그램을 간단하게 내 프로그램으로 가져와 초보자가 하기 어려운 전문적인 프로그램을 작성할 수 있다.

2.1 import 형식

syntax : 정확한 코딩

import 모듈 이름	import mex1

import는 쉽게 import 한 프로그램이 내 프로그램에 그대로 코딩되어 있다고 생각하면 된다. 단지 import 한 프로그램이라는 것을 보여 주기 위해 앞에 반드시 import 한 모듈의 이름을 작성 후 접근 연산자(.)를 사용해야 한다. 다음 코드를 보면서 이해해 보자.

```
import mex1

p2=mex1.Cvalue()
p2.add(11)
p2.add(21)
p2.add(31)
p2.fprint()
```

〈화면 출력〉

```
[1, 2, 3] # ----------------> ①
[11, 21, 31]
30
```

```
value=mex1.plus(10, 20) # --> ②
print(value)
```

코드 설명

mex1 프로그램 내에 Cvalue라는 클래스가 정의되어 있다. 이 클래스의 객체를 생성하기 위해서는 mex1.Cvalue()라고 사용해야 한다. 접근 연산자를 이용해 mex1 프로그램 내에 정의되어 있는 클래스, 변수, 함수 등을 사용한다는 점을 제외하고는 스스로 작성한 클래스, 변수, 함수 등을 사용하는 것과 동일하다.

②에서 plus(는) 멤버 함수가 아니고 mex1 모듈의 함수이므로 모듈명.plus()로 사용한다. 프로그램을 코딩하여 결과를 확인해 보자. 예시의 화면 출력 결과를 살펴보면 ①에 작성하지 않은 결과가 나타나고 있다. 이 결과는 mex1 모듈은 import 하면 mex1 프로그램도 자동으로 실행되어 mex1의 출력 결과도 화면에 출력되기 때문이다. 이는 import 된 모듈이 사용되는 순서에 대한 이해가 필요한 부분으로 의도하지 않는 결과가 나온다는 사실을 우선 기억해 두자.

2.2 from 모듈 이름 import 함수

모듈을 import 하는 것은 간단하지만 사용 시 import 한 모듈의 이름을 쓰고 접근 연산자를 사용하는 것이 복잡할 수도 있다. 이러한 경우 다음 제시한 형식과 같이 import 하면 좀 더 간편하게 사용할 수 있다.

syntax : 정확한 코딩

from 모듈 이름 import 함수	from mex1 import plus

from 모듈 이름 import 함수 코드

모듈(라이브러리)을 import 할 경우 전체 모듈을 가져오는 것이 아니라 필요한 일부분만 가져올 수 있다는 것이다. 예를 들어, mex1 모듈에서 plus 함수만 가져오겠다는 것이다. 이렇게 하면 모듈 이름과 접근 연산자를 사용하지 않고 사용할 수 있어 간편하다.

```
from mex1 import plus

value=plus(10, 20)
print(value)
```

```
[1, 2, 3] # ----------------> ①
30
```

그러나 이 형식도 마찬가지로 불필요한 결과인 ①이 출력되고 있다.

아래와 같이 제시한 import * 형식으로 모듈 이름과 접근 연산자 없이 간편하게 모든 함수와 변수를 사용할 수 있다. *는 프로그램에서 "모든 것"을 의미하는 기호이다.

syntax : 정확한 코딩

from 모듈 이름 import *	from mex1 import *

ChatGPT 활용하기

from mex1 import *에서 *의 의미를 설명해줘.

'*' 기호는 모든 것을 나타내는 와일드 카드 문자입니다. 따라서 'from mex1 import *'는 모듈 'mex1'에서 모든 객체를 가져오는 것을 의미합니다. 이것은 모듈 내에 정의된 모든 함수, 클래스, 변수 등을 현재 스코프로 가져올 수 있게 합니다. 그러나 이 방식은 코드를 읽기 어렵게 만들고, 모듈에서 가져온 객체와 현재 스코프에서 정의된 객체 이름이 충돌 할 수 있으므로 권장되지 않습니다. 대신 필요한 객체를 직접 가져오는 것이 좋습니다. 예를 들어, 'from mex1 import function1'과 같이 가져오는 것이 좋습니다.

2.3 메인 모듈과 하위 모듈

메인 모듈은 쉽게 설명하면 제일 먼저 실행되는 모듈이다(최상위 수준 실행). 실행되는 파일의 이름이 main이라고 정해져 있지 않고, 제일 먼저 실행되는 모듈은 정해진 모듈 이름(모듈을 작성한 프로그래머가 만든 이름) 외에도 __main__이라는 이름을 하나 더 갖는다고 이해하는 것이 쉽다. 즉, 파이썬에는 내장 전역 변수인 __name__이 있는데, 모듈이 제일 먼저 실행(최상위 수준으로 실행)되면 이 변수에 __main__으로 저장된다(if __name__ = "__main__":). 메인 모듈이 import 문을 이용하여 불러오는 모듈은 하위 모듈(Sub Module)이라고 한다. 하위 모듈의 __name__ 변수는 메인 모듈에서와는 달리 모듈 자체의 이름을 담고 있다.

앞서 import 형식에서 살펴본 프로그램에서 'mex1.py' 프로그램을 import 했을 때 'mex1.py' 프로그램의 실행 결과도 함께 출력되었던 부분을 메인 모듈과 하위 모듈의 개념을 이용하여 깔끔하게 해결해 보자.

mex4 코드

'mex1.py' 프로그램에 ① 부분을 추가하여 코딩하고 'mex4.py'로 저장한다.

```
class Cvalue:
    def __init__(self):
        self.lista=[]
    def add(self.num):
        selflista.append(num)
    def fprint(self):
        print(self.lista)

def plus(a, b)
    c=a+b
    return c
                          ② 콜론
if __name__=="__main__": # ------> ①
    p1=Cvalue()
    p1.add(1)
③ 들여쓰기
```

〈화면 출력〉

```
[1, 2, 3]
```

```
p1.add(2)
p1.add(3)
p1.fprint()
```

코드 설명

①에서 코드를 추가하면 ②에서 콜론으로 끝나 ③에서 들여쓰기가 적용되는 부분까지 영향력을 미치는 것이다. 위의 코드를 설명하면 'mex4.py' 프로그램에서 ① 조건식이 True인 경우는 mex4 모듈의 __name__ 변수의 값이 __main__일 때이다. mex4.py 프로그램을 import 하여 실행하면 __name__ 변수의 값은 mex4가 저장되고, p1 객체가 생성되는 부분의 명령어는 실행되지 않는다.

• **예시 코드** : mex5.py

```
from mex4 import plus

value=plus(10, 20)
print(value)
```

〈화면 출력〉

```
30
```

'mex5.py' 프로그램을 실행하면, 이 프로그램이 가장 먼저 실행되는 상위 모듈이므로 우리에게 보이지 않더라도 __name__ 변수에는 '__main__'이 저장된다. 그리고 두 번째로 import되어 실행되는 'mex4.py' 프로그램의 __name__ 변수에는 'mex4'라고 저장된다.

```
실행 순서 ① →mex5.py                실행 순서 ② → mex4.py
            __name__="__main__"              __name__="mex4"
```

이렇게 되면 'mex4.py' 프로그램의 ③에서 들여쓰기가 적용되는 부분이 실행되지 않으므로, 'mex5.py'에서 실행한 내용만 화면에 출력되어 깔끔하게 표시된다.

2.4 library 모듈

파이썬 제공하는 내장 라이브러리인 turtle 모듈을 import 하여 사용해 보자.

turtle 모듈에 대한 설명은 파이썬 홈페이지(https://docs.python.org/3/library/turtle.html)를 참조한다.

지금까지 클래스와 라이브러리를 import 하는 부분을 학습했으니 얼마나 이해했는지 점검해 보기 위한 과정이다.

문제 1 아래 두 개의 프로그램을 보고 turtle 모듈을 구성하는 클래스, 함수, 클래스의 메소드나 멤버 변수의 이름을 작성하세요. 문제 정답은 411쪽 참고

```
# turtleex1.py
import turtle
for x in range(1, 100, 1):
    turtle.forward(x)
    turtle.left(90)
```

```
# turtleex3.py
import turtle
p=turtle.Pen()

for x in range(1, 100, 1):
    p.forward(x)
    p.left(90)
```

```
# turtleex2.py
from turtle import *
for x in range(1, 100, 1):
    forward(x)
    left(90)
```

문제 2 아래 프로그램을 작성하고 'week2.py'로 저장하세요. obj 객체의 내부를 그려 보세요. 문제 정답은 411쪽 참고

```
class Cadd:
    def __init__(self, a=1, b=2):
        self.x=a
        self.y=b

    def fadd(self):
        self.hap=self.x+self.y
        return self.hap
    def fdiv(self):
        self.mok=self.x/self.y
        return self.mok

obj=Cadd(10,20)
ohap=obj.fadd()
omok=obj.fdiv()
print("ohap의 값은", ohap)
print("omok의 값은", omok)
```

obj

문제 3 **문제 2** 프로그램 week2.py 모듈을 import 하여 프로그램을 작성하고 실행하세요. 프로그램을 실행후 화면 출력 결과를 예상해서 아래 작성해 보세요.

문제 정답은 412쪽 참고

```
import week2
obj=week2.Cadd(10,20)
ohap2=obj2.fadd()
omok2=obj2.fdiv()
print("ohap2의 값은", ohap2)
print("omok2의 값은", omok2)
```

〈화면 출력〉

문제 4 **문제 3**을 다시 실행했을 때 다음과 같이 화면 출력 결과가 나오도록 'week2' 프로그램을 변경해 보세요. 문제 정답은 412쪽 참고

〈week2 프로그램〉

```
import week2
obj2=week2.Cadd(10,20)
ohap2=obj2.fadd()
omok2=obj2.fdiv()
print("ohap2의 값은", ohap2)
print("omok2의 값은", omok2)
```

〈화면 출력〉

```
ohap의 값은 30
omok의 값은 0.5
>>>
```

문제 5 **문제 4** 프로그램을 아래 코드로 수정해서 동일한 화면 출력 결과가 나오도록 프로그램을 완성하세요. 문제 정답은 413쪽 참고

```
(                                    )
obj=Cadd(10,20)
ohap=obj.fadd()
omok=obj.fdiv()
print("ohap의 값은", ohap)
print("omok의 값은", omok)
```

〈화면 출력〉

```
ohap의 값은 30
omok의 값은 0.5
>>>
```

2.5 클래스 멤버와 인스턴스 멤버

클래스에서 선언되는 변수는 클래스 멤버(변수)와 인스턴스 멤버(변수)가 있다.

① 클래스 멤버(변수)는 클래스 메소드 바깥에서 선언된다.

- 클래스 멤버(변수)는 클래스 내에서 일반 변수를 선언하는 방법과 마찬가지로 변수 이름으로 선언하면 된다.
- 클래스 변수는 클래스 안에 공간이 할당된 변수를 말한다. 클래스 변수는 인스턴스에는 별도의 공간이 할당되지 않고 여러 인스턴스가 클래스 변수의 공간을 같이 사용한다.
- 클래스 변수에 접근할 때는 "클래스 이름. 클래스 변수명"을 사용한다. 그러면 접근하는 필드는 클래스 자체에 공간이 생기며 인스턴스를 생성해도 추가로 공간을 할당하지 않고 클래스에 이미 생성되어 있는 공간을 공유한다.

② 인스턴스 멤버(변수)는 클래스 메소드 안에서 self와 함께 선언되는 변수이다.

- 인스턴스 변수는 인스턴스를 생성해야 비로소 사용할 수 있는 변수로, 인스턴스를 만들면 각 인스턴스에 개별적으로 변수가 만들어진다.

```
class Cvalue:
    cnum=0
    def add(self,num):
        self.cnum=self.cnum+num

p1=Cvalue()
p2=Cvalue()
p3=Cvalue()

a=p1.add(3)
print("Cvalue.cnum", Cvalue.cnum, "p1.cnum", p1.cnum)
a=p1.add(3)
print("Cvalue.cnum", Cvalue.cnum, "p1.cnum", p1.cnum)
a=p1.add(3)
print("Cvalue.cnum", Cvalue.cnum, "p1.cnum", p1.cnum)
b=p2.add(3)
print("Cvalue.cnum", Cvalue.cnum, "p2.cnum", p2.cnum)
c=p3.add(3)
print("Cvalue.cnum", Cvalue.cnum, "p3.cnum", p3.cnum)
```

〈화면 출력〉

```
Cvalue.cnum 0 p1.cnum 3
Cvalue.cnum 0 p1.cnum 6
Cvalue.cnum 0 p1.cnum 9
Cvalue.cnum 0 p2.cnum 3
Cvalue.cnum 0 p3.cnum 3
>>>
```

```
class Cvalue:
    cnum=0
    def add(self,num):
        self.cnum=self.cnum+num
        Cvalue.cnum=Cvalue.cnum+1

p1=Cvalue()
p2=Cvalue()
p3=Cvalue()

a=p1.add(3)
print("Cvalue.cnum", Cvalue.cnum, "p1.cnum", p1.cnum)
a=p1.add(3)
print("Cvalue.cnum", Cvalue.cnum, "p1.cnum", p1.cnum)
a=p1.add(3)
print("Cvalue.cnum", Cvalue.cnum, "p1.cnum", p1.cnum)
b=p2.add(3)
print("Cvalue.cnum", Cvalue.cnum, "p2.cnum", p2.cnum)
c=p3.add(3)
print("Cvalue.cnum", Cvalue.cnum, "p3.cnum", p3.cnum)
```

〈화면 출력〉

```
Cvalue.cnum 1 p1.cnum 3
Cvalue.cnum 2 p1.cnum 6
Cvalue.cnum 3 p1.cnum 9
Cvalue.cnum 4 p2.cnum 6
Cvalue.cnum 5 p3.cnum 7
>>>
```

```
cnum=0

def add(num):
    global cnum
    cnum=cnum+num
    print("addcnum", cnum)
add(3)
print("cnum", cnum)
add(3)
print("cnum", cnum)
add(3)
print("cnum", cnum)
```

〈화면 출력〉

```
addcnum 3
cnum 3
addcnum 6
cnum 6
addcnum 9
cnum 9
>>>
```

문제 6 생산된 자동차의 대수를 계산하는 프로그램을 작성하기 위해 조건과 지시 사항을 ChatGPT에게 제시하여 만들어 보자. 문제 정답은 413쪽 참고

조건)

- **클래스 이름 :** Ccarmake
- **차의 색상을 만드는 클래스 메소드 :** ccolor
- **총 생산 자동차 대수를 계산하는 변수 :** carcount

지시 사항)

클래스의 객체를 생성하면 자동차의 색상을 결정하는 클래스 메소드 ccolor를 만들고 클래스의 객체가 생성하는 것이 자동차를 하나 만드는 것이다. 4개 정도의 서로 다른 색상의 자동차를 만들고 총 생산 자동차 대수를 화면에 출력하는 프로그램을 작성하세요.

| 11장 |

tkinter

학습 목표

import한 모듈을 사용하여 프로그램을 작성하는 과정에서 ChatGPT에게 질문하면서 학습한다. 실제로 파이썬에서는 전문가가 작성한 모듈(라이브러리)을 쉽게 사용할 수 있다. ChatGPT를 활용하여 필요한 정보만을 획득하면서 빠르게 학습하고 정리해 보자.

이번 장을 학습하고 나면 우리도 ChatGPT와 같은 작업을 수행할 수 있다. 파이썬은 초보자도 전문가와 같은 결과물을 만들 수 있는 코드를 작성할 수 있다. 이를 위해 전문가가 작성한 라이브러리를 import 하여 사용할 수 있다. 그러나 이러한 과정을 진행하면서 전문가가 작성한 프로그램을 명확히 이해하지 못할 수도 있다. 우리는 이를 정확하게 사용할 수 있는 능력을 키우기 위해 기본적인 개념들을 학습한 것이다.

tkinter를 배우는 목적은 〈9장〉과 〈10장〉에서 학습한 클래스 지식을 활용하여 tkinter 라이브러리를 비롯한 다른 라이브러리를 더 쉽게 이해하고 사용하는 것이다. tkinter를 사용하기 위한 기본적인 구문을 ChatGPT와 함께 학습하고, import한 라이브러리를 효율적으로 활용하기 위해서는 가져온 라이브러리의 내부를 추측하면서 사용하는 경험이 중요하다.

전문가가 작성한 프로그램을 사용할 때 하나하나의 기능보다는 우선 전체적인 구성을 이해하고 사용하는 것도 효율적인 학습 방법이다. tkinter 라이브러리는 아래 4개의 기능으로 분류하고 그 아래 클래스가 정의되어 있다.

syntax : tkinter 전체 구성 이해

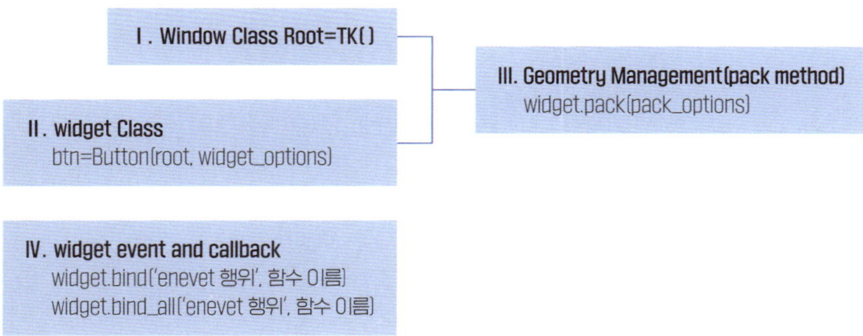

syntax : 기능의 이해

1. **윈도우** : 실행 결과 화면
2. **위젯 클래스** : 이벤트가 일어날 수 있는 위젯 만들기
3. **위치 관리 manager 함수** : 위젯의 위치
4. **이벤트와 바인딩** : 위젯 함수에 이벤트(Event, 사건)

1 〉 tkinter의 전체 구조

다음 코드는 파이썬의 표준 라이브러리 중 하나인 tkinter 모듈을 불러오는 코드이다.

```
import tkinter
```

1.1 윈도우 위젯(객체) 생성

tkinter 라이브러리의 클래스 중 Tk 클래스가 윈도우 객체를 생성하는 클래스이다. 이 Tk 클래스가 가장 상위층의 (Toplevel) 위젯을 생성하고, 이 위에 다른 위젯을 추가할 수 있습니다. tkinter 모듈에 대한 공식 documentation은 'https://docs.python.org/release/3.11.2/library/tkinter.html'에서 찾을 수 있으며, 이를 참고하여 다음과 같은 내용을 참고하여 thkinter를 사용하는 방법을 익힐 수 있다.

```
class tkinter.Tk(screenName=None, baseName=None, className='Tk', useTk=1)

The Tk class is instantiated without arguments. This creates a toplevel
widget of Tk which usually is the main window of an application. Each instance
has its own associated Tcl interpreter.
```

1.2 위젯 클래스 객체

가장 상위의 객체인 윈도우 객체 위에 새로운 위젯 객체를 만들어 위치시킨다.

그리고 윈도우 객체(부모가 되는 인스턴스)와 위젯 클래스 객체를 연결하는 과정이 아래 제시된 방식으로 필요하다.

```
위젯 클래스 객체=위젯(부모가 되는 인스턴스, option1=xxxx, option2=xxxx, ......)
```

위젯을 놓을 위치를 지정해야 한다. 첫째, 위젯을 어디 위에 놓을지 결정하는 것이다(부모가 되는 인스턴스 위에 놓는다.). 둘째, 부모 인스턴스 위 중에서 구체적으로 놓을지는 pack()을 사용한다. 옵션은 위젯의 종류에 따라 다르다.

1.3 위젯 클래스 배치

geometry manager 인터페이스 메소드 중 하나인 pack()을 사용하여 윈도우 객체에 위젯 클래스 객체를 배치한다.

```
위젯클래스객체.pack(option)
위젯클래스객체.grid(option)
위젯클래스객체.place(option)
```

- 부모 인스턴스의 구체적 위치 설정 option
- side = TOP, LEFT, RIGHT, BOTTOM

1.4 이벤트와 바인딩

사건(Event)이 일어나도록 하고 사건의 내용은 함수로 정의하여 다음과 같이 함수를 호출한다.

```
tkinter.Button(command=함수명)
```

2 〉 위젯 생성 (1)

지금까지 살펴본 클래스의 관점으로 보면 tkinter 모듈 내에 위젯들은 클래스로 정의되어 있다. 위젯의 생성은 객체를 생성하는 것이다. 객체를 생성할 때 사용할 매개변수가 Option으로 정의되어 있다. 그 중 일부 매개변수를 사용하지 않고 객체를 생성하면 디폴트 매개변수로 객체가 생성되는 것이다. 위젯들은 사용자가 쉽게 만들면서도 다양하게 디자인할 수 있도록 기본적으로 많은 선택사항을 매개변수로 정의해 놓고 있다. 이 매개변수 중 필요한 것만 선택해서 사용하면 되기 때문에 Option이라고 부르기도 한다. 선택사항이 많은 모듈을 이용할 때 ChatGPT는 유용하게 사용될 수 있다. 이때 정확히 질문하기 위해 Keyword(개념)를 정확히 알고 있으면 도움이 된다.

2.1 윈도우 위젯 생성

윈도우 위젯을 만들기 위해 먼저 tkinter의 최상위 위젯(윈도우 위젯) 클래스인 Tk 클래스를 사용한다. 윈도우 위젯 클래스인 Tk의 객체를 생성하고 버튼 클래스의 객체를 생성하여 pack() 메소드를 이용하여 원하는 위치에 배치한다.

실제 프로그램 코드를 보면서 학습해 보자. 다음 페이지에 제시된 '윈도우 객체 생성' 코드 2개는 import 방식에 차이만 있을 뿐 동일한 기능의 코드이다. 앞으로 나오는 예제들은 첫 번째 예제의 import 방식을 사용하도록 하겠다. 두 번째 방식은 초보자가 사용하다 import된 라이브러리인지 현재 프로그램에서 작성된 내용인지 명확하지 않을 수 있기 때문에 첫 번째 방식으로 설명하겠다.

윈도우 객체 생성

다음과 같이 윈도우 객체를 만든다.

```
import tkinter
otk=tkinter.Tk() # -------------------> ①
obtn=tkinter.Button(otk, text="click") # --> ②
obtn.pack() # ----------------------> ④
otk.mainloop()
```

```
from tkinter import *
otk=Tk()
obtn=Button(otk, text="click")
obtn.pack()
```

코드 설명

① 윈도우 객체(위젯)를 생성하고 객체명이 otk이다.

② Button 객체(위젯)를 생성하면서 부모가 되는 위젯 자리에 otk를 입력하여 otk 윈도우와 버튼 객체를 연결한다.

③ pack() 메소드를 사용하여 실제 윈도우 객체(otk) 위에 버튼 객체(obtn)를 위치시킨다.

코드를 ChatGPT에게 설명을 부탁하면 다음과 같이 설명한다.

아래 코드를 설명해줘.

```
import tkinter
otk=tkinter.Tk()
obtn=tkinter.Button(otk, text="click")
obtn.pack()
otk.mainloop()
```

위 코드는 파이썬에서 GUI(Graphical User Interface) 프로그램을 개발하기 위해 사용되는 tkinter 모듈을 이용하여 윈도우 창을 생성하고, 버튼을 추가하는 예시 코드입니다.

1. import tkinter : tkinter 모듈을 import 합니다.
2. otk=tkinter.Tk() : Tk() 함수를 사용하여 윈도우 창 객체를 생성하고, 그 객체를 'otk' 변수에 저장합니다.
3. obtn=tkinter.Button(otk, text="click") : Button() 함수를 사용하여 'otk' 객체 내에 버튼 객체를 생성하고, 그 버튼 객체를 'obtn' 변수에 저장합니다. 'text' 매개변수를 사용하여 버튼의 텍스트를 "click me"로 지정합니다.
4. obtn.pack() : pack() 함수를 사용하여 'obtn' 버튼 객체를 'otk' 윈도우 창에 배치합니다.
5. otk.mainloop() : mainloop() 함수를 사용하여 'otk' 윈도우 창이 계속해서 실행합니다. 윈도우 창이 종료될 때까지 프로그램의 실행 흐름을 막습니다.

위 코드를 실행하면, "click me" 텍스트를 가진 버튼이 포함된 윈도우 창이 생성됩니다. 버튼을 클릭하면 어떠한 동작도 수행하지 않는 간단한 GUI 프로그램이 실행됩니다.

ChatGPT가 제시한 설명으로도 프로그램의 결과를 충분히 이해할 수 있을 것이다. 이 프로그램을 실행하면 나타나는 윈도우 창의 크기는 포함된 위젯의 크기에 따라 결정된다. 만약 위젯의 크기를 의도한 대로 설정하려면 geometry(메소드)를 사용한다. 이처럼 ChatGPT에게 프로그램을 설명을 요청했듯이 관심이 있는 분야의 라이브러리를 import 하여 작성한 프로그램을 ChatGPT에게 질문하면서 새로운 분야를 학습하는 것은 굉장히 현명한 ChatGPT 사용 방법이다.

Tk 클래스

syntax : geometry 메소드

```
geometry("가로길이x세로길이+윈도우창왼쪽x축 좌표+윈도우창왼쪽y축좌표")
```

문법 추가 설명

- x : 알파벳 소문자 x다.
- \+ : 연산자 +다.

숫자와 각 기호들 사이에 띄어쓰기 없이 표시한다. 여기서는 띄어쓰기도 syntax의 하나이다.

다음은 geometry 메소드의 예시 코드이다. 코드를 살펴보면서 geometry 메소드의 규칙을 살펴보자.

syntax : geometry()

```
import tkinter
otk = tkinter.Tk()
otk.geometry("100x150")
obtn = tkinter.Button(otk, text="click")
obtn.pack()
otk.mainloop()
```

```
import tkinter
otk = tkinter.Tk()
otk.geometry("100x150+400+400")
obtn = tkinter.Button(otk, text="click")
obtn.pack()
otk.mainloop()
```

함수 호출

다음은 함수 호출의 예시 코드이다.

syntax : 함수

```
command = 함수명
```

```
def hello():
    print("hello there")
from tkinter import *
otk=Tk()
obtn=Button(otk, text="click me", command=hello) # ---> ①
obtn.pack()
```

코드 설명

살펴본 함수 호출 예시 코드는 버튼을 클릭했을 때 사건(event)이 일어나도록 바인딩을 하는데, 이벤트가 발생하면(버튼 클릭) ① command=hello에서 지정한 hello 함수가 호출된다. 따라서 버튼을 클릭하면 hello 함수가 실행되며 "hello there" 문자열이 화면에 출력된다. 주의할 점은 함수 호출 시 괄호 ()를 사용하지 않고 함수 이름만 사용해야 한다는 것이다.

2.2 버튼 위젯 생성

import tkinter as tk와 같이 tk로 명칭을 축약한 import 방식은, tkinter 클래스에서 가져온 위젯(객체)에 대해 더욱 편리하게 사용할 수 있다. 그러나 이 방식을 사용할 경우, 현재 프로그램에서 정의된 것인지 tkinter 클래스에서 정의된 것인지 혼동될 수 있기 때문에, 레이블 생성부터는 학습을 위해 import tkinter 방식을 사용하여 설명하겠다.

syntax : Button 클래스 & pack() 메소드

```
from tkinter import *
oroot = Tk()
obutton1 = Button(oroot, text="PUSH1")
obutton2 = Button(oroot, text="PUSH2")
obutton3 = Button(oroot, text="PUSH3")
obutton1.pack()
obutton2.pack()
obutton3.pack()
oroot.mainloop()
```

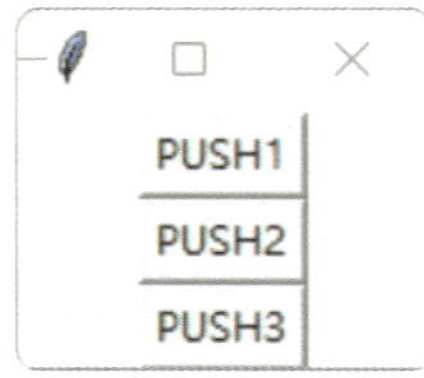

위에서 3개의 버튼을 만들고 위치를 지정하기 위해 위치를 지정하는 메소드인 pack의 옵션 side를 사용하여 버튼을 배치한 결과이다.

2.3 레이블 위젯 생성

레이블(Label) 클래스는 텍스트를 화면에 출력하기 위해 사용된다.

syntax : Label 클래스 & pack() 메소드

```
from tkinter import *
oroot = Tk()
olabel1 = Label(oroot, text="적", bg="red", width = 20)
olabel2 = Label(oroot, text="녹", bg="green", width=20)
olabel3 = Label(oroot, text="파", bg="blue", width=20)
olabel1.pack()
olabel2.pack()
olabel3.pack()
oroot.mainloop()
```

위젯(객체) 중 Button 위젯과 Label 위젯을 간단한 코드로 살펴보았다. 코드와 오른쪽에 제시된 실행 결과를 보면서 각 위젯의 괄호 안에 있는 옵션(매개변수)들이 무엇을 의미하는지 충분히 추측할 수 있을 것이다. 이때 기본적으로 어떤 매개변수들이 정의되어 있는지 ChatGPT에게 다음과 같이 질문을 해보았다.

syntax : Button

tkinter.Button() 위젯의 옵션을 설명해줘.

tkinter.Button()은 클릭 가능한 버튼을 생성하는 위젯입니다. 이 위젯의 주요 옵션들은 다음과 같습니다:

1. text : 버튼에 표시될 텍스트를 지정합니다.
2. font : 버튼의 글꼴을 지정합니다.
3. fg(foreground) : 버튼의 텍스트 색상을 지정합니다.
4. bg(background) : 버튼의 배경 색상을 지정합니다.
5. width : 버튼의 폭을 지정합니다.
6. height : 버튼의 높이를 지정합니다.
7. command : 버튼을 클릭했을 때 실행할 함수를 지정합니다.
8. state : 버튼의 상태를 지정합니다. 'normal', 'active', 'disabled' 등이 있습니다.
9. padx : 버튼의 좌우 여백을 지정합니다.
10. pady : 버튼의 상하 여백을 지정합니다.
11. relief : 버튼의 외곽선 모양을 지정합니다. 'flat', 'raised', 'sunken', 'groove', 'ridge' 등이 있습니다.
12. image : 버튼에 표시될 이미지를 지정합니다.
13. compound: 버튼의 이미지와 텍스트를 어떻게 결합할지 지정합니다. 'none', 'top', 'bottom', 'left', 'right', 'center' 등이 있습니다.

이 외에도 다양한 옵션이 존재합니다. 이 중에서도 가장 자주 사용되는 옵션은 text, command, fg, bg 등입니다. 이러한 옵션을 조합하여 버튼 위젯을 원하는 모양으로 꾸밀 수 있습니다. 또한, command 옵션을 활용하여 버튼을 클릭했을 때 실행할 함수를 지정할 수 있습니다.

syntax : Label

tkinter.Label() 위젯의 옵션을 설명해줘.

tkinter.Label()은 텍스트나 이미지를 표시하는 위젯입니다. 이 위젯의 주요 옵션들은 다음과 같습니다:

1. text : 라벨에 표시될 텍스트를 지정합니다.
2. font : 라벨의 글꼴을 지정합니다.
3. fg(foreground) : 라벨의 텍스트 색상을 지정합니다.
4. bg(background) : 라벨의 배경 색상을 지정합니다.
5. width : 라벨의 폭을 지정합니다.
6. height : 라벨의 높이를 지정합니다.
7. anchor : 라벨의 텍스트나 이미지를 어디에 맞출지 지정합니다. 'n', 's', 'e', 'w' 및 이들을 조합한 문자열로 지정할 수 있습니다.
8. padx : 라벨의 좌우 여백을 지정합니다.
9. pady : 라벨의 상하 여백을 지정합니다.
10. relief : 라벨의 외곽선 모양을 지정합니다. 'flat', 'raised', 'sunken', 'groove', 'ridge' 등이 있습니다.
11. image : 라벨에 표시될 이미지를 지정합니다.
12. compound : 라벨의 이미지와 텍스트를 어떻게 결합할지 지정합니다. 'none', 'top', 'bottom', 'left', 'right', 'center' 등이 있습니다.
13. justify : 라벨의 텍스트가 여러 줄일 경우 어떻게 정렬할지 지정합니다. 'left', 'right', 'center' 등이 있습니다.
14. wraplength : 라벨의 텍스트가 한 줄을 넘어갈 경우, 텍스트를 감싸는 너비를 지정합니다.

이 외에도 다양한 옵션이 존재합니다. 이 중에서도 가장 자주 사용되는 옵션은 text, fg, bg, font 등입니다. 이러한 옵션을 조합하여 라벨 위젯을 원하는 모양으로 꾸밀 수 있습니다.

ChatGPT가 제시한 약 13개 이상의 옵션들은 각각 다른 특성을 갖는 위젯들에 대한 것으로, 이 중에서 필요한 옵션을 선택해서 사용하면 된다는 것이다. 이렇게 선택 사항이 많은 경우, 전체적인 내용을 확인하고 나에게 필요한 내용을 선택하여 유용하게 사용할 수 있다.

2.4 Entry 위젯 생성

Entry 위젯은 프로그램을 실행하면서 사용자에게 필요한 데이터를 입력할 때 유용한 위젯(객체)으로, 텍스트 프로그램에서 input() 함수에 해당한다고 생각하면 이해하기 쉽다.

문자 입력 위젯

문자 입력을 할 수 있는 위젯을 만드는 프로그램의 예시이다.

```
import tkinter
oroot=tkinter.Tk()

oent=tkinter.Entry(oroot) # ---> ①
oent.pack()
olabel=tkinter.Label(oroot, text="이름입력")
olabel.pack()
oroot.mainloop()
```

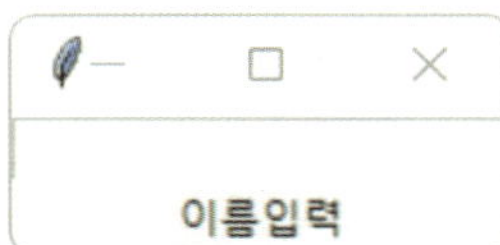

코드 설명

① 간단히 문자열을 입력할 수 있는 위젯을 만드는 코드이다.

문자 동적 입력 위젯

문자 동적 입력을 할 수 있는 위젯을 만드는 프로그램의 예시이다.

```
import tkinter
oroot=tkinter.Tk()
ostring=tkinter.StringVar() # --------> ①
oentry=tkinter.Entry(oroot, textvariable=ostring) # ---> ②
oentry.pack()
olabel=tkinter.Label(oroot, textvariable=ostring)
olabel.pack()
oroot.mainloop()
```

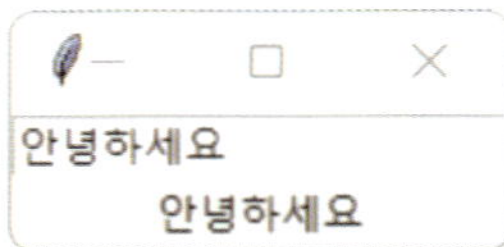

코드 설명

① StringVar()는 실행할 때 변수 타입이 자동으로 결정되는 동적 할당이다. 여기에서는 ostring이 문자열 변수임을 선언한다.

② 문자열 변수임을 선언한 다음 textvariable 옵션 값이 ostring으로 할당되어, Entry 객체에 입력되는 데이터가 ostring 변수에 저장된다.

3 〉 Geometry manager interface method

클래스의 객체(위젯)을 생성하고 이 위젯을 정확한 위치에 배치하기 위해서 필요한 메소드를 학습해 보자. 상위층 윈도우 창과 위젯들의 종류와 상황에 따라 사용하기 편리한 메소드를 선택하여 사용하면 된다. 지금까지 사용한 pack() 메소드 외에도 grid()와 palce() 메소드를 살펴보자.

3.1 위젯을 윈도우 위젯에 위치시키는 메소드

지금까지는 pack() 메소드를 이용해 윈도우에 기본값으로 위치하였다. 이제 위젯을 원하는 위치에 놓기 위해 매개변수(옵션)를 지정하기 전에 ChatGPT에게 전체적인 정보를 얻고, 정보를 바탕으로 정리해 보자.

파이썬 tkinter에서 pack() grid() place() 옵션을 설명해줘.

tkinter에서 pack(), grid(), place()는 위젯을 윈도우에 배치하는 방법을 지정하는 메소드입니다.

1. pack() : 위젯을 윈도우의 상위에서 하위로 배치합니다.

- side : 위젯이 배치될 방향을 지정합니다. 'left', 'right', 'top', 'bottom' 중 하나를 선택할 수 있습니다.
- fill : 위젯이 부모 위젯의 빈 공간을 채울지 여부를 지정합니다. 'x'는 가로 방향, 'y'는 세로 방향, 'both'는 둘 다 채웁니다.
- expand : 부모 위젯의 크기가 변경될 때 위젯을 확장할지 여부를 지정합니다.

2. grid() : 위젯을 격자 형태로 배치합니다.

- row, column : 위젯이 배치될 행과 열을 지정합니다.
- rowspan, columnspan : 위젯이 여러 행 또는 열을 차지할 경우 지정합니다.
- sticky : 위젯이 셀 내에서 어느 방향으로 정렬될지 지정합니다. 'N', 'E', 'S', 'W' 또는 이들을 조합한 문자열로 지정할 수 있습니다.

3. place() : 위젯을 윈도우 내에서 정확한 위치에 배치합니다.

- x, y : 위젯의 좌측 상단 모서리가 위치할 x, y 좌표를 지정합니다.
- relx, rely : 부모 위젯의 크기에 상대적인 위치를 지정합니다. 값은 0에서 1까지의 비율입니다.
- width, height : 위젯의 너비와 높이를 지정합니다.

위의 메소드들을 사용하여 위젯을 배치할 때, 각각의 메소드들은 유연하게 사용될 수 있으며, 특정 상황에서 특정 메소드를 사용하는 것이 적절할 수 있습니다. 예를 들어, pack()은 위젯이 순서대로 정렬되어야 할 때 유용하며, grid()는 격자 형태의 레이아웃이 필요할 때 사용합니다. place()는 다른 메소드들보다 자유도가 높지만, 레이아웃이 동적으로 변경되는 경우에는 적합하지 않을 수 있습니다.

이때 지금 필요한 정보만 정리한다. AI는 다른 정보를 다시 질문하면 더 정리가 잘된 정보를 언제든 제공한다.

종류	위치 옵션	위치 옵션 값	예시
pack()	side	"left", "right", "top", "bottom"	pack(side='left')
grid()	row, column	행렬 위치를 사용하면 된다. 실행하면 column=4라고 입력해도 상대적 위치인 2열에 위치한다.	grid(row=1, column=0)
place()	x, y	윈도우 창 내에서 절대 x, y 위치를 의미한다.	place(x=10, y=60)

실제 코딩해 보면 ChatGPT가 한국말로 제대로 설명했는지 확인할 수 있다. 프로그램을 실행해 정리한 의미가 올바른지 확인해 보자.

syntax : grid()

```
import tkinter
oroot = tkinter.Tk()
oroot.geometry("200x100+600+300")
obutton1 = tkinter.Button(oroot, text="PUSH1")
obutton2 = tkinter.Button(oroot, text="PUSH2")
obutton3 = tkinter.Button(oroot, text="PUSH3")
obutton1.(side='left')
obutton2.pack(side='right')
obutton3.pack(side='top')
oroot.mainloop()
```

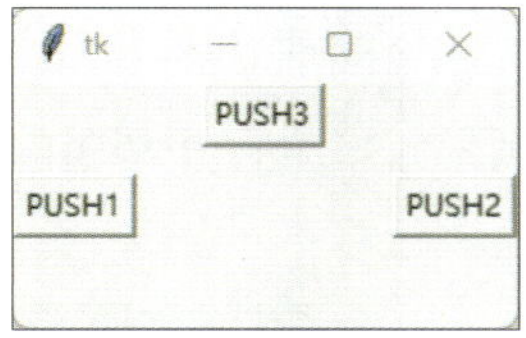

syntax : pack()

```
import tkinter
oroot = tkinter.Tk()
oroot.geometry("200x100+600+300")
obutton1 = tkinter.Button(oroot, text="PUSH1")
obutton2 = tkinter.Button(oroot, text="PUSH2")
obutton3 = tkinter.Button(oroot, text="PUSH3")
obutton1.pack(side='left')
obutton2.pack(side='right')
obutton3.pack(side='top')
oroot.mainloop()
```

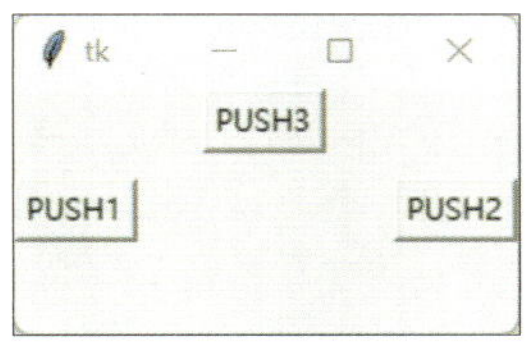

syntax : place()

```
import tkinter
oroot = tkinter.Tk()
oroot.geometry("200x100")
obutton1 = tkinter.Button(oroot, text="PUSH1")
obutton2 = tkinter.Button(oroot, text="PUSH2")
obutton3 = tkinter.Button(oroot, text="PUSH3")
obutton1.place(x=10, y=60)
obutton2.place(x=140, y=60)
obutton3.place(x=80, y=10)
oroot.mainloop()
```

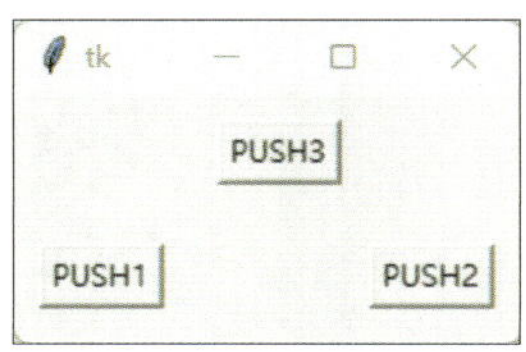

더 정확한 위젯 위치 지정을 위해서는 추가적인 정보가 필요하다. 프로그램의 구문을 자세히 살펴볼 때 필요하지 않은 내용까지 모두 자세히 파악하려 하면 학습 속도가 느려질 뿐만 아니라 모든 내용을 기억하는 것도 힘들다. 이때, ChatGPT와 같은 대화형 인공지능을 활용하여 필요한 정보를 학습하면서 더 자세한 내용이 필요한 경우에는 적절한 질문을 통해 정보를 얻는 것이 효율적인 학습 방법이다.

ChatGPT 활용하기

ChatGPT에게 버튼과 레이블을 배치하는 프로그램을 작성하도록 하였다.

```
import tkinter as tk

root=tk.Tk()

# 버튼과 레이블 생성
button1=tk.Button(root, text="Button 1")
button2=tk.Button(root, text="Button 2")
label1=tk.Label(root, text="Label 1")
label2=tk.Label(root, text="Label 2")

# grid()로 위젯 배치
button1.grid(row=0, column=0)
button2.grid(row=0, column=1)
label1.grid(row=1, column=0)
label2.grid(row=1, column=1)

# place()로 위젯 배치
button1.place(x=50, y=50)
button2.place(x=150, y=50)
label1.place(x=50, y=100)
label2.place(x=150, y=100)

root.mainloop()
```

위의 코드에서는 grid()를 사용하여 버튼과 레이블을 그리드 형태로 배치하고, place()를 사용하여 절대 좌표로 배치하고 있다.

4 〉 이벤트와 바인딩

위젯 버튼을 클릭하면 사건(이벤트)이 일어나게 만들기 위해 함수를 정의하고 함수를 호출한다.

주문 버튼 생성

클릭하면 주문할 수 있는 주문 버튼을 만드는 프로그램의 예시이다.

```
import tkinter
def order():
    print("주문하세요")
root=tkinter.Tk()
btn=tkinter.Button(root,text="주문", command=order)
btn.pack()
root.mainloop()
```

시작 버튼 생성

클릭하면 시작할 수 있는 시작 버튼을 만드는 프로그램의 예시이다.

```
import tkinter
def msg():
    print("start tkinter")
```

```
root=tkinter.Tk()
mlabel=tkinter.Label(root, text="시작레이블")
mlabel.pack(side='top')

mbutton=tkinter.Button(root, text="시작버튼", command=msg)
mbutton.pack(side='bottom')
root.mainloop()
```

5 위젯 생성 (2)

일상생활에서 사용하는 주문 프로그램은 선택 시 라디오 버튼과 체크 버튼을 많이 사용한다. 라디오 버튼과 체크 버튼을 객체(위젯)로 만들어 보고, 윈도우 창에 이미지를 추가하는 방법과 옵션 메뉴를 추가하는 방법을 ChatGPT와 함께 살펴보자.

5.1 라디오 버튼

라디오 버튼은 선택 범주 중 하나만 선택이 가능하다. 이제부터 라디오 버튼으로 메뉴를 선택하는 프로그램을 만들어 보자.

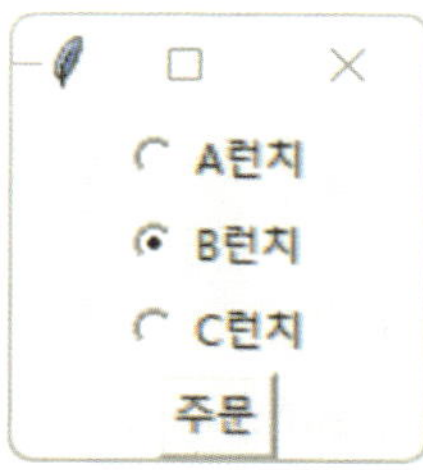

라디오 버튼 코드

다음 제시된 라디오 버튼을 만드는 프로그램 코드를 살펴본다. 제시된 코드를 ChatGPT에게 질문하면서 프로그램을 이해해 보자.

```
import tkinter
oroot=tkinter.Tk()
radio_value=tkinter.IntVar() # ------------------> ①
radio_value.set(1) # ----------------------------> ②
lunch={0: "A런치", 1:"B런치", 2:"C런치"}
orb1=tkinter.Radiobutton(oroot, text=lunch[0],variable=radio_value, value=0)
                                                                    # ---> ③
orb1.pack()
orb2=tkinter.Radiobutton(oroot, text=lunch[1], variable=radio_value, value=1)
orb2.pack()
orb3=tkinter.Radiobutton(oroot, text=lunch[2], variable=radio_value, value=2)
orb3.pack()
def buy():
    value=radio_value.get() # ----------------> ④
    print(lunch[value])

obutton=tkinter.Button(oroot, text="주문", command=buy)
obutton.pack()
oroot.mainloop()
```

〈화면 출력〉

```
C런치
```

코드 설명

먼저 ③의 Radiobutton 인수를 알아보기 위해 ChatGPT에게 질문한다.

tkinter.Radiobutton() 인수를 설명해줘.

tkinter.Radiobutton() 함수는 라디오 버튼을 생성하기 위한 함수입니다. 이 함수에는 다음과 같은 인수가 있습니다.

1. master : 라디오 버튼이 배치될 윈도우나 프레임을 지정합니다. 필수 인수입니다.

2. text : 라디오 버튼 옆에 표시될 레이블의 텍스트를 지정합니다. 기본값은 빈 문자열('')입니다.
3. variable : 라디오 버튼이 선택되었을 때 선택된 값을 저장하기 위한 변수를 지정합니다. 모든 라디오 버튼은 같은 변수를 사용해야 하며, 이 변수는 IntVar(), DoubleVar(), StringVar(), BooleanVar() 중 하나의 인스턴스여야 합니다. 필수 인수입니다.
4. value : 라디오 버튼이 선택되었을 때 variable 변수에 저장될 값입니다. 기본값은 0입니다.
5. command : 라디오 버튼이 선택되었을 때 실행될 함수를 지정합니다.

이 질문에 ChatGPT는 12개의 Radiobutton 인수를 나열한다. 여기서는 가장 많이 사용되고 필요한 부분만을 포함했다.

1. master는 위의 코드 oroot에 해당하는 부분이다.
2. text는 라디오 버튼 오른쪽에 나타난 문자열을 표시한다.
3. variable 부분부터가 좀 더 설명이 필요한 부분이다. 즉, 예제에 3개의 라디오 버튼이 있는데 이 중 어느 버튼이 클릭되어 있는지 정보를 저장할 변수명을 지정해 주는 것이다. 예제에서는 radio_value라는 변수에 저장한다고 지정한다.
4. value는 variable 인수가 지정한 변수 radio_value에 저장될 데이터를 지정하는 인수이다. 즉, 세 번째 라디오 버튼을 클릭하면 value에 지정되어 있는 정수 2가 radio_value 변수에 저장된다.

설명 중에 '이 변수는 IntVar(), DoubleVar(), StringVar(), BooleanVar() 중 하나의 인스턴스여야 합니다.' 부분은 ①에 대한 설명으로 이해가 어려울 것이다. 이 부분을 ChatGPT에게 질문해 보자.

tkinter.IntVar(), tkinter.StringVar(), tkinter.BooleanVar()을 설명해줘.

tkinter.IntVar(), tkinter.StringVar(), 그리고 tkinter.BooleanVar()은 파이썬의 tkinter 모듈에서 제공하는 클래스로, GUI (그래픽 사용자 인터페이스) 어플리케이션에서 사용할 수 있는 변수를 나타냅니다.

- tkinter.IntVar()는 정수 값을 저장하는 변수를 생성합니다. 이 변수는 Checkbutton, Radiobutton, 그리고 Scale 등과 같은 위젯과 연결될 수 있습니다.
- tkinter.StringVar()는 문자열 값을 저장하는 변수를 생성합니다. 이 변수는 Entry, Label, 그리고 OptionMenu 등과 같은 위젯과 연결될 수 있습니다.
- tkinter.BooleanVar()는 불리언 값을 저장하는 변수(참(True)) 또는 거짓(False))을 생성합니다. 이 변수는 Checkbutton 등과 같은 위젯과 연결될 수 있습니다.

이러한 변수들은 GUI에서 사용자가 입력한 값을 저장하고, 변수 값이 변경될 때 동적으로 위젯에 표시되는 값을 업데이트할 수 있도록 합니다. 이러한 변수들을 사용하여 Python에서 상호작용하는 GUI 애플리케이션을 만들 수 있습니다.

여기서 '변수값이 변경될 때 동적으로 위젯에 표시되는 값'이라는 표현을 간단히 '동적할당'이라고 한다. 쉽게 예를 들면, 내가 현재 프로그램을 코딩할 때 결정되지 않은 값으로 실제 프로그램이 실행될 때 그 값이 결정된다는 의미이다. 프로그램을 실행하기 전에 3개의 라디오 버튼 중 어떤 버튼이 클릭될 지는 위의 프로그램을 실행하고 나서야 결정이 된다. 이런 경우 tkinter에서 실행하는 동안 결정되는 데이터를 넣을 변수는 동적할당을 지정해야만 한다.

다음은 ②, ④에 대해 ChatGPT에 물어보자.

동적변수에서 사용하는 get( ) 메소드와 set( ) 메소드를 설명해줘.

get() 메소드와 set() 메소드는 tkinter 모듈의 동적 변수 (IntVar(), StringVar(), BooleanVar() 등)에서 사용할 수 있는 메소드입니다.

get() 메소드는 동적 변수에 저장된 값을 가져오는데 사용됩니다. 예를 들어, my_var = tkinter.StringVar() 와 같이 문자열 값을 저장하는 StringVar() 인스턴스를 생성한 후, my_var.get()을 호출하면 이 변수에 저장된 값이 반환됩니다. 이 메소드를 사용하여 사용자가 입력한 값을 가져올 수 있습니다.

set() 메소드는 동적 변수에 값을 설정하는데 사용됩니다. 예를 들어, my_var.set("Hello, world!")와 같이 set() 메소드를 사용하여 my_var에 "Hello, world!"라는 문자열 값을 설정할 수 있습니다. 이 메소드를 사용하여 GUI 어플리케이션의 위젯에 표시되는 값을 업데이트할 수 있습니다.

따라서, get() 메소드와 set() 메소드는 동적 변수의 값을 가져오거나 설정하여 GUI 애플리케이션에서 사용자가 입력한 값을 저장하거나, 그리고 동적 변수의 값을 업데이트하여 어플리케이션의 상태를 변경하는 데 사용됩니다.

② radio_value.set(1)은 radio_value 동적 변수에 값이 1이 설정되어 있어서 두 번째 라디오 버튼이 디폴트 값으로 선택되어 있는 것이다.

④ value = radio_value.get()은 사용자가 1번째 라디오 버튼을 클릭하면 raio_value 동적 변수에는 값이 0이 할당되고 radio_value.get() 메소드가 0을 리턴하여 value 변수에 0이 저정된다.

5.2 체크 버튼

체크 버튼은 라디오 버튼과 다르게 주어진 group(범주) 중 여러 개를 선택하는 것이 가능하다. 체크 버튼과 라디오 버튼은 이외에는 유사한 점이 많다.

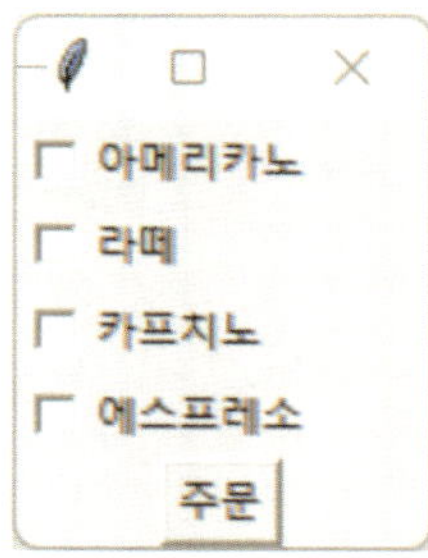

체크 버튼 코드

라디오 버튼과 같은 방법으로 ChatGPT에게 질문하면서 프로그램을 이해해 보자.

```
import tkinter
oroot=tkinter.Tk()
coffee={0:"아메리카노", 1:"라떼", 2:"카프치노", 3:"에스프레소"}
check_value={}
for i in range(len(coffee)):
    check_value[i]=tkinter.BooleanVar()
     ocheckbutton=tkinter.Checkbutton(oroot,variable=check_value[i],
text=coffee[i])
    ocheckbutton.pack(anchor="w")

def buy():
    for i in check_value:
        if check_value[i].get()==True:
            print(coffee[i])

tkinter.Button(oroot, text="주문", command=buy).pack()
oroot.mainloop()
```

코드 설명

ChatGPT에게 tkinter.Checkbutton() 인수를 질문하여 알아본다.

tkinter.Checkbutton() 인수를 설명해줘.

tkinter.Checkbutton() 함수는 체크박스를 생성하는 데 사용되는 Tkinter 위젯입니다. 체크박스는 사용자가 선택/해제할 수 있는 옵션을 제공하는 데 사용됩니다. tkinter.Checkbutton() 함수는 다음과 같은 인수를 받습니다:

- master : 이 체크박스 위젯의 부모 위젯입니다.
- text : 체크박스 옆에 표시되는 레이블 텍스트입니다.
- variable : 체크박스의 상태를 나타내는 Tkinter 변수입니다. 체크박스가 선택되면 이 변수의 값이 1로 설정되며, 해제되면 0으로 설정됩니다. 이 인수는 필수적입니다.
- onvalue : variable 변수가 체크되었을 때의 값입니다. 기본값은 1입니다.
- offvalue : variable 변수가 해제되었을 때의 값입니다. 기본값은 0입니다.

5.3 이미지 추가

윈도우 창에 이미지를 추가해 보자. 위에서 배운 레이블에 text를 추가하는 대신 이미지를 추가하는 간단한 작업이다.

레이블에 이미지 추가

레이블에 이미지를 추가하는 코드를 살펴본다.

```
import tkinter
oroot=tkinter.Tk()
oroot.geometry("200x100")
img1=tkinter.PhotoImage(file='pizzasb2.png') # -> ①
img_label=tkinter.Label(oroot, image=img1) # ---> ②
img_label.place(x=-20, y=-20) # ---------------> ③
obutton1=tkinter.Button(oroot, text="PUSH1")
obutton2=tkinter.Button(oroot, text="PUSH2")
obutton3=tkinter.Button(oroot, text="PUSH3")
obutton1.place(x=10, y=60)
obutton2.place(x=140, y=60)
obutton3.place(x=80, y=10)
oroot.mainloop()
```

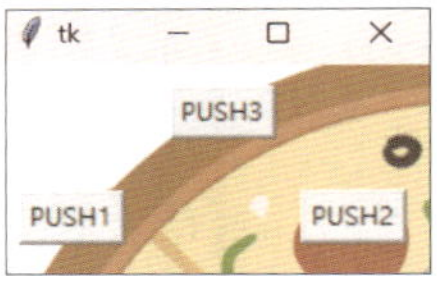

코드 설명

① 이미지를 위젯으로 만들고 위젯 이름을 'img1'로 한다. 사용할 이미지는 현재 진행 중인 프로그램을 저장할 같은 폴더에 저장한다.

② 레이블에 text 대신 image를 추가한다.

③ 현재 가져온 'pizzasb2.png' 이미지를 place(x=−20, y=−20)부터 이미지의 중심이 화면에 나오게 한다.

이미지를 작게 설정할 수도 있는데, 이 부분이 궁금하다면 ChatGPT에게 질문해서 추가해 보자.

5.4 옵션 메뉴

메뉴를 선택할 때 드롭다운 메뉴에서 선택하는 방법에 익숙할 것이다. tkinter에는 유사한 위젯들이 여러 개 있다. ChatGPT에게 옵션 메뉴에 대해 질문했다.

옵션 메뉴 선택 코드

옵션 메뉴를 만들어 선택할 수 있는 프로그램의 코드를 살펴본다.

```
import tkinter as tk
root=tk.Tk()

# 옵션 리스트
options_list=['Option 1', 'Option 2', 'Option 3']

# 선택한 옵션을 저장할 변수
selected_option=tk.StringVar()

# 초기 선택 옵션
selected_option.set(options_list[0])

# OptionMenu 생성
option_menu=tk.OptionMenu(root, selected_option,
*options_list)
option_menu.pack()
root.mainloop()
```

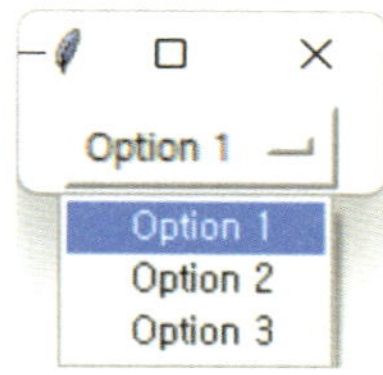

'옵션 메뉴 코드' 프로그램을 복사하고 ChatGPT에 붙여 넣어 설명을 요구하면 다음과 같이 자세히 설명한다.

OptionMenu 위젯에 사용할 옵션 리스트를 생성합니다.

```
options_list=['Option 1', 'Option 2 ', 'Option 3']
```

선택한 옵션을 저장할 변수를 생성합니다.

```
selected_option=tk.StringVar()
```

변수 'selected_option'의 초기 값을 옵션 리스트의 첫 번째 값으로 설정합니다.

```
selected_option.set(options_list[0])
```

'OptionMenu' 위젯을 생성합니다.

```
option_menu=tk.OptionMenu(root, selected_option, *options_list)
```

- root : OptionMenu 위젯을 생성할 윈도우 인스턴스
- selected_option : 선택한 옵션 저장할 변수
- *options_list : 옵션 리스트

ChatGPT가 제시한 프로그램을 살펴보면서 완전하지 않지만 이해할 수 있었을 것이다. 하지만 *option_list를 정확히 이해하는데 어려움이 있을 것이다. 이를 다시 ChatGPT에게 질문한다.

*options_list에 왜 *가 붙었는지 설명해줘.

'*' 기호는 함수 호출 시 리스트의 요소를 개별 인자로 전달하기 위한 파이썬의 언패킹(unpacking) 기능입니다.

위 예제에서 'OptionMenu' 생성자의 인자 중 '*options_list'는 'options_list' 리스트의 모든 요소를 개별 인자로 전달하기 위해 사용됩니다. 따라서 '*options_list'를 사용하면 'OptionMenu' 생성자는 다음과 같은 인자를 받게 됩니다.

```
option_menu=tk.OptionMenu(root, selected_option, 'Option 1', 'Option 2',
'Option 3')
```

만약 '*'를 사용하지 않고 'options_list' 리스트 자체를 전달하면 다음과 같은 결과가 발생합니다.

```
option_menu=tk.OptionMenu(root, selected_option, options_list)
```

위 코드는 'OptionMenu' 생성자의 인자 중 세 번째 인자('*options_list')에 'options_list' 리스트 자체를 전달하므로, 'OptionMenu' 위젯의 옵션 리스트가 리스트 자체로 표시되어 제대로 작동하지 않습니다. 따라서 '*' 기호를 사용하여 리스트의 요소를 개별 인자로 전달해야 합니다.

① option_menu = tk.OptionMenu(root, selected_option, *options_list)
② option_menu = tk.OptionMenu(root, selected_option,'Option 1', 'Option 2', 'Option 3')이 동일하지만, *리스트명으로 간단히 표현할 수 있다.

즉, 리스트로 선언되어 있는 option_list의 각 요소 각각을 매개변수로 넘기는데 간단히 *리스트명을 쓰면 매개변수 3개를 각각 사용한 것과 동일하다는 것이다.

③ option_menu = tk.OptionMenu(root, selected_option,options_list)로 실행하면 아래와 같은 결과가 실행된다.

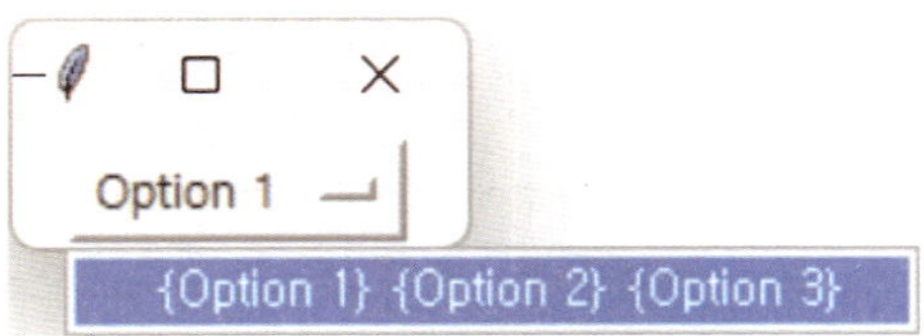

〈11장〉에서는 주로 ChatGPT에게 질문하면서 학습을 진행하였다. 하지만 모듈 프로그램 사용은 많은 기능을 갖고 다양한 옵션이 있어서 모든 기능을 학습하는 것은 비효율적일 수 있다. 따라서 우선 핵심적인 내용을 정확히 이해하고, 참고 자료를 활용하여 프로그램을 작성할 수 있도록 노력해야 한다. 이후에 필요한 기능이 있으면 ChatGPT에게 물어보면서 추가하여 프로그래밍하는 것은 효율적인 학습 방법 중 하나이다.

| 12장 |

GUI 기반 피자 주문 프로그램

학습 목표

ChatGPT가 작성한 프로그램을 같이 분석하면서 학습하겠다. 무료 ChatGPT로 tkinter를 사용해 피자 주문 프로그램을 작성을 요구하였다. 피자와 음료수 메뉴의 수는 직접 지정하였으며, 메뉴와 가격 등의 세부사항은 ChatGPT가 결정하고 프로그래밍하였다. 중간에 실행이 멈추면 ChatGPT에게 반복적으로 요구하여 코드를 완성하다. 이번 장에서는 ChatGPT가 제시한 코드 90%에 저자가 코드를 추가하여 완성하고, 세부 사항 중 가격을 조각 피자 가격에 맞게 수정하여 3가지 완성된 코드를 제시한다.

1 〉 tkinter 체크 버튼과 옵션 메뉴

tkinter 체크 버튼과 옵션 메뉴를 이용하여 다음과 같이 조각 피자 주문 프로그램을 만들어 본다.

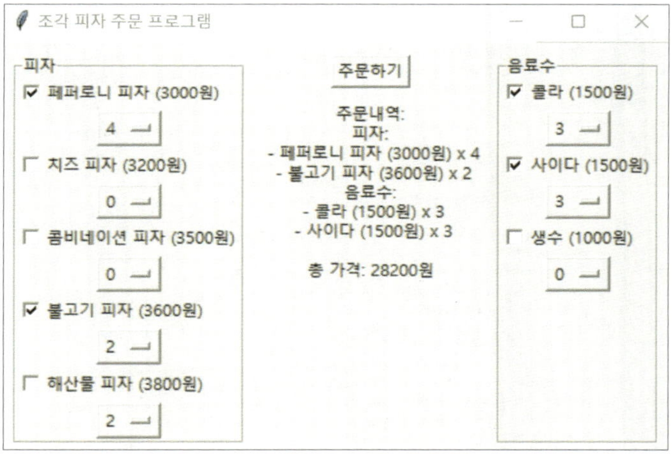

조각 피자 주문 프로그램 코드

체크 버튼과 선택 옵션 메뉴로 수량을 선택할 수 있는 코드를 작성한다.

```
import tkinter as tk

def order():
    total_price=0
    order_list="주문내역:\n"

    # 피자 주문내역 생성
    order_list+="피자:\n"
    for pizza, price in pizza_menu.items():
```

```
        if pizza_vars[pizza].get()==True: # -------------------> ①
            pizza_count=pizza_option_vars[pizza].get() # ------> ②
            if pizza_count:
                pizza_count=int(pizza_count)
                order_list+=f" - {pizza} ({price}원) x {pizza_count}\n"
                total_price+=price * pizza_count

    # 음료수 주문내역 생성
    order_list+="음료수:\n"
    for drink, price in drink_menu.items():
        if drink_vars[drink].get()==True:
            drink_count=drink_option_vars[drink].get()
            if drink_count:
                drink_count=int(drink_count)
                order_list+=f" - {drink} ({price}원) x {drink_count}\n"
                total_price+=price * drink_count

    # 총 주문 가격 추가
    order_list+=f"\n총 가격: {total_price}원"

    # 주문내역 출력
    order_text.set(order_list) # -------> ③

# 피자 메뉴와 가격
pizza_menu={
    "페페로니 피자": 3000,
    "치즈 피자": 3200,
    "콤비네이션 피자": 3500,
    "불고기 피자": 3600,
    "해산물 피자": 3800
}

# 음료수 메뉴와 가격
drink_menu={
    "콜라": 1500,
    "사이다": 1500,
    "생수": 1000
}

# 피자 선택 체크 버튼
pizza_vars={}
```

```
pizza_option_vars={}
root=tk.Tk()
root.title("조각 피자 주문 프로그램")
pizza_frame=tk.LabelFrame(root, text="피자")
pizza_frame.pack(side='left', padx=10, pady=10, fill="both", expand="yes")
for pizza, price in pizza_menu.items():
    pizza_vars[pizza]=tk.BooleanVar() # --------------> ④
    pizza_option_vars[pizza]=tk.StringVar() # ---------> ⑤
    pizza_option_vars[pizza].set("0") # ------------------> ⑥
    chk=tk.Checkbutton(pizza_frame, text=f"{pizza} ({price}원)", variable\
                =pizza_vars[pizza]) # --------------------> ④-1
    chk.pack(anchor="w")
    option=tk.OptionMenu(pizza_frame, pizza_option_vars[pizza], *[str(i)\
                 for i in range(1, 11)]) # --------------------> ⑤-1
    option.pack(side="top")

# 음료수 선택 체크 버튼
drink_vars={}
drink_option_vars={}
drink_frame=tk.LabelFrame(root, text="음료수")
drink_frame.pack(side='right', padx=10, pady=10, fill="both", expand="yes")
for drink, price in drink_menu.items():
    drink_vars[drink]=tk.BooleanVar()
    drink_option_vars[drink]=tk.StringVar()
    drink_option_vars[drink].set("0")
    chk=tk.Checkbutton(drink_frame, text=f"{drink} ({price}원)", variable\
                 =drink_vars[drink])
    chk.pack(anchor="w")
    option=tk.OptionMenu(drink_frame, drink_option_vars[drink], *[str(i)\
                 for i in range(1, 11)])
    option.pack(side="top")

# 주문 버튼
order_btn=tk.Button(root, text="주문하기", command=order)
order_btn.pack(pady=10)

# 주문내역 출력 창
order_text=tk.StringVar() # --------------------------> ⑦
order_label=tk.Label(root, textvariable=order_text) # -----> ⑦-1
order_label.pack()

root.mainloop()
```

코드 설명

oder() 함수가 정의되어 있다. order 함수 정의가 끝나면 피자 메뉴와 음료수 메뉴가 딕셔너리로 정의되어 있다.

```
pizza_frame=tk.LabelFrame(root, text="피자")
tk.Checkbutton(pizza_frame,  ............................)
```

위 두 코드는 위젯을 하나의 프레임에 묶어서 표현하는 기능을 보여 준다. 이전에는 체크 버튼 위젯을 윈도우 창(root) 위에 직접 위치시켰지만, 이번에는 프레임 위젯(틀, LabelFrame)을 윈도우 창(root) 위에 위치시키고 그 안에 체크 버튼 위젯을 위치시킴으로써 위젯들을 보다 정돈된 형태로 디스플레이하는 기능이다.

• 피자 선택 체크 버튼

④ 체크 버튼으로 되어 있는 피자 메뉴가 선택되었는지 실행하면서 확인할 수 있도록 Boolean 동적 변수로 정의되어 있다.

쉽게 설명하기 위해 ④와 ④-1을 한 줄로 작성하면 다음과 같다.

```
variable=pizza_vars[pizza]  pizza_vars[pizza]=tk.BooleanVar()
```

즉, Checkbutton의 매개변수 variable에 피자 메뉴의 선택여부를 True False 값으로 동적으로 할당하는 데이터형 BooleanVar() 메소드를 사용하여 저장한다는 의미를 두 줄의 명령어로 나누어 정의한 것이다.

예를 들어, 페퍼로니 피자를 선택했다면 pizza_vars={'페퍼로니피자': True}라고 저장되어 있다고 생각하면 된다. 물론 화면에 그대로 출력되지는 않지만, 컴파일러는 저장되어 있는 의미로 해석한다. ④-1는 한 줄 명령어인데 두 줄로 표현하기 위해 첫째줄 맨 끝에 역슬래시(\)를 입력하고 엔터키를 누르면 된다. ⑤-1와 그외 한 줄 긴 명령어에도 적용되어 있다.

옵션 메뉴에 해당되는 ⑤, ⑤-1, ⑥을 살펴보면 매개변수의 이름 없이 옵션이 사용되고 있다. 매개변수의 위치에 따라 값을 구별한다고 생각하면 어떨까? 이를 확인하기 위해 ChatGPT에게 질문했다.

OptionMenu의 매개변수를 설명해줘.

OptionMenu는 tkinter 위젯 중 하나로, 사용자가 선택할 수 있는 목록 형태의 옵션을 제공합니다. OptionMenu 생성자는 다음과 같은 매개변수를 받습니다.

- master : OptionMenu 위젯을 배치할 부모 위젯 또는 윈도우 인스턴스
- variable : 사용자가 선택한 옵션 값을 저장할 StringVar 또는 IntVar 인스턴스
- value : OptionMenu 위젯에 표시할 옵션 값 리스트
- command : 옵션을 선택했을 때 호출될 콜백 함수

master, variable, value 매개변수는 필수적으로 제공해야 하며, command 매개변수는 선택적으로 제공할 수 있습니다.

ChatGPT가 제시한 설명을 살펴보면 variable 매개변수가 있지만 명시하지 않아도 필수적으로 사용해야 한다는 내용이다. 그렇다면 컴파일러는 사용된 매개변수의 이름이 없어도 master, variable, value는 위치로 구별하는 것이라고 생각하면 된다. 파이썬 프로그램을 작성하면서 import 모듈을 사용하는 경우, 같은 매개변수도 굳이 구별을 위해 사용할 필요가 없으면 설명을 생략하기도 한다.

⑤-1의 variable 매개변수의 값은 선택한 옵션값으로, ⑥에 의해 선택하지 않으면 문자열 "0"이 디폴트값으로 선택된다. ⑤-1에서 매개변수 value의 값을 [str(i) for i in range(1, 11)]로 지정하고 있다.

우선 for i in range(1, 11)이 실행되어 1부터 10까지의 정수 순열로 나열된다. 이를 str(i) 문자열로 데이터형을 변경한 후 [ ] 리스트로 변경한 것이다. 즉, 문자열 1부터 문자열 10까지 10개의 문자열을 매개변수로 넘기는 것이다.

예를 들어, 페퍼로니 피자의 수량을 옵션에서 3을 선택했다면 pizza_option_vars={'페퍼로니피자': '3'}라고 저장되어 있다고 생각하면 된다. 물론 출력하면 그대로 화면에 출력되지는 않지만, 컴파일러는 예를 든 의미로 해석한다.

• 피자 주문 생성 버튼

order_btn = tk.Button(root, text="주문하기", command=order)에서 주문하기 버튼을 클릭하면 order 함수가 호출된다.

order 함수 내의 ①은 pizza_vars 변수에서 체크 버튼이 선택된 피자인 경우만, ②는 그 피자의 선택 수량을 get() 메소드를 이용해 pizza_count에 저장한다.

• 주문내역 출력

주문 결과를 출력하는 코드를 이해해 보자.

③은 order 함수가 실행되면서 주문 메뉴가 order_list에 저장되어 있고 그 내용으로 order_text 변수의 값을 설정하는 것이다.

⑦과 ⑦-1을 한 줄로 정리하면 다음과 같다.

```
textvariable=order_text   order_text=tk.StringVar()
```

⑦에서 order_text 변수의 데이터형은 동적으로 결정되는 StringVar() 데이터형으로 Label에 표시될 값을 나타내는 매개변수 textvariable의 값이다. 즉, Label에 주문내역이 출력되는 것이다.

2 〉 함수로 만든 피자 주문 프로그램

entry 위젯으로 주문 수량을 선택하는 GUI 프로그램이다. 이 프로그램의 90%는 ChatGPT가 작성한 프로그램으로, 주문내역을 살펴보면 수량이 0인 내역도 모두 화면에 출력하고 있다.

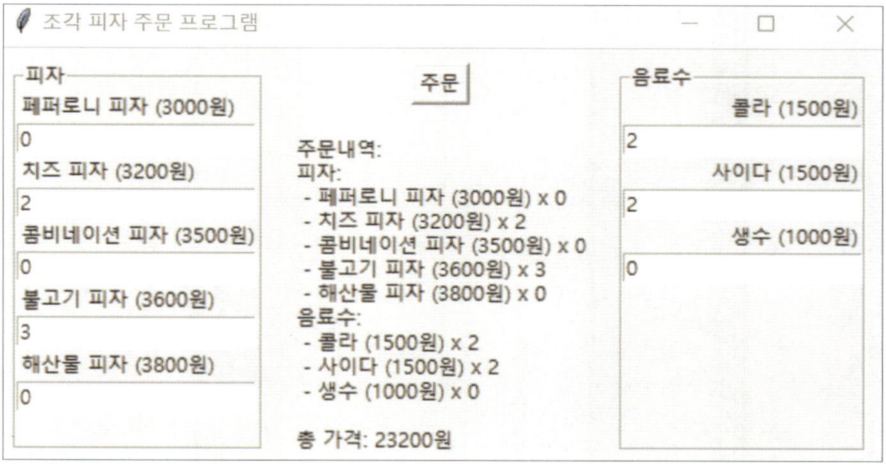

함수 프로그램 코드

```
# [완료7]tkinter 함수로 완성
# 함수로 만든 피자 주문 완성 코드

import tkinter as tk

def order():
    total_price=0
    order_list="주문내역:\n"
```

```
    # 피자 주문내역 생성
    order_list+="피자:\n"
    # order_list=oreder_list+"피자:\n"와 동일코드를 축약하여 표현한 것이다.
    for pizza, price in pizza_menu.items():
        pizza_count=pizza_vars[pizza].get()
        if pizza_count: # ----------------------------------------> ①
            pizza_count=int(pizza_count) # ----------------------> ②
            order_list+=f" - {pizza} ({price}원) x {pizza_count}\n" # --> ③
            total_price+=price * pizza_count

    # 음료수 주문내역 생성
    order_list+="음료수:\n"
    for drink, price in drink_menu.items():
        drink_count=drink_vars[drink].get()
        if drink_count:
            drink_count=int(drink_count)
            order_list+=f" - {drink} ({price}원) x {drink_count}\n"
            total_price+=price * drink_count

    # 총 주문가격 추가
    order_list+=f"\n총 가격: {total_price}원"

    # 주문내역 출력
    order_text.set(order_list)

# 피자 메뉴와 가격
pizza_menu={
    "페퍼로니 피자": 3000,
    "치즈 피자": 3200,
    "콤비네이션 피자": 3500,
    "불고기 피자": 3600,
    "해산물 피자": 3800
}

# 음료수 메뉴와 가격
drink_menu={
    "콜라": 1500,
    "사이다": 1500,
    "생수": 1000
}

# 피자 선택 엔트리
pizza_vars={}
root=tk.Tk()
```

```
root.title("조각 피자 주문 프로그램")
pizza_frame=tk.LabelFrame(root, text="피자")
pizza_frame.pack(side='left', padx=10, pady=10, fill="both", expand="yes")
for pizza, price in pizza_menu.items():
    pizza_vars[pizza]=tk.StringVar(value="0")
    lbl=tk.Label(pizza_frame, text=f"{pizza} ({price}원)")
    lbl.pack(anchor="w")
    ent=tk.Entry(pizza_frame, textvariable=pizza_vars[pizza])
    ent.pack(anchor="w")

# 음료수 선택 엔트리
drink_vars={}
drink_frame=tk.LabelFrame(root, text="음료수")
drink_frame.pack(side='right', padx=10, pady=10, fill="both", expand="yes")
for drink, price in drink_menu.items():
    drink_vars[drink]=tk.StringVar(value="0")
    lbl=tk.Label(drink_frame, text=f"{drink} ({price}원)")
    lbl.pack(anchor="e")
    ent=tk.Entry(drink_frame, textvariable=drink_vars[drink])
    ent.pack(anchor="e")

# 주문 버튼
btn=tk.Button(root, text="주문", command=order)
btn.pack(pady=10)


# 주문내역 출력 레이블
order_text=tk.StringVar()
order_text.set("주문내역:\n")
order_label=tk.Label(root, textvariable=order_text, justify="left")
order_label.pack(padx=10, pady=10, fill="both", expand="yes")

root.mainloop()
```

코드 설명

주문내역을 보면 주문 수량이 0이어도 주문내역에 포함되어 있다. 다음 코드를 살펴보면서 왜 그런지 설명해 보자.

```
for pizza, price in pizza_menu.items():
    pizza_count=pizza_vars[pizza].get()
    if pizza_count: # ----------------------------------------> ①
        pizza_count=int(pizza_count) # ----------------------> ②
        order_list+=f" - {pizza} ({price}원) x {pizza_count}\n" # -> ③
        total_price+=price * pizza_count
```

이유 설명

pizza_count는 우리가 주문을 하지 않아도 기본값으로 '0'으로 설정되어 있다. 정수 0은 불린(Boolean) 값으로는 False를 나타내며, 그 이외의 모든 값은 True이다. 정수 0과 1은 이진수(Binary)로 표현되는 디지털 데이터에서 정수 0은 모든 자릿수의 값이 0으로 표시되어 False이며, 그 외의 모든 데이터는 표현되는 자릿수 중에 하나라도 정수 1이 포함되어 있기 때문에 True이다.

ChatGPT 결합과제 01 주문 수량 1개 이상인 내역 출력하기

ChatGPT가 작성한 프로그램의 일부를 수정해서 주문 수량이 1개 이상인 내역만 출력하도록 코딩해 보자.

코드 수정

```
for pizza, price in pizza_menu.items():
    pizza_count=pizza_vars[pizza].get()
    pizza_count=int(pizza_count) # --------------> ②
    if pizza_count: # ---------------------------------------> ①
        order_list+=f" - {pizza} ({price}원) x {pizza_count}\n" # -> ③
        total_price+=price * pizza_count
```

여러 방식으로 수정할 수 있지만, 클래스로 만든 코드와 비교하면 알 수 있다. 스스로 코드를 수정하고 결과를 확인해 보자.

3 〉 클래스로 만든 피자 주문 프로그램

클래스로 작성한 프로그램 코드를 살펴보기 전에 다음 프로그램 이미지를 먼저 살펴보자. 주문 수량이 1개 이상인 주문내역만 출력하고 있다.

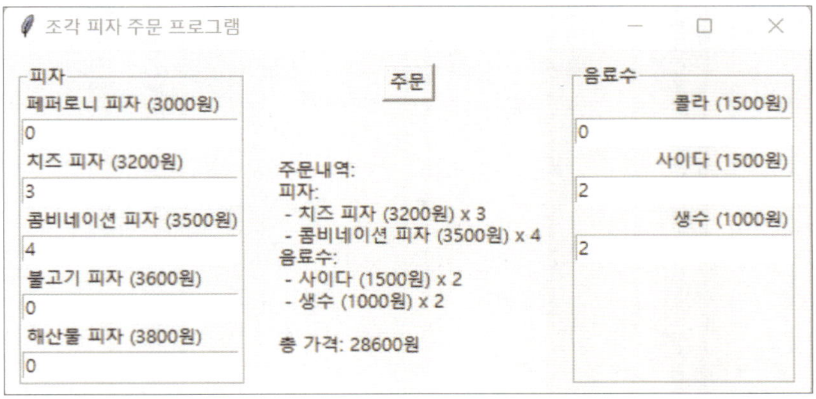

클래스 프로그램 코드

```
import tkinter as tk

class PizzaOrderApp:
    def __init__(self, root): # ------------> ①
        self.root=root
        root.title("조각 피자 주문 프로그램")

        # 피자 메뉴와 가격
        self.pizza_menu={
            "페퍼로니 피자": 3000,
            "치즈 피자": 3200,
            "콤비네이션 피자": 3500,
```

```
        "불고기 피자": 3600,
        "해산물 피자": 3800
    }

    # 음료수 메뉴와 가격
    self.drink_menu={
        "콜라": 1500,
        "사이다": 1500,
        "생수": 1000
    }

    # 피자 선택 엔트리
    self.pizza_vars={}
    self.pizza_frame=tk.LabelFrame(root, text="피자")
    self.pizza_frame.pack(side='left', padx=10, pady=10,
                      fill="both",\ expand="yes")
    for pizza, price in self.pizza_menu.items():
        self.pizza_vars[pizza]=tk.StringVar(value="0")
        lbl=tk.Label(self.pizza_frame, text=f"{pizza} ({price}원)")
        lbl.pack(anchor="w")
        ent=tk.Entry(self.pizza_frame, textvariable=self.pizza_vars\
                [pizza])
        ent.pack(anchor="w")

    # 음료수 선택 엔트리
    self.drink_vars={}
    self.drink_frame=tk.LabelFrame(root, text="음료수")
    self.drink_frame.pack(side='right', padx=10, pady=10,
                      fill="both",\ expand="yes")
    for drink, price in self.drink_menu.items():
        self.drink_vars[drink]=tk.StringVar(value="0")
        lbl=tk.Label(self.drink_frame, text=f"{drink} ({price}원)")
        lbl.pack(anchor="e")
        ent=tk.Entry(self.drink_frame, textvariable=self.drink_vars[drink])
        ent.pack(anchor="e")

    # 주문 버튼
    btn=tk.Button(root, text="주문", command=self.order)
    btn.pack(pady=10)
```

```
        # 주문내역 출력 레이블
        self.order_text=tk.StringVar()
        self.order_text.set("주문내역:\n")
        order_label=tk.Label(root, textvariable=self.order_text, justify=\
                             "left")
        order_label.pack(padx=10, pady=10, fill="both", expand="yes")
    def order(self): # ------> ②
        total_price=0
        order_list="주문내역:\n"

# 선택한 피자 메뉴와 가격 출력
        order_list+="피자:\n"
        for pizza, price in self.pizza_menu.items():
            if self.pizza_vars[pizza].get():
                pizza_count=int(self.pizza_vars[pizza].get())
                if pizza_count > 0:
                    order_list+=f" - {pizza} ({price}원) x {pizza_count}\n"
                    total_price+=price * pizza_count



        order_list+="음료수:\n"
        for drink, price in self.drink_menu.items():
            if int(self.drink_vars[drink].get()):
                drink_count=int(self.drink_vars[drink].get())
                if drink_count > 0:
                    order_list+=f" - {drink} ({price}원) x {drink_count}\n"
                    total_price+=price * drink_count


        # 주문내역 출력
        order_list+=f"\n총 가격: {total_price}원"
        self.order_text.set(order_list)

if __name__=='__main__': # ---------> ③
     root=tk.Tk() # ------------------> ③-1
     app=PizzaOrderApp(root) # ------> ③-2
     root.mainloop()
```

코드 설명

① 객체가 생성되면 자동으로 호출되는 생성자로 윈도우 위젯을 매개변수로 받아 프로그램을 실행한다.

② 메소드로 주문 함수를 작성하였다.

③ 프로그램이 최상위 프로그램인 경우만 실행되도록 한다.

③-2 윈도우 위젯을 클래스 객체의 인수로 사용한다.

이렇게 클래스로 작성하는 것은 import 하여 다른 응용프로그램을 쉽게 작성하는 데 용이하다.

| 13장 |

파일 처리

학습 목표

지금까지 프로그램에서 처리한 결과는 메인 메모리(변수)에 저장되었기 때문에 실행이 끝나면 메모리에 저장된 내용은 삭제되었다. 실행이 끝나서도 결과를 사용하려면 이를 하드디스크에 저장해야 한다. 데이터를 입력해서 처리하고 결과를 출력하는 과정을 저장 위치에 따라 구별하고 처리 방법을 학습해 보자.

저장 위치에 따른 데이터 저장 형식은 다음과 같다.

1. **하드디스크** : 파일
2. **메인 메모리** : 변수
3. **웹사이트** : html

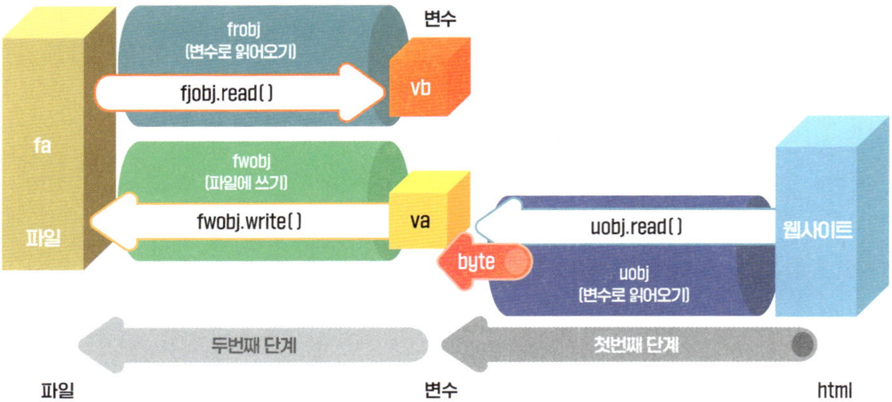

저장 위치에 따라 저장 방식이 다르기 때문에 입력과 출력 방법도 다르며, 파이썬에서는 파일 입출력을 쉽게 처리할 수 있도록 함수 및 클래스를 제공한다.

표준 입력 장치와 출력 장치에서 읽기와 쓰기를 위해서는 표준 입출력 함수를 사용하고, 하드디스크에 파일 형식으로 읽고 쓰기를 위해서는 파일 입출력 함수를 사용한다.

1 〉 파일 입출력

메인 메모리 변수에 저장된 데이터를 하드디스크에 저장하는 것을 '파일 출력(파일 쓰기)'이라고 하고, 하드디스크에 저장된 파일을 메인 메모리 변수로 가져오는 것을 '파일 입력(파일 읽기)'이라고 한다.

지금까지 변수에 저장된 데이터를 표준 출력 장치에 출력하기 위해 함수 print()를 사용하고 표준 입력 장치인 키보드에서 입력하기 위해 함수 input()을 사용하였다. 입출력 작업을 위해 내장되어 제공하는 파이썬 내장 함수를 사용한다.

1.1 open() 함수

파일 입출력은 파일 객체를 생성하여 입출력 작업을 수행한다. open() 함수를 사용하여 파일 객체를 생성한 후, 파일 객체의 멤버 함수를 사용하여 입출력 작업을 수행한다. 따라서, open()은 실제로 클래스로 생각하는 것이 더 적절하지만, 일반적으로 함수라는 용어를 사용한다. open() 함수는 파일 객체를 생성하고, 파일로부터 데이터를 읽어 메모리에 적재하거나, 메모리에서 파일 쓰기를 실행한다.

파일 객체	파일 객체 생성
open 클래스의 객체	파일 객체명 = open(파일 이름, 파일 모드)

1.2 파일 입출력을 위한 모드

파일도 하나의 객체이며, 시각적으로 생각할 때 메인 메모리와 하드디스크 사이에 길을 만드는데 이 길을 '파일 객체'라고 생각하면 이해가 쉽다. 이때 파일 객체를 사용하여 파일 모드를 지정하는데, 읽기를 위한 모드인지, 쓰기를 위한 모드인지, 아니면 읽고 쓰기를 위한 모드인지를 지정할 수 있다.

syntax : 파일 모드

r	파일 읽기
w	파일 쓰기(파일이 존재하지 않으면 파일을 생성하고, 파일이 존재하면 덮어 쓴다.)

1.3 파일 입출력 함수

open() 함수는 내장 함수가 아니라 내장 클래스로, 파일 객체를 생성하는 클래스다. open 클래스에는 파일을 읽는 메소드(read), 파일에 쓰는 메소드(write), 파일을 닫는 메소드(close) 등이 내장되어 정의된 메소드를 가져다 사용하면 된다. close() 메소드는 파일을 닫아 사용한 자원을 반환하는 기능을 한다.

syntax : 파일 객체 메소드

닫기	읽기	쓰기
파일객체명.close()	파일객체명.read()	파일객체명.write()

2 〉 파일 쓰기

메인 메모리에서 작업한 결과를 실행이 끝난 이후에도 결과를 계속해서 이용하려면 그 결과를 하드디스크에 저장해야 한다. 실제로 우리가 사용하는 하드디스크에는 hwp, doc, xlsx, py 등 여러 파일이 저장되어 있다. 예를 들면, 응용 프로그램인 한글 프로그램에서 상단 메뉴에 있는 '파일' → '다른 이름으로 저장하기' 메뉴를 클릭하여 한글 파일을 저장하는 기능이 있다. 이러한 기능을 텍스트 프로그램으로 작성하는 것이다. 파이썬으로 구현한 코드를 〈11장〉에서 배운 tkinter와 연결하여 GUI 프로그램으로 작성할 수도 있다. GUI 프로그램으로 작성하면 사용자가 보다 직관적으로 쉽게 응용 프로그램을 사용할 수 있는데, 한글 등 여러 응용프로그램들이 GUI 인터페이스로 파일을 쓰고 읽을 수 있도록 도와준다. 이번에는 파일을 읽고 쓰는 작업이 GUI 인터페이스가 아닌 text 프로그램으로 작성하는 것이 다를 뿐이다. 'a.txt' 파일이 하드디스크 폴더에 저장되어 있을 때, 이 파일을 읽어와서 현재 실행 중인 파이썬 프로그램에서 사용하기 위해서는 먼저 파일을 주기억장치(RAM)에 적재(loading)해야 한다. 이 과정을 단계별로 설명하면 다음과 같다.

1. 쓰기 위한 길(객체)을 만드는 과정이 open()이다.
2. write() 함수를 이용하여 실제 변수의 내용이 파일로 쓰는 과정이 이루어진다.
3. 이 길(객체)을 닫는 과정을 close()라고 한다.

write( ) 메소드가 리턴하는 값은 저장된 문자의 바이트 수이다. 파일은 바이트 단위로 이루어진 데이터들이 연속적으로 저장되어 있는 스트림 형태이다. 우선 파일에 저장하기 위한 데이터를 메인 메모리의 변수에 저장하고 변수의 내용을 파일로 저장해 보자.

파일 쓰기 코드

```
vb="변수 vb에 저장된 내용"
fwobj=open("fa.txt","w") # ------> ①
b=fwobj.write(vb) # ------------> ②
print(b)
fwobj.close() # ----------------> ③
```

〈화면 출력〉

```
10
```

코드 설명

① open() 함수에 의해 파일을 열면 파일 객체가 반환되고, 반환된 객체를 fwobj 변수에 할당한다. 시각적으로 설명하면 fwobj 변수는 fa.txt(파일 이름)로 저장될 파일과 연결된 길(객체)을 가리키는 포인터와 같다. open() 함수는 파일까지의 경로를 찾아서 해당 파일에 대한 객체를 만들고, fwobj 변수에 해당 객체를 할당하여 파일을 읽고 쓰는데 사용된다.

② 쓰기 통로(객체, fwobj)가 fa.txt에 연결되고 객체의 메소드 fwobj.write(변수명)를 사용하여 지정한 변수의 내용을 파일로 쓴다.

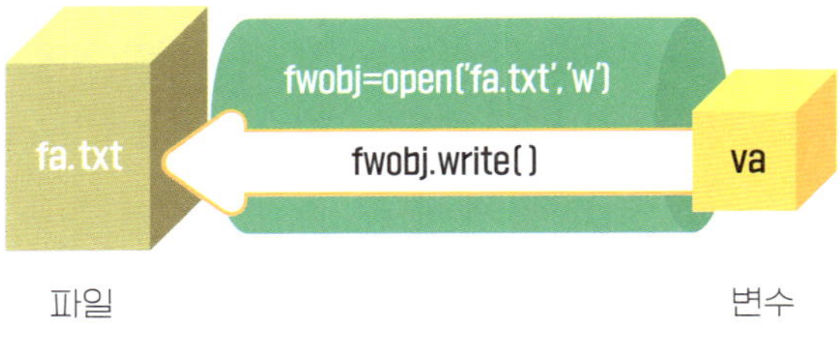

③ 쓰기 위한 객체를 생성한 것은 컴퓨터 자원을 점유하는 것이다. 다 사용하고 나면 자원을 다른 곳에서 사용될 수 있게 해야 한다. 즉, 생성한 통로를 삭제하여 파일 입출력을 위해 사용한 객체를 소멸시킨다.

저장된 파일은 작성한 프로그램이 저장되어 있는 폴더에 위치한다. 위의 프로그램을 실행하고 'fa.txt' 파일을 메모장 프로그램으로 열어보면 'fa.txt' 파일에 va 변수의 내용이 쓰여져 있는 것을 확인할 수 있다.

3 〉 파일 읽기

하드디스크에 저장되어 있는 파일과 메인 메모리 간에 길(객체)을 만들고 읽기 메소드(read())를 사용해서 메인 메모리로 읽어오는 과정이다.

1. 읽어오기 위한 길(객체)을 만드는 과정이 open()이다.
2. read() 함수를 이용하여 실제 파일의 바이트스트림을 변수로 읽어 들어 오는 과정이 이루어진다.
3. 이 길(객체)를 닫는 과정이 close()이다.

파일 읽기 코드

다음 프로그램은 저장되어 있는 파일을 읽어오는 방식이다.

```
frobj=open('fa.txt','r') # ------> ①
vb=frobj.read() # ---------------> ②
frobj.close() # -----------------> ③
print(vb) # ---------------------> ④
```

〈화면 출력〉

변수 vb에 저장된 내용

코드 설명

① open() 함수를 이용해 파일을 열면 파일 객체가 반환된다. 반환된 객체를 frobj에 저장한다. 이때 파일에서 읽어오기 전에는 파일과 메인 메모리 사이에 통로(객체)를 만들어야 한다. 읽어올 파일의 이름은 'fa.txt'이며 이 파일과 메인 메모리 사이에 통로를 만들고, 이 통로의 이름을 'frobj'로 설정한다. 파일 객체는 파일과 통로가 연결된 것으로 생각하면 이해가 쉬울 것이다.

```
frobj=open("fa.txt", "r")
```

② 생성된 통로를 통해 read() 메소드를 이용하여 fa.txt 파일에 저장된 내용을 읽어온다. 읽기의 통로가 파일에 연결되어 있으므로, vb = frobj.read() 명령어가 실행되면 파일의 내용이 변수 vb로 읽혀져 저장된다.

③ close() 함수를 이용하여 객체를 닫는다. 파일 입출력을 위해 사용한 객체를 소멸시킨다.

④ 변수에 내용이 제대로 저장되어 있는지 확인함으로써 파일 읽기가 제대로 수행되었는지 확인하기 위한 추가적인 과정이다.

파일을 읽고 쓰는 과정에서는 사용하는 운영체제와 프로그래밍 언어, 그리고 인코딩 형식에 따라 설정을 추가해야 할 경우가 있다. 클래스를 정의할 때 특정 매개변수를 생략하면 기본값이 적용되어 문제 없이 동작하는 경우도 있지만, 문제가 발생하는 경우에는 특정 값을 지정하여 해결할 수 있다. 파일 클래스도 마찬가지이다.

syntax : encoding 설정

```
open('파일명', 파일 열기 모드, encoding='①')
```

① 인코딩 지정의 종류

- 한글일 경우, encoding='cp949', encoding='euc-kr'
- 윈도우 사용자, encoding='UTF-8', encoding='CP949'

4 〉 자동으로 파일 닫기

앞서 생성한 객체가 더 이상 사용되지 않는 경우, 명시적으로 객체를 소멸시키기 위해 close() 함수를 이용하였다. 하지만 with open() 함수를 사용하면 close() 함수를 명시적으로 호출하지 않아도 블록을 벗어날 때 자동으로 파일 객체가 닫히므로 편리하다. with open() 함수를 이용한 객체 생성 방법을 알아보자.

syntax : with open()

<table>
<tr><td rowspan="2">파일 쓰기</td><td>〈open() 함수〉<pre>1. vfileobj = open("vfilesaved.txt", "w")
2. vfileobj.write(vwordwrite)
3. vfileobj.close()</pre></td></tr>
<tr><td>〈with open() 함수〉<pre>with open("vfilesaved.txt", "w") as vfileobj: -> ①
        vfileobj.write(vwordwrite)</pre></td></tr>
<tr><td rowspan="2">파일 읽기</td><td>〈open() 함수〉<pre>1. vfileobj = open("vfilesaved.txt", "r")
2. vb=vfileobj.read()
3. vfileobj.close()
print(vb)</pre></td></tr>
<tr><td>〈with open() 함수〉<pre>with open("vfilesaved.txt", "r") as vfileobj: -> ②
        vb = vfileobj,read()
print(vb)</pre></td></tr>
</table>

문법 설명

이해를 돕기 위해 기존의 open() 함수 사용 방법과 동일하게 실행하는 with open() 함수 코드를 같이 작성하였다.

① 파일 쓰기의 open() 함수와 동일한 기능을 하고 쓰기 과정이 완료되면 자동으로 생성된 객체를 소멸시킨다. 즉, close()를 명시적으로 쓸 필요가 없다.

② 파일 읽기의 open() 함수와 동일한 기능을 하고 쓰기 과정이 완료되면 자동으로 생성된 객체를 소멸시킨다. 즉, close()를 명시적으로 쓸 필요가 없다.

ChatGPT 활용하기

데이터를 프로그램으로 다루기 위해서는 메인 메모리로 가져와서 파이썬 프로그램으로 처리하고 그것을 다시 휘발되지 않는 메모리에 적정한 파일 형태로 저장해야 한다는 것을 알았다. 이제 가져와야 할 데이터가 있는 장소를 웹사이트로 변경해 보자. 어떻게 데이터를 가져오고 처리하고 저장하는지에 대한 전체적인 작업 루틴을 이해했으니 ChatGPT에게 웹사이트 이용하는 부분을 시켜 보자.

길벗 출판사 홈페이지에서 책 목록을 가져오는 파이썬 코드를 작성해줘.

길벗 출판사의 홈페이지에서 책 목록을 가져오기 위해서는 웹 스크래핑 기술을 사용해야 합니다. 파이썬에서는 BeautifulSoup과 requests 모듈을 사용하여 웹 스크래핑을 할 수 있습니다.

아래는 길벗 출판사 홈페이지에서 책 제목과 가격을 가져오는 파이썬 코드입니다.

```
import requests
from bs4 import BeautifulSoup

url="http://www.gilbut.co.kr/book/total/index.asp"

response=requests.get(url)
```

```
soup=BeautifulSoup(response.content, 'html.parser')
book_list=soup.select(".book_list li")

for book in book_list:
    title=book.select_one(".book_tit").get_text().strip()
    price=book.select_one(".book_price em").get_text().strip()
    print(title, price)
```

ChatGPT에게 웹 크롤링하도록 작업을 시키면 있을 법한 코드를 작성해 주지만 실제 결과는 나오지 않는 코드였다. 이 코드가 왜 화면에 출력되지 않는지, 무엇이 문제인지 다시 ChatGPT에게 물어본다.

위의 프로그램을 실행했지만 아무런 결과가 화면에 출력되지 않아. 무엇이 문제인지 알려줘.

위의 프로그램이 실행되었을 때 아무런 결과가 화면에 출력되지 않는 경우에는 여러 가지 가능성이 있습니다. 몇 가지 가능한 원인을 아래에 나열해 보았습니다.

1. 네크워크 연결 문제 : 인터넷 연결이 되어 있지 않거나, 해당 사이트의 서버가 다운되어 있을 수 있습니다. 이 경우에는 인터넷 연결을 확인하거나, 다른 사이트가 정상적으로 접속되는지를 확인해보시기 바랍니다.
2. 사이트의 HTML 소스가 변경되었을 경우 : 사이트의 HTML 소스가 변경되었을 경우, 이전에 작성한 웹 스크래핑 코드가 더 이상 정상적으로 작동하지 않을 수 있습니다. 이 경우에는 사이트의 HTML 소스를 확인하여 적절한 CSS 선택자를 사용하도록 코드를 수정해야 합니다.
3. CSS 선택자 오류 : CSS 선택자가 잘못되어 책 목록 요소를 가져오지 못하는 경우에도 결과가 출력되지 않을 수 있습니다. 이 경우에는 BeautifulSoup에서 사용한 CSS 선택자를 다시 확인하거나, 적절한 CSS 선택자로 수정해야 합니다.

4. 출력 코드 누락 : 위의 예시 코드에서는 가져온 책 목록의 제목, 저자, 가격 정보를 출력하는 부분이 포함되어 있습니다. 하지만 만약 이 부분이 누락되었다면, 결과가 출력되지 않을 수 있습니다. 이 경우에는 출력 코드가 포함되어 있는지를 다시 확인해보시기 바랍니다.

위의 경우들을 체크해 보시고, 문제가 해결되지 않는 경우 추가적으로 원인을 찾아보셔야 합니다.

결과가 출력되지 않는 이유를 질문하면 그럴듯한 말을 한다. 만약 크롤링이 조금이라도 진행했었다면 왜 이런 결과가 발생했는지 금세 알 수 있을 것이다. 실제 크롤링은 내가 가져오려는 사이트의 기본적인 HTML 태그 구성 등을 분석해 내게 필요한 정보가 어디에 있는지를 찾아내는 과정이 필요하다. ChatGPT가 제시한 코드는 웹사이트를 분석하지 않은 상태일 뿐이다. 파이썬을 배우면 코드가 실행되지 않는 이유를 쉽게 알 수 있고, 문제를 해결할 수 있는 방법을 쉽게 떠올릴 수 있다.

ChatGPT 결합과제 피자 주문 프로그램을 주문내역 파일로 저장하기

tkinter로 작성한 피자 주문 프로그램의 주문내역을 파일로 저장하는 프로그램을 살펴 보자.

```
#[완성9] 파일로 출력하기
import tkinter as tk

def order():
    total_price=0
    order_list="주문내역:\n"

    # 피자 주문내역 생성
    order_list+="피자:\n"
    for pizza, price in pizza_menu.items():
        pizza_count=pizza_vars[pizza].get()
        if pizza_count:
```

```
            pizza_count=int(pizza_count)
            order_list+=f" - {pizza} ({price}원) x {pizza_count}\n"
            total_price+=price * pizza_count

    # 음료수 주문내역 생성
    order_list+="음료수:\n"
    for drink, price in drink_menu.items():
        drink_count=drink_vars[drink].get()
        if drink_count:
            drink_count=int(drink_count)
            order_list+=f" - {drink} ({price}원) x {drink_count}\n"
            total_price+=price * drink_count
```

```
    # 총 주문 가격 추가
    order_list+=f"\n총 가격: {total_price}원"

    # 주문내역 출력
    order_text.set(order_list)

    # 주문내역 파일로 저장
    with open("order.txt", "w") as f:
        f.write(order_list)
```

```
# 피자 메뉴와 가격
pizza_menu={
    "페퍼로니 피자": 3000,
    "치즈 피자": 3200,
    "콤비네이션 피자": 3500,
    "불고기 피자": 3600,
    "해산물 피자": 3800
}

# 음료수 메뉴와 가격
drink_menu={
    "콜라": 1500,
    "사이다": 1500,
    "생수": 1000
}
```

```
# 피자 선택 엔트리
pizza_vars={}
root=tk.Tk()
root.title("조각 피자 주문 프로그램")
pizza_frame=tk.LabelFrame(root, text="피자")
pizza_frame.pack(padx=10, pady=10, fill="both", expand="yes")
for pizza, price in pizza_menu.items():
    pizza_vars[pizza]=tk.StringVar(value="0")
    lbl=tk.Label(pizza_frame, text=f"{pizza} ({price}원)")
    lbl.pack(anchor="w")
    ent=tk.Entry(pizza_frame, textvariable=pizza_vars[pizza])
    ent.pack(anchor="w")

# 음료수 선택 엔트리
drink_vars={}
drink_frame=tk.LabelFrame(root, text="음료수")
drink_frame.pack(padx=10, pady=10, fill="both", expand="yes")
for drink, price in drink_menu.items():
    drink_vars[drink]=tk.StringVar(value="0")
    lbl=tk.Label(drink_frame, text=f"{drink} ({price}원)")
    lbl.pack(anchor="e")
    ent=tk.Entry(drink_frame, textvariable=drink_vars[drink])
    ent.pack(anchor="e")

# 주문 버튼
btn=tk.Button(root, text="주문", command=order)
btn.pack(pady=10)

# 주문내역 출력
order_text=tk.StringVar()
order_label=tk.Label(root, textvariable=order_text, font=("Arial", 12),
justify="left")
order_label.pack(pady=10)


root.mainloop()
```

| 14장 |

예외 처리 · 문자열 · 람다 함수 · map 함수

학습 목표

예외 처리, 문자열 다루기, 문자열 함수 활용, 람다 함수의 개념과 활용, 그리고 map() 함수를 이해하고 활용하는 것이 목표이다. 예외 처리를 통해 프로그램이 비정상적으로 종료되는 상황을 방지하고, 문자열과 문자열 함수를 다양하게 활용하여 문자열을 조작하는 기술을 익히며, 람다 함수를 통해 간단한 함수를 정의하고 사용하는 방법을 배우고, map() 함수를 활용하여 리스트 요소에 함수를 적용하는 방법을 이해한다. 이를 통해 파이썬 프로그래밍의 기초적인 개념과 기술을 익혀 더욱 높은 수준의 파이썬 프로그래밍을 할 수 있도록 한다.

1 〉 예외 처리

파이썬에는 프로그램 실행 중에 일어나는 오류를 관리하는 특별한 객체인 예외 객체가 있다. 다음 할 일을 정확히 판단할 수 없는 오류가 발생하는 경우, 파이썬은 예외 객체를 만들어 프로그램 실행 중에 오류를 관리한다.

try-except 블록은 예외를 처리하는 블록으로, 어떤 동작을 지시하고 예외가 발생했을 때 처리 방법도 함께 지시한다. 이를 통해 프로그램 실행 중에 예외가 발생해도 프로그램을 계속 실행할 수 있고, 사용자에게 트레이스백(Traceback)과 같은 혼란스러운 오류 메시지 대신 알기 쉬운 오류 메시지를 제공할 수 있다.

다음은 코드는 ChatGPT가 작성한 피자 주문 프로그램의 일부이다.

```
while True:
    count=input("수량을 입력하세요: ")
    try:
        count=int(count)
        break
    except:
        print("잘못된 입력입니다.")
```

ChatGPT 활용하기

except 옆에 예외종류 없이 사용해도 되는지 알려줘.

네, except 키워드를 사용하여 예외를 처리할 때, 예외 종류를 지정하지 않고 사용할 수도 있습니다. 이 경우, except 블록은 모든 예외를 처리할 수 있게 됩니다.

하지만, 이렇게 모든 예외를 처리하는 것은 예외 처리를 너무 대충 처리하는 것이 될 수 있으므로, 보다 정확한 예외 처리를 위해서는 특정한 예외 종류를 지정해주는 것이 좋습니다.

예를 들어, 위 코드에서는 int() 함수를 사용하여 문자열을 정수로 변환하는데, 만약 사용자가 입력한 값이 정수가 아닌 경우에는 ValueError 예외가 발생합니다. 따라서, except ValueError와 같이 예외 종류를 지정해주면, ValueError 예외가 발생했을 때만 처리하게 됩니다.

이렇게 예외 종류를 지정해주면, 예외 발생 시 프로그램이 예측 가능한 방식으로 동작하게 되므로, 코드의 안정성을 높일 수 있습니다.

ChatGPT의 설명을 확인하고 예외 종류를 지정해서 프로그램을 수정해 보자.

```
while True:
    count=input("수량을 입력하세요: ")
    try :
        count=int(count)
        break
    except ValueError          :
        print("잘못된 입력입니다.")
```

예외 처리 없는 프로그램으로 수정해줘.

아래는 예외 처리가 없는 while 루프를 사용한 코드입니다. 이 코드는 사용자가 정수값을 입력하기 전까지 계속해서 count 변수에 입력값을 저장하며, 입력이 완료되면 입력값을 정수로 변환하여 처리합니다.

```
while True:
    count=input("수량을 입력하세요: ")
    if count.isdigit():
        count=int(count)
        break
    else:
        print("잘못된 입력입니다.")
```

위 코드에서 isdigit() 함수를 사용하여 입력값이 숫자인지 확인하고, 숫자가 아닌 경우에는 else 블록의 코드를 실행합니다. 이 경우에는 "잘못된 입력입니다." 라는 메시지를 출력하고, 다시 while 루프의 처음으로 돌아가서 사용자로부터 새로운 입력을 받습니다.

반면에, 입력값이 숫자인 경우에는 int() 함수를 사용하여 입력값을 정수로 변환하고, break 키워드를 사용하여 while 루프를 종료합니다. 이렇게 하면, 프로그램은 예외가 발생하지 않으며, 입력값이 숫자가 아닌 경우에는 적절한 메시지를 출력하고 다시 입력을 받게 됩니다.

예시로 제시한 프로그램과 같이 간단한 프로그램은 예외 처리 없이도 발생할 수 있는 에러를 정확히 처리 가능하다. 프로그램이 복잡할수록 예상하지 못한 오류가 발생할 수 있어서 예외 처리를 하는 것이 중요하다. 다음 제시된 프로그램을 살펴보고 프로그램을 실행할 때 어떤 데이터를 입력하면 오류가 발생할지 생각하여 빈칸에 작성해 보자.

```
dicta={"월요일":"monday", "화요일":"tuesday", "수요일":"wednesday", "목요일":"thursday", "금요일":"friday", "토요일":"saturday", "일요일":"sunday"}
print("월요일부터 일요일 중 영어로 번역하고 싶은 요일을 입력하세요.")
yoil=input()
print(dicta[yoil])
```

〈오류 예상〉

오류 처리하기 위해 앞서 오류가 발생할 것 같다고 생각한 데이터를 입력하고 오류 메시지가 나타나는지 기다려 보자.

프로그램을 실행하면서 값을 입력하면 다음과 같은 오류가 발생한다.

```
월요일부터 일요일 중 영어로 번역하고 싶은 요일을 입력하세요.
월
```

```
---------------------------------------------------------------------------
KeyError                                  Traceback (most recent call last)
~\AppData\Local\Temp/ipykernel_10224/4195216651.py in <module>
      2 print("월요일부터 일요일 중 영어로 번역하고 싶은 요일을 입력하세요.")
      3 yoil=input()
----> 4 print(dicta[yoil])

KeyError: '월'
```

잠깐만요

오류는 프로그램을 효율적으로 만드는 데 유익한 정보를 제공하는 귀중한 존재다. 오류가 발생하는 것을 두려워하면 안된다.

오류 메시지 마지막 줄을 확인하면 오류 원인이 붉은색으로 표기된 KeyError가 제시된다. 이 제시된 KeyError를 이용하여 예외 처리하면 다음과 같다.

```
dicta={"월요일":"monday", "화요일":"tuesday", "수요일":"wednesday", "목요일":"thursday", "금요일":"friday", "토요일":"saturday", "일요일":"sunday"}
print("월요일 부터 일요일 중 영어로 번역하고 싶은 요일을 입력하세요")
yoil=input()
try:
    print(dicta[yoil])
except KeyError:
    print("요일을 잘못 입력했어요")
```

ChatGPT 활용하기

오류 메시지를 이용하여 예외 처리를 하는 과정을 학습해 보자.

1. 프로그램에서 특정 데이터나 데이터값이 입력됐을 때 오류가 발생한다.
2. 데이터를 입력한 프로그램을 추가하여 프로그램을 실행해 본다.

임의의 수를 입력받아 나눗셈하기

• 0으로 나누기

```
na=11
nb=0
if nb!=0:
    nc=na/nb

else:
    nc="분모가 0으로 나눌 수 없습니다."

print(nc)
```

• 0으로 나눈 예외 처리

다음 프로그램을 실행한다.

```
print(11/0)
```

• 처리 결과

```
 Traceback (most recent call last):
  File "C:/예외 처리0나누기.py", line 1, in <module>
    print(11/0)
ZeroDivisionError: division by zero
```

위의 트레이스백(Traceback)이 보고한 에러 ZeroDivisionError는 예외 객체이다. 이 정보를 이용해 예외 처리를 하면 된다.

• try-except 블록으로 프로그램 변경

```
try:
    print(11/0)
except ZeroDivisionError:
    print("0인 분모가 분자를 나눌 수 없습니다.")
```

코드의 처리 순서를 살펴보자.

1. 에러를 일으킨 print(11/0) 행을 try 블록에 넣는다.
2. try 블록의 코드가 동작하면 파이썬은 except 블록을 건너뛴다.
3. try 블록의 코드가 에러를 일으키면 파이썬은 except 블록 중 에러와 일치하는 것을 찾아 그 블록의 코드를 실행한다.

try-except 블록 다음에 코드가 더 있었다면 파이썬에서 에러 처리 방법을 지시했을 것이므로 프로그램은 계속 실행된다.

에러를 잡았을 때 계속 실행할 수 있는 프로그램 예제를 살펴보자.

정확한 예외 처리는 에러가 발생한 후에 프로그램이 더 이상 수행될 수 없을 때 특히 중요하다. 이는 사용자 입력을 받는 프로그램에서 자주 발생하는데, 프로그램이 잘못된 입력에 대해 적절한 예외 처리를 수행하면 충돌하지 않고 올바른 입력을 요청할 수 있다.

다음은 임의의 수를 입력받아 나눗셈하는 프로그램이다. 이 프로그램을 예외 처리 프로그램으로 변경하자.

```
print("분자값을 입력하세요.")
ra=int(input())
print("분모값을 입력하세요.")
rb=int(input())

if rb!=0:
    rc=ra/rb
else:
    rc="분모가 0으로 나눌 수 없습니다."

print(rc)
```

Step 1 예외가 일어날 수 있는 상황은 분모가 0일 때이다. 분모값이 0일 때 처리하는 if else 문을 주석 처리하고 실행하여 분자값을 0으로 입력하여 화면에 나타나는 Traceback 값을 살펴보자.

```
print("분자값을 입력하세요")
ra=int(input())
print("분모값을 입력하세요")
rb=int(input())

#if rb!=0:
rc=ra/rb

#else:
#    rc="분모가 0으로 나눌 수 없습니다."

print(rc)
```

〈화면 출력〉

```
Traceback (most recent call last):
  File "C:/Users/jbLee/Dropbox/이나겸개인연구관련내용/이나겸책쓰기/인문대생을 위한
파이썬 워크북/New수업자료주제별정리/예외 처리2.py", line 17, in <module>
    rc=ra/rb
ZeroDivisionError: division by zero
>>>
```

Step 2 if 문에 해당하는 부분을 try 문으로 else 문에 해당하는 부분을 exception 문으로 변경하여 예외 처리 프로그램을 완성해 보자.

```
print("분자값을 입력하세요")
ra=int(input())
print("분모값을 입력하세요")
rb=int(input())
try:
    rc=ra/rb
except ZeroDivisionError:
    rc="분모가 0으로 나눌 수 없습니다."

print(rc)
```

프로그램의 print(rc) 문은 항상 실행되는 명령어이다. 이때 try 블록이 성공되었을 때만 실행하고 싶다면 같이 코드를 변경한다.

```
print("분자값을 입력하세요")
ra=int(input())
print("분모값을 입력하세요")
rb=int(input())
try:
    rc=ra/rb
except ZeroDivisionError:
    rc="분모가 0으로 나눌 수 없습니다."
else:
    print(rc)
```

코드 설명

ChatGPT 설명은 다음과 같다. 프로그램은 입력된 분자와 분모 값을 가져와서 try 블록에서 ra/rb를 계산하려고 시도한다. 이때, 분모가 0인 경우 ZeroDivision Error 예외가 발생한다. 예외가 발생하면 except ZeroDivisionError: 블록으로 이동하여 오류 메시지 "분모가 0으로 나눌 수 없습니다."를 출력한다. 분모가 0이 아닌 경우, else 블록으로 이동하여 계산된 결과값 rc를 출력한다. 프로그램은 try-except-else 구문을 통과한 후 종료된다.

2 〉 문자열

문자열은 프로그래밍에서 중요한 데이터 타입 중 하나이다. 텍스트 데이터를 다루는 데 사용되며, 여러 가지 연산자와 메소드를 제공하여 다양한 작업을 수행할 수 있다. 문자열에 대한 다양한 개념과 활용 방법에 대해 살펴보자.

2.1 문자열 이해

문자열을 이해하기 위해 다음 제시된 프로그램을 살펴보고 출력해 보자.

```
muna="python"
print(muna[0])
print(muna[1])
print(muna[2])
print(type(muna))
muna[0]='k' # 문자열은 문자열 상수이다. 상수는 변경할 수 없어 아래 오류가 발생한다.
# TypeError: 'str' object does not support item assignment

munb=["python"]
print(munb[0])  # 문자열이 하나의 요소(item)이다.
print(type(munb))

munc=["p","y","t","h","o","n"]
print(munc[0])
print(munc[1])
print(munc[2])
print(type(munc))
munc[0]='k'
print(munc)
```

for 문으로 문자 출력

제시된 프로그램의 munc 변수에 저장된 문자 출력을 for 문을 이용하여 출력한다.

```
for i in range(0, 6, 1):
    print(munc[i])
```

문자열 길이 구하기

'for 문으로 문자 출력' 프로그램에서 문자열 수를 지정하지 않고 프로그램에서 길이를 구한 다음 출력한다.

> 내장 함수 : len("문자열")
> 문자열의 길이를 리턴한다.

```
length=len(munc)
print(length)

for i in range(0, length, 1):
    print(munc[i])
```

for 문으로 변수 출력

문자열을 저장한 변수를 for 문을 이용하여 출력한다.

```
for i in munc:
    print(i)
```

잠깐만요

문자열은 어떻게 주기억장치에 저장되는 것일까?

대표적인 방식으로 아스키 코드(American Standard Code for Information Interchange, ASCII)가 있다.

아스키 코드는 컴퓨터에 모든 데이터를 저장할 때 0과 1을 이용하여 숫자를 표현하는 방식으로 문자를 저장하기 위해 각 문자를 특정 숫자로 표현하는 약속 중 하나이다. 예를 들어, 대문자 'A'는 숫자 65, 소문자 'a'는 숫자 97로 표현된다. 그러나 영어 문자 이외의 문자를 표현하기 위해서는 다른 형식의 약속이 추가로 필요하다. 이를 위해 아스키 코드를 확장한 유니코드(Unicode)가 사용된다.

- 문자는 숫자로 인코딩되어 저장된다. 이때 인코딩 시 사용하는 약속(규정)의 대표적인 예가 '아스키 코드'이고 세계에서 사용하는 모든 언어의 문자를 표현하기 위해 확장된 대표적인 약속(규정)이 '유니코드'이다.

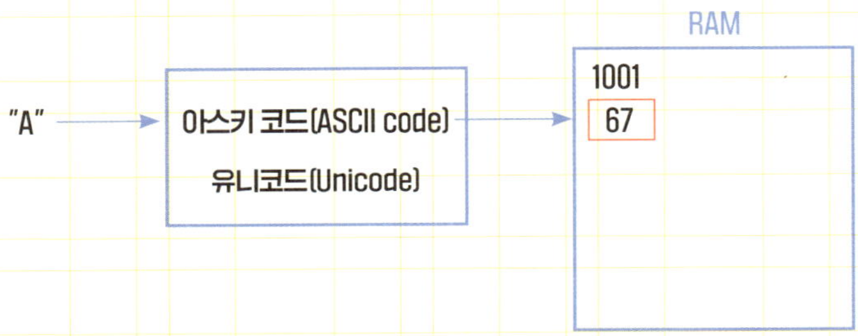

컴퓨터에 저장되는 문자를 이해하기 위해 파이썬에서 제공하는 내장 함수는 다음과 같다.

내장 함수	설명	예시
ord(인수)	한 글자로 된 문자를 인자로 받아 이 문자의 컴퓨터 표현에 해당하는 숫자를 리턴한다.	ord("a")
chr(인수)	숫자를 인자로 받아 이 숫자가 나타내는 문자를 리턴한다.	chr(97)

2.2 문자열 연산자

+ 연산자

+ 연산자는 〈2장〉에서 배웠던 내용으로 피연산자의 데이터형에 따라 동일하게 생긴 + 연산자의 기능이 다르다.

syntax : 문자열 연결하기

문자열 + 문자열	ma = "ChatGPT" + "를 활용한 python" print(ma)

피연산자가 모두 문자열인 경우, + 연산자는 연결자로 사용되어 문자열을 연결한다.

2.3 인덱싱과 슬라이싱

인덱싱

리스트는 〈5장〉에서 리스트 데이터형을 선언하면 자동으로 0부터 색인(인덱스)가 생성된다는 것을 학습하였다. 이러한 인덱스를 이용하여 특정한 데이터에 접근하는 과정을 인덱싱이라고 한다.

syntax : 인덱싱

변수명[인덱스]	muna="python" print(muna[0]) print(numa[-1])

왼쪽에서 시작하는 인덱스는 0부터 시작하고, 오른쪽(데이터 가장 끝)부터 시작하는 인덱스는 -1부터 시작한다. -1은 가장 오른쪽(뒤에서 첫 번째), -2는 뒤에서 두 번째 요소를 가리킨다.

슬라이싱

슬라이싱(Slicing)이란, 파이썬에서 시퀀스 자료형(문자열, 리스트, 튜플 등)의 부분 집합을 추출하는 방법이다. 슬라이싱은 시퀀스 객체에서 중간 일부를 추출할 때 사용된다. 이를 위해 []를 사용하며, 인덱스와 콜론(:)을 이용하여 추출할 부분 집합의 범위를 지정한다.

syntax : 슬라이싱

변수명[인덱스 : 인덱스]	muna="python" print(muna[2:-1]) # ----> ① print(muna[1:4]) # -----> ② print(muna[:]) # -------> ③

① muna[2:-1]은 문자열 muna의 인덱스 2부터 인덱스 -1까지의 부분 집합을 추출한다. 이때, 인덱스 -1은 문자열의 마지막 문자를 의미하므로 코드는 'tho'를 출력한다.

② muna[1:4]는 문자열 muna에서 인덱스 1부터 인덱스 4까지의 부분 집합을 추출한다. 이때, 인덱스 4는 추출 범위에 포함되지 않으므로 코드는 'yth'를 출력한다.

③ muna[:]은 문자열 muna 전체를 추출한다. 즉, 콜론 앞뒤로 아무것도 지정하지 않으면 전체 범위를 의미하므로 코드는 'python'을 출력한다.

2.4 문자열 출력 포맷

문자열 시작을 나타내는 따옴표 앞에 'f' 문자를 붙여야 하고, 서식 문자열의 중간에 들어가는 각각의 변수들은 {}를 사용하여 표시하면 된다.

syntax : 형식지정자 사용

형식지정자 자료형

%s 문자열 String(문자열)

%d 정수 Decimal(십진수, 정수)

%f 실수 float(실수)

syntax : 문자열 포맷(string format), f-string

print(f'문자열식:{변수명}으로 표현 가능')

문자열 포맷 코드 사용

중괄호({}) 안에 변수나 값을 추가하면 해당 위치에 변수나 값을 삽입한다. 중괄호 안에 변수나 값을 넣을 때는 문자열 포맷 코드(Format Specifier)를 사용하여 출력 형식을 지정할 수 있다.

```
name="John"
age=30
print(f"My name is {name} and I'm {age} years old.")
```

소수점까지 출력

다음 코드에서 :.2f는 소수점 아래 둘째 자리까지 출력하도록 지정한 코드로, 출력 결과는 "Pi is approximately 3.14"가 된다.

```
pi=3.141592
print(f"Pi is approximately {pi:.2f}")
```

print 문 변경

다음 제시된 결과와 같이 출력되도록 print 문을 변경하여 프로그램을 작성해 보자.

```
na 값 20 더하기 nb 값 5 의 결괏값은 25 이다.
```

```
print("na 값",na,"더하기 nb 값",nb,"의 결괏값은",na+nb,"이다.")
```

```
print("na 값 %d 더하기 nb 값 %d 의 결괏값은 %d 이다."%(na,nb,na+nb))
```

```
print(f"na 값 {na} 더하기 nb 값 {nb} 의 결괏값은 {na+nb} 이다.")
```

3 〉 문자열 함수

문자열은 클래스이다. 클래스의 멤버 함수(메소드) 중 대표적인 split(), strip(), join(), replace()를 알아보자.

3.1 split()

split() 메소드는 문자열을 특정 구분자(Separator)를 기준으로 분리하여 리스트로 반환한다. 구분자는 인자로 전달되며, 인자를 지정하지 않으면 공백을 구분자로 사용한다.

syntax : split()

```
문자열.split(구분자)
```

split() 코드

```
my_string="Python is a popular programming language"
split_list=my_string.split()
print(split_list)
```

〈화면 출력〉

```
['Python', 'is', 'a', 'popular', 'programming', 'language']
```

split() 메소드를 사용하면 문자열을 공백을 기준으로 분리하여 리스트 형태로 반환할 수 있다. 또한, 구분자를 변경하거나 지정된 구분자를 포함하지 않고 문자열을 분리하는 등 다양한 작업을 할 수 있다.

3.2 strip()

strip() 메소드는 문자열의 양 끝에 있는 공백(띄어쓰기, 탭, 개행문자 등)을 제거한 문자열을 반환한다.

syntax : strip()

```
문자열.strip()
```

strip() 코드

문자열을 선언하고 strip() 메소드를 사용하면, 양 끝의 공백이 제거된 문자열을 반환한다.

```
my_string="   Python is awesome!   "
stripped_string=my_string.strip()
print(stripped_string)
```

〈화면 출력〉

```
'Python is awesome!'
```

strip() 메소드는 문자열의 양 끝에 있는 공백만을 제거하므로, 문자열 중간에 있는 공백은 제거되지 않는다. 이 메소드의 변형으로는 lstrip()과 rstrip() 메소드가 있는데, 각각 문자열의 왼쪽과 오른쪽 끝에 있는 공백을 제거할 수 있다.

3.3 join()

join() 메소드는 리스트나 튜플과 같은 iterable 객체의 모든 요소를 하나의 문자열로 결합하여 반환한다. 이때, join() 메소드를 호출하는 문자열은 연결할 요소 사이에 삽입된다.

syntax : join()

```
구분자.join(리스트)
```

join() 코드

리스트를 선언하고 join() 메소드를 사용하면, 리스트의 모든 요소가 하나의 문자열로 결합되어 반환된다.

```
my_list=["apple", "banana", "cherry"]
joined_string="-".join(my_list)
print(joined_string)
```

〈화면 출력〉

```
'apple-banana-cherry'
```

코드에서 join() 메소드를 호출하는 문자열인 "-"은 리스트 요소들을 연결하는 구분자 역할을 한다. 구분자를 지정하지 않고 join() 메소드를 호출하면, 리스트 요소들이 연속적으로 결합된다.

3.4 replace()

replace() 메소드는 문자열에서 지정한 문자열을 다른 문자열로 대체한 새로운 문자열을 반환한다. 첫 번째 인자는 대체할 문자열, 두 번째 인자는 새로 대체될 문자열이다.

syntax : replace()

```
문자열.replace(대체될 문자열, 대체할 문자열)
```

replace() 코드

문자열을 선언하고 replace() 메소드를 사용하면 문자열에서 "world"를 "Python"으로 대체한 새로운 문자열을 반환한다.

```
my_string="Hello, world!"
replaced_string=my_string.replace("world", "Python")
print(replaced_string)
```

〈화면 출력〉

```
'Hello, Python!'
```

replace() 메소드를 이용하면 특정 문자열을 다른 문자열로 쉽게 대체할 수 있다.

4 〉 람다 함수

람다(Lambda) 함수는 이름이 지정되지 않은 함수(Anonymous Function)로 def 키워드를 사용하지 않고도 함수를 정의할 수 있다.

람다 함수는 다음과 같은 형식으로 작성된다.

syntax : lambda 함수

lambda 인자 : 표현식	lambda x : x+x

인자는 함수에 전달될 인자이며, 표현식은 인자를 이용하여 계산될 표현식이다. 람다 함수는 이 형식으로 작성된 표현식(명령어) 결과를 반환한다.

lambda 키워드

다음 코드는 lambda 키워드를 사용하여 square 함수를 정의하고, 이 함수를 호출하여 3의 제곱 값을 계산한다. 따라서 화면 출력 결과는 9가 된다.

```
square=lambda x : x ** 2
print(square(3))
```

〈화면 출력〉

```
9
```

람다 함수는 map() 함수 함께 사용될 때 유용하게 활용된다.

5 〉 map() 함수

파이썬 map() 함수는 리스트나 튜플 등의 반복 가능한(Iterable) 객체의 각 요소에 대해 지정된 함수를 적용하여 그 결과를 새로운 이터레이터(Iterator)로 반환하는 함수다.

syntax : map() 함수

map(함수, 이터레이터)	map(square, numbers)

함수는 각 요소에 적용될 함수이며, 이터레이터는 함수가 적용될 요소들을 포함하는 반복 가능한 객체이다. map() 함수는 이터레이터를 순회하며 함수를 적용한 결과를 새로운 이터레이터에 저장하여 반환한다. 파이썬에서 이터레이터(Iterator)는 값을 차례로 꺼낼 수 있는 객체(Object)이다. 우리가 반복문에서 큰 바구니로 사용했던 파이썬의 리스트(List)나 튜플(Tuple), 딕셔너리 등 데이터형을 생각하면 된다. 컨테이너 객체는 for 반복문을 사용하여 값을 차례로 꺼내 올 수 있다.

map() 코드

```
def square(x):
    return x ** 2

numbers=[1, 2, 3, 4, 5]
squared_numbers=map(square, numbers)
print(list(squared_numbers))
```

〈화면 출력〉

```
[1, 4, 9, 16, 25]
```

numbers 리스트의 각 요소에 square() 함수를 적용하여 그 결과를 squared_numbers 리스트에 저장한다. 즉, squared_numbers 리스트의 값은 [1, 4, 9, 16, 25]가 된다.

lambda 함수와 사용

map() 함수는 함수와 이터레이터를 인수로 받기 때문에 다양한 형태로 사용할 수 있다. 예를 들어, 람다(Lambda) 함수를 사용하여 다음과 같이 코드를 작성할 수 있다.

```
numbers=[1, 2, 3, 4, 5]
squared_numbers=map(lambda x: x ** 2, numbers)
print(list(squared_numbers))
```

〈화면 출력〉

```
[1, 4, 9, 16, 25]
```

코드 설명

square 함수를 호출하였던 이전 예제의 동일한 기능을 람다 함수로 구현한 것이다. numbers 리스트는 큰 바구니이며, 작은 바구니 역할을 하는 x 변수에 하나씩 차례대로 넣어져서 x**2의 연산 후의 결과가 squared_numbers 바구니에 차례로 저장된다.

| 15장 |

ChatGPT API Key

학습 목표

ChatGPT API를 이용하여 텍스트 생성 모델을 활용하는 방법을 학습하고, ChatGPT API Key를 발급받는 방법과 발급받은 API Key를 이용하여 파이썬에서 ChatGPT API와 연결하는 방법에 대해 배운다. 이를 통해 텍스트 생성 모델을 활용하는데 필요한 기본적인 개념과 코드 구현 방법을 익힐 수 있다.

1 〉 API

API(Application Program Interface)는 애플리케이션 프로그램에 접근하기 위한 인터페이스다. 예를 들어, 인터넷에 작은 쇼핑 사이트를 창업했다고 하자. 사용자가 결제할 시스템을 구축해야 하는데 보안 등 안전성을 위해 다른 전문업체의 결제 시스템을 쇼핑 사이트에 연결하려면 어떻게 해야 할까?

대부분의 우리나라 쇼핑 사이트에서는 A 사의 결제 시스템을 쉽게 이용할 수 있는데, 이를 위해 A 사는 자사의 결제 시스템에 대한 API를 유료로 제공한다. 이와 유사하게, OpenAI의 ChatGPT 역시 다른 웹사이트에서 이용할 수 있도록 API를 무료로 제공한다. 그러나, API를 이용하는 방식은 ChatGPT에서 제공하는 규칙에 따라 사용되어야 한다.

2 〉 ChatGPT API Key 발급

〈1장〉부터 ChatGPT의 계정을 만들고 ChatGPT와 함께 학습해왔다. 이제 ChatGPT의 API를 사용하여 좀 더 생산적인 일을 할 수 있는 환경을 만들기 위해 먼저 ChatGPT에 접근할 수 있는 키를 얻어야 한다. 우리는 이미 ChatGPT 계정을 갖고 있으므로 다음 설명을 따라 진행해 보자.

ChatGPT 홈페이지(https://chat.openai.com/)의 메뉴에서 'Developers' → 'API reference'를 클릭한다.

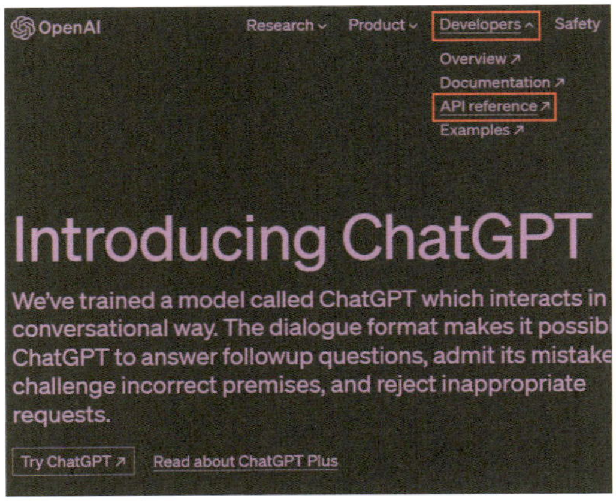

상단 오른쪽에 'Personal'을 클릭하고 팝업 메뉴에서 'View API keys'를 클릭한다.

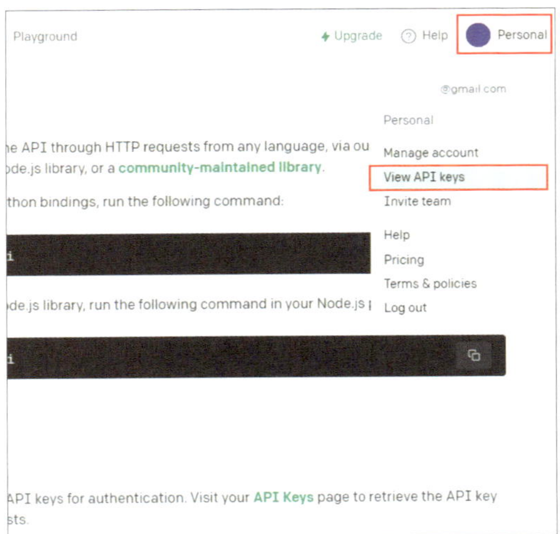

API keys에서 〈Create new secret key〉 버튼을 클릭한다.

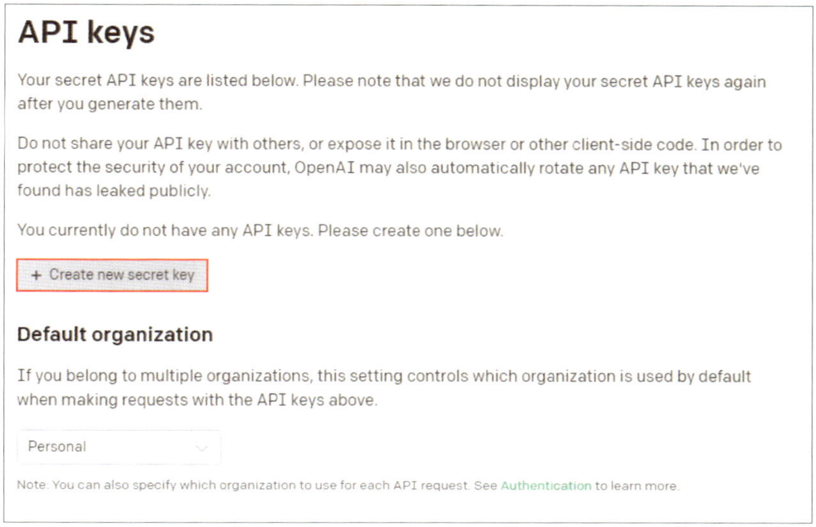

이제 발급받은 개인 API key를 확인할 수 있다. 안내 메시지를 읽어보면 인증키는 만든 사용자에게도 다시 보여 주지 않는다고 안내되어 있기에 잘 저장해 놓는다.

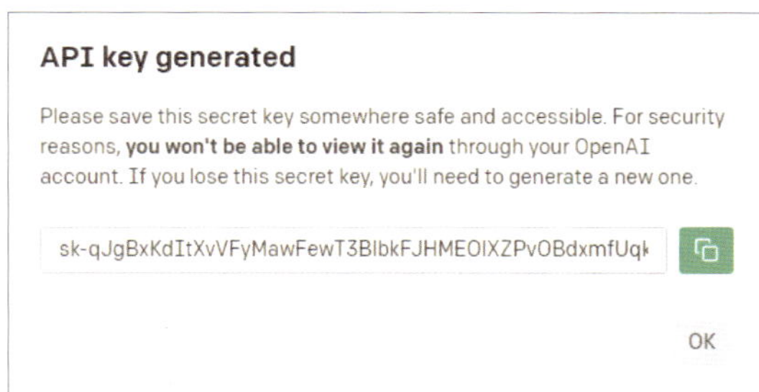

API가 무엇인지 이해하기 위해 ChatGPT에 로그인하고 실제 프로그램을 작성해 보는 것이 가장 좋은 방법이다. 이제부터 ChatGPT 인증키를 이용하여 아래 3개의 예제를 만들어 보자.

1. 파이썬 코드에 ChatGPT 가져오기
2. 웹크롤링하기
3. 파워포인트 만들기

3 〉 ChatGPT와 파이썬 연결 코드

ChatGPT와 파이썬을 연결하여 사용할 수 있는 코드를 살펴보고 실행하여 알아보자.

3.1 OpenAI API를 사용한 코드

for 문으로 문자 출력

OpenAI 계정을 만들고 API Key를 발급받았다면 ChatGPT에게 이것으로 무엇을 할 수 있고, 좀 더 재미있게 사용할 수 있는 지 물어보자.

파이썬과 ChatGPT를 연결해야 할 수 있는 재미있는 코드 좀 알려줘.

안녕하세요! ChatGPT와 파이썬을 연결하는 방법은 여러 가지가 있습니다. 여기서는 OpenAI API를 사용하여 ChatGPT와 상호작용하는 간단한 예제 코드를 제공해 드리겠습니다.

먼저, OpenAI API를 사용하려면 OpenAI 계정이 필요합니다. 계정을 만들고 API key를 발급 받은 후, 아래 코드를 따라해 보세요.

```
import openai
import time

# OpenAI API key
openai.api_key="YOUR_API_KEY"
```

"YOUR_API_KEY" 부분의 큰 따옴표는 그대로 두고 YOUR_API_KEY 문자열 부분에 발급받은 API_KEY 값을 입력하면 된다.

```
# GPT-3 생성 모델 ID
model_engine="text-davinci-002"

# ChatGPT 상호작용 함수
def chat_with_gpt(prompt):
    response=openai.Completion.create(
        engine=model_engine,
        prompt=prompt,
        max_tokens=1024,
        n=1,
        stop=None,
        temperature=0.5,
    )

    message=response.choices[0].text.strip()
    return message

# ChatGPT에 인사하기
print(chat_with_gpt("안녕하세요!"))

# ChatGPT와 대화하기
while True:
    user_input=input("당신: ")
    response=chat_with_gpt("나: "+user_input)
    print("ChatGPT: "+response)
    time.sleep(1)
```

이 코드는 OpenAI API를 사용하여 ChatGPT와 상호작용하는 간단한 챗봇을 만드는 코드입니다. 코드를 실행하면 ChatGPT가 인사를 건네고 사용자의 입력에 대해 답변을 제공합니다.

ChatGPT와 대화를 하려면 while 루프를 사용합니다. 사용자 입력을 받아 ChatGPT에게 보내고, ChatGPT의 응답을 출력합니다. 응답 출력 후 1초 정도 기다린 다음, 다시 사용자 입력을 받습니다.

이 코드를 확장하여 다양한 기능을 추가하거나, 데이터를 추가하여 ChatGPT의 대화 능력을 개선시킬 수 있습니다. 즐거운 코딩 되세요!

API Key 추가 코드

미리 발급받은 OpenAI API를 ChatGPT가 제시한 코드의 어느 부분에 추가하면 될까?

```
openai.api_key="YOUR_API_KEY"
```

다음과 같이 큰따옴표 사이에 발급받은 OpenAI API를 추가하고 실행하면 ChatGPT가 대답을 한다.

상호작용 함수 코드

앞서 클래스 배운 것을 사용하여 다음 상호작용 함수 부분을 살펴보자.

```
# ChatGPT 상호작용 함수
def chat_with_gpt(prompt): #— ① 함수 정의
    response=openai.Completion.create( # — ② openai 메소드 호출
        engine=model_engine,     ④ return 값 저장
        prompt=prompt,
        max_tokens=1024,         ③ 6개의 인수
        n=1,
        stop=None,
        temperature=0.5,
    )

    message=response.choices[0].text.strip() —⑤
    return message —⑤
```

⑤ 리턴된 값을 저장한 변수 respose의 멤버 변수 choices가 리스트이고, 0번째 데이터를 텍스트 데이터형으로 변환한 데이터를 message 변수에 저장해서 리턴한다.

지금까지 배운 파이썬 지식을 ChatGPT가 작성한 코드를 읽고 해석할 때 사용하여 OpenAI 내에 있는 클래스의 메소드, 멤버 변수라고 추측할 수 있으면 된다.

인사하기 코드

```
# ChatGPT에 인사하기
print(chat_with_gpt("안녕하세요!")) # ---------------> ①
```

① 정의한 chat_with_gpt 함수를 호출하고 리턴된 message 변수가 가리키는 값이 화면에 출력된다.

인사하기 코드를 실행하면 다음과 같이 ChatGPT가 아무 말을 한다.

안녕하세요! 저는 이나겸입니다.

대화하기 코드

```
# ChatGPT와 대화하기
while True:
    user_input=input("당신: ") # ----------------------------> ①
    response=chat_with_gpt("나: "+user_input) # ---------------> ②
    print("ChatGPT: "+response)
    time.sleep(1)
```

ChatGPT와 대화하기 코드에서 ①에서 input 함수로 사용자인 내가 데이터를 입력하면 ②에서 다시 chat_with_gpt 함수가 호출되면서 인수로 ("나" + user_input) 문자열이 사용된다.

코드를 실행하고 ChatGPT에게 esponse.choices[0].text.strip()에 대해 설명을 요청하면 다음과 같은 대답을 한다.

response.choices[0].text.strip()은 OpenAI API를 통해 생성된 응답 중 첫 번째(인덱스 0) 응답을 선택하고, 해당 응답의 텍스트를 가져오며 문자열의 양 끝에 있는 공백을 제거(strip)하는 코드입니다.

openai.Completion.create() 함수를 호출하면 API가 해당 요청을 처리하고 응답으로 여러 개의 가능한 텍스트 중에서 최적의 하나를 선택합니다. 이 응답은 response.choices 리스트에 저장되며, 리스트의 첫 번째 요소는 최적의 응답입니다. response.choices[0].text를 사용하면 해당 응답의 텍스트를 가져올 수 있습니다.

하지만 반환된 텍스트에는 공백, 탭, 개행 문자 등이 포함될 수 있습니다. 이를 제거하기 위해 strip() 메소드를 사용하면 문자열 양쪽 끝에 있는 모든 공백을 제거할 수 있습니다. 이를 통해 반환된 응답에서 불필요한 공백을 제거할 수 있습니다.

2.2 웹 크롤링

우리가 직접 데이터를 크롤링하려면 크롤링하려는 웹사이트가 어떻게 구성되어 있는지를 분석해야 한다. 필요한 데이터가 어느 태그(tag)가 있는지 등을 확인하고 그 구조에서 본인에게 꼭 필요한 내용만을 가져오기 위한 최선을 코드를 작성하고 실행해야 한다. 일반적으로 웹사이트는 HTML로 작성되어 있으며, HTML을 이해할 수 있다면 웹 크롤링 과정을 더욱 쉽게 학습할 수 있다. HTML을 학습하는 것은 이 책의 범위를 벗어나므로 설명하지 않고, 우리가 크롤링하고자 하는 웹사이트의 HTML 소스를 확인하는 방법을 설명하려고 한다. 예를 들면, 유튜브에서 필요한 영상을 다운로드하기 위한 코드를 작성해서 필요한 데이터만 간단하게 가져올 수 있다. 주의할 점은 1달 전에 작성한 코드를 다시 사용하려고 하면 제대로 실행되지 않을 수도 있다. 이는 유튜브 웹사이트가 지속적으로 업데이트되면서 코드가 변경되기 때문이다.

ChatGPT에게 한국 웹사이트 중 웹 크롤링이 가능한 사이트가 있는지 물어보자.

한국어 웹사이트 중에서 ChatGPT가 웹 크롤링이 가능한 웹사이트가 있으면 알려줘.

안녕하세요! 제가 알고 있는 한국어 웹사이트 중 ChatGPT가 웹크롤링이 가능한 몇 가지 예시를 드리겠습니다.

1. 네이버 카페 : 네이버 카페는 다양한 주제의 게시판을 포함하고 있는 커뮤니티 플랫폼입니다. 각각의 게시판에는 사용자들이 글을 작성하고 댓글을 달 수 있기 때문에 ChatGPT가 웹크롤링을 통해 다양한 자연어 데이터를 수집할 수 있습니다.

2. 다음 블로그 : 다음 블로그는 블로깅 플랫폼으로, 개인 블로그에서부터 기업 및 단체 블로그까지 다양한 형태의 블로그가 운영되고 있습니다. 블로그 글 내용을 크롤링하면 ChatGPT가 다양한 주제와 관련된 문장을 수집할 수 있습니다.

3. 위키피디아 한국어판 : 위키피디아는 전 세계에서 가장 대표적인 온라인 백과사전입니다. 한국어판 위키피디아에는 다양한 분야의 지식이 포함되어 있기 때문에 ChatGPT가 웹크롤링을 통해 지식을 학습할 수 있습니다.

4. 뉴스 사이트 : 한국에서는 다수의 뉴스 사이트가 운영되고 있습니다. 이들 뉴스 사이트에는 다양한 주제의 뉴스 기사와 댓글이 포함되어 있기 때문에 ChatGPT가 다양한 주제와 관련된 문장을 수집할 수 있습니다. 대표적인 예시로는 네이버 뉴스, 다음 뉴스, 조선일보 등이 있습니다.

위에서 언급한 것들 외에도 다양한 웹사이트가 있을 수 있습니다. 이 중에서 ChatGPT가 웹크롤링을 통해 데이터를 수집하려면 해당 웹사이트의 이용약관 및 로봇 배제 규정 등을 검토해야 합니다.

웹 크롤링은 주의해야 한다. 즉, 웹 크롤링을 허락하지 않는 사이트에서 정보를 가져오면 안되는 것이다. A 사에서 특정 정보를 크롤링하는 코드를 작성해 달라고 요구하면 다음과 같은 답변이 나온다.

한국 웹사이트의 뉴스를 크롤링하는 파이썬 코드를 작성해줘.

저는 웹 크롤링을 통한 데이터 수집이 허용되지 않기 때문에, 해당 요청을 수행할 수 없습니다. 이는 법적으로 불법일 뿐 아니라, A 사의 이용약관에도 어긋나기 때문입니다.

웹 크롤링과 스크래핑은 데이터 소유자의 권리를 침해할 수 있고, 네이버와 같은 웹사이트는 이러한 행위를 금지하고 있습니다. 따라서, 합법적인 방법으로 데이터를 수집하는 것이 중요합니다.

네이버에서는 오픈 API 서비스를 제공하고 있습니다. 이를 통해 원하는 데이터를 수집하고 분석하는 것이 가능합니다. 오픈 API를 활용하는 것을 권장합니다.

사용자가 작성자의 개념인 위키피디아(Wikipedia)에서 자료를 크롤링하는 간단한 코드를 ChatGPT에게 요구해 보자. 위키피디아는 사용자가 콘텐츠(Contents)를 작성하는 사이트로 웹크롤링이 가능한 웹 사이트이다.

위키피디아에서 self-esteem에 관한 정보를 크롤링하는 파이썬 코드를 작성해줘.

아래는 Python의 requests와 BeautifulSoup 모듈을 사용하여 위키피디아에서 "self-esteem"에 대한 정보를 가져오는 코드 예시입니다.

```
import requests
from bs4 import BeautifulSoup

url="https://en.wikipedia.org/wiki/Self-esteem"
response=requests.get(url)

soup=BeautifulSoup(response.content, 'html.parser')
content=soup.find(id='mw-content-text').find(class_='mw-parser-output')

# 제목 가져오기
title=soup.find(id="firstHeading").text

# 본문 가져오기
paragraphs=content.find_all('p')
text=''
for p in paragraphs:
    text+=p.text

print(title)
print(text)
```

해당 코드를 실행하면 “self-esteem”에 대한 제목과 본문이 출력됩니다. 만약에 저장을 원한다면, title과 text 변수에 저장되어 있는 내용을 파일에 쓰면 됩니다.

ChatGPT가 제시한 프로그램을 실행하면 다음과 같이 많은 영문 텍스트가 출력된다.

Self-esteem

Self-esteem is confidence in one's own worth or abilities. Self-esteem encompasses beliefs about oneself (for example, "I am loved", "I am worthy") as well as emotional states, such as triumph, despair, pride, and shame.[1] Smith and Mackie (2007) defined it by saying "The self-concept is what we think about the self; self-esteem, is the positive or negative evaluations of the self, as in how we feel about it."[2]

——— 생략 ———

ChatGPT에게 위의 영문을 요약해서 한글로 출력해 달라고 해 보자. 아래와 같은 결과가 나온다.

위의 프로그램의 화면에 출력된 결과를 요약하고 한글로 번역해줘.

위 코드를 실행하면 “self-esteem”에 대한 제목과 본문이 출력됩니다. 이를 한글로 번역하면 다음과 같습니다.

제목: 자아 존중감

본문: 자아 존중감은 자신에 대한 평가와 인식에 대한 믿음과 존중하는 태도입니다. 이는 감정적, 인적, 사회적, 인간적 측면에서 다양한 영향을 미칩니다. 자아 존중감이 높은 사람들은 더 긍정적이며, 자신과 타인을 더 존중하며, 건강하고 안정적인 인간관계를 유지할 가능성이 높습니다. 자아 존중감이 낮은 사람들은 반대로 부정적이며, 자신과 타인을 덜 존중하며, 우울증, 불안증, 적대감 등의 문제가 발생할 가능성이 높습니다. 자아 존중감은 어린 시절에 형성되며, 인간관계와 경험에 따라 변화될 수 있습

니다. 따라서, 자아 존중감을 키우기 위해서는 양육환경, 교육, 자기개발 등의 다양한 방법으로 접근해야 합니다.

지금 한 크롤링은 특정한 html 태그에 대한 분석 없이 쉽게 정보를 가져올 수 있는 코드이다. 웹 크롤링을 통해 정확히 내가 원하는 특정한 정보를 가져오기 위해서는 웹페이지의 html을 분석해서 정보가 있는 태그를 찾고 가져와야 한다. 그러기 위해서는 ChatGPT에게 일을 시키는 우리는 파이썬뿐만 아니라 html에 대한 지식도 알고 있어야 ChatGPT를 활용하면서 정확한 정보를 가져올 수 있다. 앞서 가져온 정보가 있고 웹사이트의 html 코드를 알아보기 위해 ChatGPT에게 다음과 같이 질문을 하였다.

위의 정보가 있는 위키피디아 페이지 html 소스를 알려줘.

해당 코드에서 크롤링한 위키피디아 "self-esteem" 페이지의 HTML 소스 코드 URL은 다음과 같습니다.

https://en.wikipedia.org/wiki/Self-esteem

위 URL에서 페이지 소스를 확인할 수 있습니다.

위의 웹 페이지의 html 코드를 보여줘.

저희는 보안 및 저작권 이슈로 인해 HTML 코드를 직접 보여드리는 것은 지양하고 있습니다. 하지만, 위키피디아 "self-esteem" 페이지의 HTML 소스 코드를 보시려면 다음과 같은 방법을 이용하시면 됩니다.

1. 위키피디아 "self-esteem" 페이지로 이동합니다.
2. 웹 브라우저에서 페이지의 우클릭을 하고 "페이지 소스 보기" 또는 "View Page Source"를 선택합니다.
3. 해당 페이지의 HTML 소스 코드를 확인할 수 있습니다.
   혹은, 브라우저에서 개발자 도구(F12)를 열어서 Elements 탭에서 HTML 코드를 확인할 수 있습니다.

3.3 파워포인트를 작성하는 코드

ChatGPT와 파워포인트를 연결하고 파워포인트를 작성할 수 있는 코드를 알아보기 위해 먼저 ChatGPT에게 관련 질문을 하자.

ChatGPT와 파워포인트를 연결해서 파워포인트를 작성할 수 있는 파이썬 코드를 작성해줘.

파이썬에서 파워포인트를 조작하려면 python-pptx 라이브러리를 사용할 수 있습니다. 이 라이브러리는 파이썬으로 파워포인트 파일을 생성하고 수정하는 데 사용됩니다.

아래는 python-pptx 라이브러리를 사용하여 파워포인트를 생성하고 텍스트와 이미지를 추가하는 간단한 코드 예시입니다.

```
from pptx import Presentation
from pptx.util import Inches

# 새로운 프레젠테이션 생성
prs=Presentation()

# 제목 슬라이드 생성
slide=prs.slides.add_slide(prs.slide_layouts[0])
title=slide.shapes.title
title.text="파워포인트 제목"

# 내용 슬라이드 생성
slide=prs.slides.add_slide(prs.slide_layouts[1])
title=slide.shapes.title
title.text="내용 제목"
body=slide.shapes.placeholders[1]
tf=body.text_frame
tf.text="내용 텍스트 추가"
tf.add_paragraph().text="새로운 단락 추가"

# 이미지 슬라이드 생성
```

```
slide=prs.slides.add_slide(prs.slide_layouts[1])
title=slide.shapes.title
title.text="이미지 제목"
left=Inches(1)
top=Inches(2)
height=Inches(5.5)
pic=slide.shapes.add_picture("image.jpg", left, top, height=height)

# 파워포인트 파일 저장
prs.save("test.pptx")
```

위 코드는 파워포인트 파일을 생성하고, 제목 슬라이드, 내용 슬라이드, 이미지 슬라이드를 추가하며, 텍스트와 이미지를 삽입합니다. 마지막으로, test.pptx 파일로 저장합니다.

위 코드를 실행하기 전에, 'python-pptx' 라이브러리를 설치해야 합니다. 아래와 같은 명령어를 사용하여 설치할 수 있습니다.

```
pip install python-pptx
```

또한, 이미지 파일을 'image.jpg'와 같은 파일 이름으로 코드와 같은 디렉토리에 추가해야 합니다.

python-pptx 라이브러리 설치

윈도우 검색창에 'cmd'을 입력하고 '명령 프롬프트'를 클릭한다.

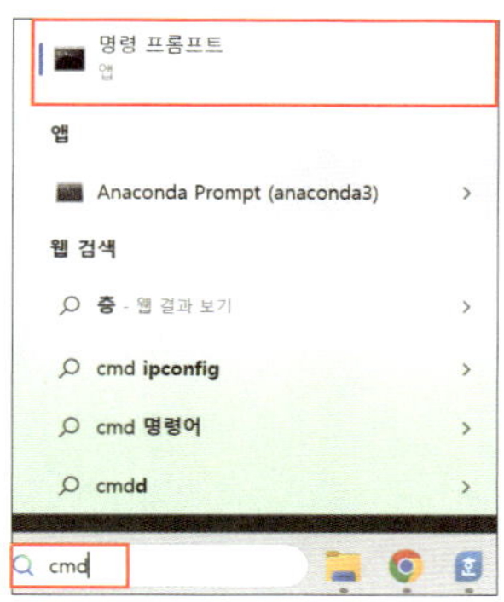

다음과 같이 명령 프롬프트가 실행되어 창이 표시된다.

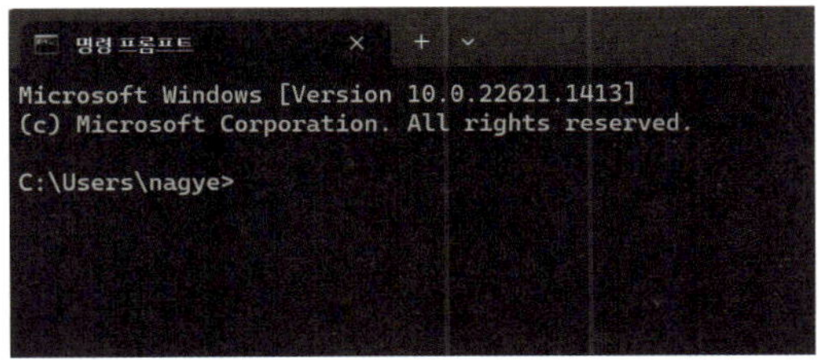

명령 프롬프트 입력란에 ChatGPT가 제시한 명령어를 입력하여 'python-pptx' 라이브러리를 설치한다.

```
pip install python-pptx
```

검색창에 'python'을 입력하면 python 프로그램이 있는 위치를 표시해 준다. 메뉴 오른쪽에서 '파일 위치 열기'를 클릭한다.

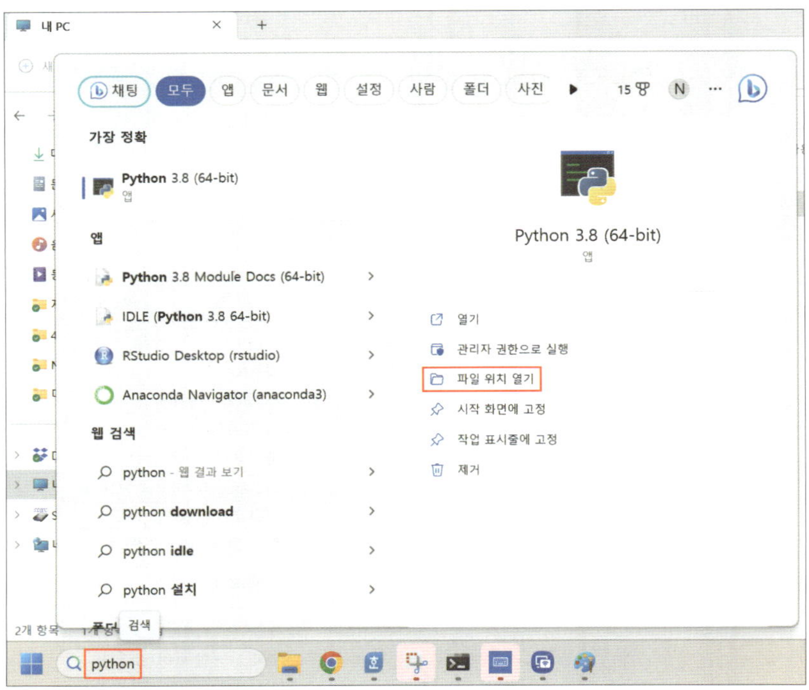

컴퓨터에 python 프로그램이 설치된 디렉토리로 이동할 수 있다. 이 디렉토리의 바로 상위 폴더로 이동한다.

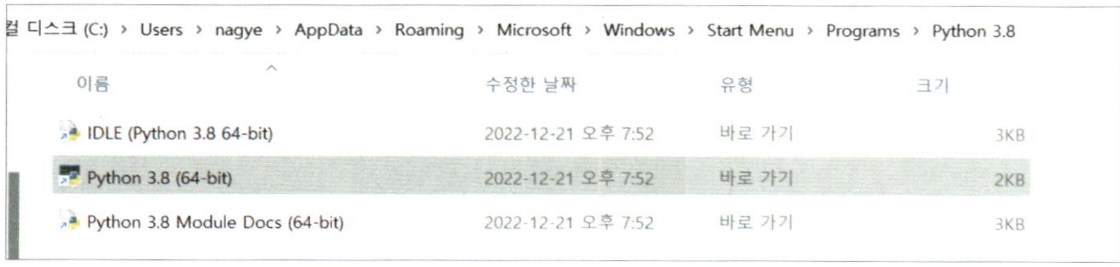

다음 그림처럼 파이썬이 설치된 위치는 program 폴더 안에 설치되어 있다. 파란색으로 표시되어 있는 상위 폴더 'programs'를 클릭한다. 대부분 Programs 폴더 내에 설치되어 있지만, 그렇지 않다면 그 상위 폴더를 클릭하여 확인하면 된다.

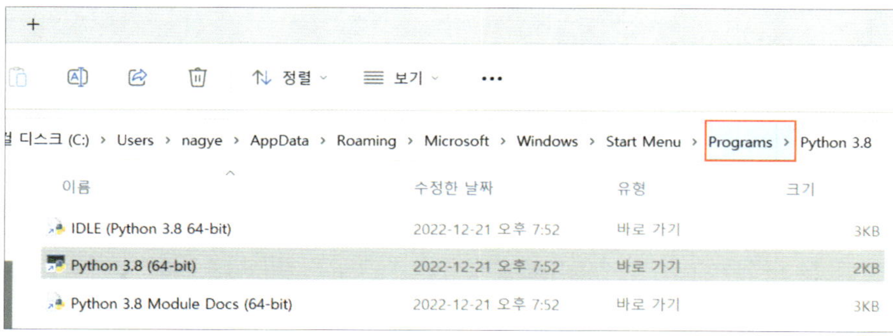

'Python 3.8' 폴더에서 마우스 오른쪽 버튼을 클릭하여 '터미널에서 열기'를 실행한다.

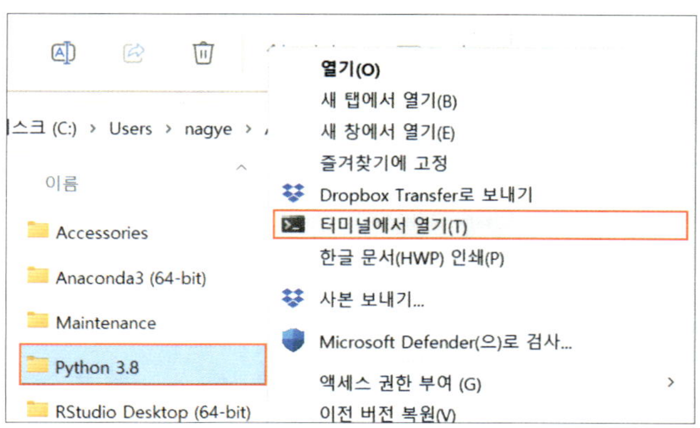

화면이 표시되면 깜박이는 커서 위치에 'pip install python-pptx'을 입력하고 Enter를 누른다.

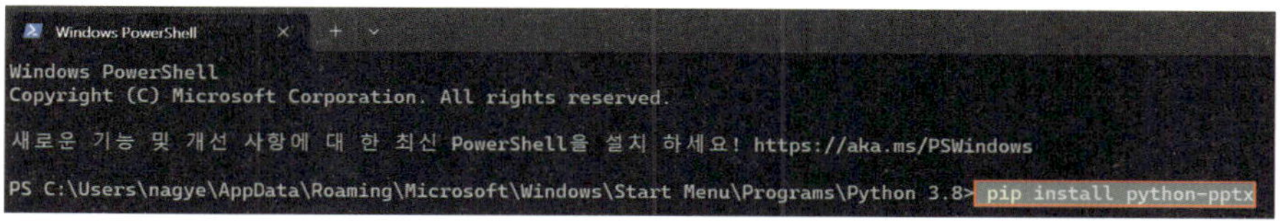

다음과 같이 설치 과정과 설치 완료 메시지를 확인할 수 있다.

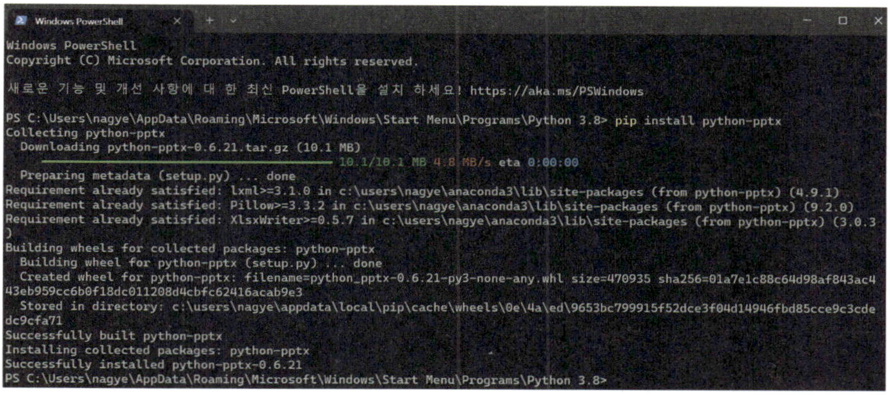

파워포인트 작성 코드 실행

아나콘다(Anaconda)로 이동해서 ChatGPT가 알려준 프로그램을 실행해 보자.

```
from pptx import Presentation
from pptx.util import Inches

# 새로운 프레젠테이션 생성
prs=Presentation()

# 제목 슬라이드 생성
slide=prs.slides.add_slide(prs.slide_layouts[0])
title=slide.shapes.title
title.text="ChatGPT가 알려준 대로 파워포인트 만들기"

# 내용 슬라이드 생성
```

```
slide=prs.slides.add_slide(prs.slide_layouts[1])
title=slide.shapes.title
title.text="ChatGPT가 만든 파워포인트"
body=slide.shapes.placeholders[1]
tf=body.text_frame
tf.text="ChatGPT가 프로그램을 알려준다"
tf.add_paragraph().text="그대로 실행해 보자"

# 이미지 슬라이드 생성
slide=prs.slides.add_slide(prs.slide_layouts[1])
title=slide.shapes.title
title.text="ChatGPT"
left=Inches(1)
top=Inches(2)
height=Inches(5.5)
pic=slide.shapes.add_picture("image.jpg", left, top, height=height)

# 파워포인트 파일 저장
prs.save("test.pptx")
```

작성한 프로그램을 'ppttest.py' 또는 'ppttes.ipynb'로 저장한다.

오류 메시지

다음과 같은 오류 메시지가 나타나는 이유는 'image.jpg' 파일을 실행한 파이썬 프로그램과 같은 폴더에 저장하지 않아서 발생하는 것이다. 윈도우 검색창에 실행한 파이썬 파일명을 입력하여 저장한 파일이 있는 폴더를 찾아서 그 위치에 'image.jpg' 파일을 저장해야 한다.

```
FileNotFoundError: [Errno 2] No such file or directory: 'image.jpg'
```

다음과 같은 오류 메시지가 나타나는 이유는 프로그램이 'test.pptx' 파일을 열어 놓은 상태에서 다시 실행하면 파일이 이미 열려 있기 때문이다. 따라서 'test.pptx' 파일을 닫고 다시 프로그램을 실행하면 오류가 해결될 것이다.

```
PermissionError: [Errno 13] Permission denied: 'test.pptx'
```

무료 ChatGPT를 사용해서 간단하게 ChatGPT를 이용하는 방법을 함께 공부해 보았다. 이번 장을 공부하면서 ChatGPT를 잘 이용하려면 파이썬을 정확히 알아야 한다는 생각이 들었다면 성공이다. ChatGPT는 어려운 일도 쉽게 해결할 수 있도록 코드를 제공해 주지만 원하는 특정 상황에 특정 데이터를 활용한 코드로 만들기 위해서는 정확히 여러 번 질문하거나, 파이썬으로 작성한 코드를 상황에 맞게 수정해야 한다.

ChatGPT의 시대가 도래한 것은 맞지만, 파이썬과 같은 프로그래밍 언어를 알 필요가 없는 것은 아니다. ChatGPT를 활용하려면 파이썬과 같은 언어로 코드를 작성하고 실행해야 하므로 파이썬을 정확히 알아야 ChatGPT를 더 잘 활용할 수 있다.

2장 문제의 결과 제시

결과 1 문제 2 에 대한 결과를 ChatGPT를 이용하여 답을 제시한다. 문자열 간의 연결 관련 ChatGPT에 물어보면 아래와 같은 답이 나온다.

age=14

print("당신의 나이는"+age+"살입니다")

이 파이썬 코드가 오류 발생하는지 확인해줘.

Sure! 이 코드는 오류가 발생합니다. 문자열과 숫자를 함께 연결하려고 하면 TypeError가 발생합니다. 이를 해결하기 위해서는 숫자를 문자열로 변환해야 합니다. 다음과 같이 코드를 수정해 보세요.

```
age=14
print("당신의 나이는 "+str(age)+"살입니다.")
```

이렇게 수정하면 정상적으로 실행되며 출력 결과는 "당신의 나이는 14살입니다."가 됩니다. 문자열과 숫자를 함께 사용할 때는 항상 데이터 타입을 주의해야 합니다.

즉, 14라는 정수를 문자열로 형 변환하여 문자열 간의 연결로 작성하면 오류 없이 해결할 수 있다.

결과 2 정기예금의 이자율에 따른 소득을 계산하는 프로그램을 작성한다.

```
principal=2550000  # 원금 # ----------> ①
interest_rate=0.041 # 이자율 (4.1%) # --> ②
periods=12         # 기간 (12개월)

# 총 이자 계산
total_interest=principal * interest_rate * periods

# 만기 후 총 금액 계산
total_amount=principal+total_interest

# 출력
print("만기 후 총 금액은", format(total_amount, ",.0f"), "원 입니다.")
```

여기서 원금과 이자율을 표준 입력 함수를 이용하여 입력받아 프로그램을 작성하려면 다음과 같이 코드를 수정하면 된다.

① principal =int(input("원금을 입력하세요"))

② interest_rate=float(input("이자율을 입력하세요"))

결과 3 본인 관련 내용을 간단히 프로그램으로 작성하는 것이다. 이때 본인에 관한 데이터를 어떤 변수명과 데이터형을 사용하는 것이 더 적당한지 고민하면서 작성해 보자.

```
myname="홍길동"
myhackbun="1234567"
myhakkwa="국문학과"
myhakjum=4.2

print("내 이름은", myname, "학번은", myhakbun, "학과는", mynakkwa, "이전 학점
은", myhakjum,"이다")
```

3장 문제의 결과 제시

결과 1 'if-else 문 코드' 프로그램에서는 ①, ② 2개의 print 명령어를 사용하였다. print 명령문을 print(na, sa) 1번만 사용하여 동일한 결과가 나오도록 프로그램을 변경하세요.

```
na=21
if na % 2==0:
    sa="홀수"
else:
    sa="짝수"
print(na, sa)
print("if 문 종료됨")
```

〈화면 출력〉

```
21 짝수
if 문 종료됨
```

결과 2 위 프로그램에서 임의의 정수를 입력받아 짝수 홀수를 구별하는 프로그램으로 수정하세요.

```
na=int(input("정수를 입력하세요."))
if na % 2==0:
    sa="홀수"
else:
    sa="짝수"
print(na, sa)
print("if 문 종료됨")
```

〈화면 출력〉

```
정수를 입력하세요.21
21 짝수
if 문 종료됨
```

결과 3 다음과 같은 결과가 나오도록 프로그램을 작성하세요.

- 19세 이상의 나이면 '입장하세요.', 19세 미만의 나이면 '보호자와 함께 입장하세요.' 라는 안내문을 표시하는 프로그램이다.

〈화면 출력〉

```
나이를 입력하세요.20
당신의 나이는 20 살입니다.
입장하세요.
```

〈화면 출력〉

```
나이를 입력하세요.15
당신의 나이는 15 살입니다.
보호자와 함께 입장하세요.
```

```
age=int(input("나이를 입력하세요."))
if age >=19:
    print("당신의 나이는 ", age, "살입니다.")
    print("입장하세요")
else:
    print("당신의 나이는 ", age, "살입니다.")
    print("보호자와 함께 입장하세요.")
```

결과 4 다음과 같은 결과를 출력하는 프로그램을 작성하세요.

용돈과 지출비용을 비교해서 다음과 같이 출력되는 프로그램을 작성한다.

1. 용돈 > 지출이면 "용돈이 남았군요. 좀 더 쓰셔도 됩니다."
2. 용돈==지출이면 "용돈 관리를 잘했군요."
3. 용돈 < 지출이면 "용돈을 아껴 쓰세요."

rmoney 변수에 용돈을 입력받고
smoney 변수에 지출 비용을 입력받고
if 문을 이용해 각각 조건에 해당하는 문구를 출력해 보자.

〈화면 출력〉

```
이번달 용돈은 얼마인가요?20000
이번달 지출 총액은 얼마인가요?21000
용돈을 아껴 쓰세요.
```

```
rmoney=int(input("이번달 용돈은 얼마인가요?"))
pmoney=int(input("이번달 지출 총액은 얼마인가요?"))
if rmoney > pmoney:
    print("용돈이 남았군요, 좀 더 쓰셔도 됩니다.")
elif rmoney = = pmoney:
    print("용돈 관리를 잘했군요.")
else:
    print("용돈을 아껴 쓰세요.")
```

결과 5 다음과 같은 순서도 대로 프로그램을 작성하세요.

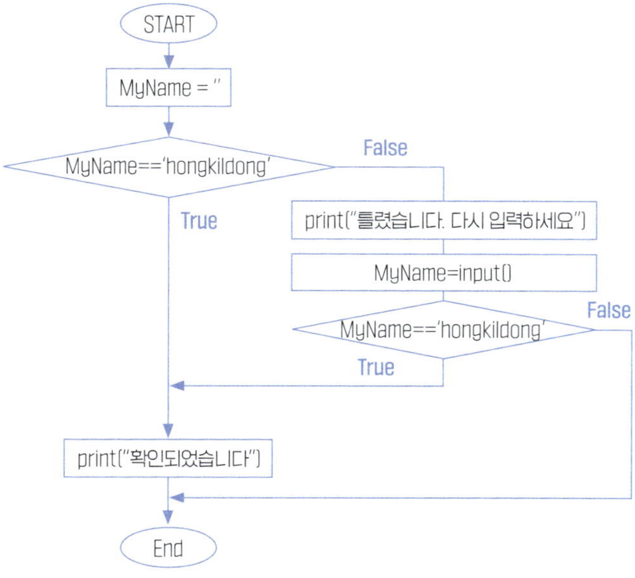


```
MyName=''
if MyName=='hongkildong':
        print("확인되었습니다.")
else:
        print("틀렸습니다. 다시 입력하세요.")
        MyName=input()
        if MyName=='hongkildong':
                print("확인되었습니다.")
```

4장 문제의 결과 제시

결과 1 0부터 100까지의 정수 중 3의 배수만 출력하는 프로그램을 작성하세요.

```
for sb in range(0, 101, 1):
    if sb % 3==0:
        print(sb, end=" ")
```

〈화면 출력〉

```
0 3 6 9 12 15 18 21 24 27 30 33 36 39 42 45 48 51 54 57 60 63 66 69 72 75
78 81 84 87 90 93 96 99
```

결과 2 3, 6, 9 게임 만들기

continue 문을 이용하여 1부터 10까지의 수를 차례대로 말하는데 3의 배수는 출력하지 않는 프로그램을 작성하세요.

```
for sb in range(1, 11, 1):
    if sb % 3==0:
        continue
    print(sb, end=" " )
```

〈화면 출력〉

```
1 2 4 5 7 8 10
```

결과 3 다음과 같이 화면 출력 결과가 나올 수 있게 입력받은 정수까지의 총합을 구하는 프로그램을 작성해 보세요.

```
sb=int(input("총합을 구하려는 수를 입력하세요."))
total=0
for sb in range(1, sb+1, 1):
    total=total+sb
print("1부터", sb,"까지의 총합은", total, "이다.")
```

〈화면 출력〉

```
총합을 구하려는 수를 입력하세요.10
1부터 10 까지의 총합은 55 이다.
```

결과 4 다음 프로그램을 확인하고 화면 출력 결과를 각각 작성해 보세요.

```
for sb in range(1, 11, 1):
    total=0
    total=total+sb
print(total)
```

〈화면 출력〉

```
10
```

```
total=0
for sb in range(1, 11, 1):
    total=total+sb
print(total, end="   ")
print("끝")
```

〈화면 출력〉

```
1 3 6 10 15 21 28 36 45 55 끝
```

```
total=0
for sb in range(1,11,1):
    total=total+sb
print(total)
```

〈화면 출력〉

```
55
```

```
total=0
for sb in range(1,11,1):
    total=total+1
print(total)
```

〈화면 출력〉

```
10
```

```
for sb in range(1,11,1):
    total=0
    total=total+1
print(total)
```

〈화면 출력〉

```
1
```

결과 5 1부터 입력받은 정수까지의 총합을 구하는 프로그램을 while 문으로 작성하세요.

```
sb=int(input("총합을 구하려는 수를 입력하세요."))
total=0
sb=0
while sb < 11:
    total=total+sb
    sb=sb+1
print("1부터", sb-1,"까지의 총합은", total, "이다.")
```

〈화면 출력〉

```
총합을 구하려는 수를 입력하세요.10
1부터 10 까지의 총합은 55 이다.
```

결과 6 앞서 작성한 1부터 임의의 수까지의 총합을 구하는 프로그램을 break 문을 사용한 것으로 변경하세요.

```
sa=int(input("총합을 구하고 싶은 정수 입력"))
total=0
sb=0

while True:
    total=total+sb
    if sa==sb:
        break
    else:
        sb=sb+1
print("1부터", sa, "까지의 총합은", total, "이다.")
```

〈화면 출력〉

```
총합을 구하고 싶은 정수를 입력하세요.10
1부터 10 까지의 총합은 55 이다.
```

결과 7 총합을 구할 첫 번째 수와 두 번째 수를 입력받아 총합을 구하는 프로그램을 for 문과 while 문으로 작성하세요.

- 계산할 첫 번째 수를 입력한다.
- 계산할 마지막 수를 입력한다.

〈for 문〉

```
na=int(input("첫 번째 정수를 입력하세요."))
nb=int(input("두 번째 정수를 입력하세요."))
total=0
for sb in range(na, nb+1, 1):
    total=total+sb
print(na,"부터",nb,"까지의 총합은", total,"이다.")
```

〈화면 출력〉

```
첫 번째 정수를 입력하세요.1
두 번째 정수를 입력하세요.10
1 부터 10 까지의 총합은 55 이다.
```

〈while 문〉

```
na=int(input("첫 번째 정수를 입력하세요."))
nb=int(input("두 번째 정수를 입력하세요."))
total=0
sb=na
while sb < nb+1:
    total=total+sb
    sb=sb+1
print(na,"부터",nb,"까지의 총합은", total,"이다.")
```

〈화면 출력〉

```
첫 번째 정수를 입력하세요.1
두 번째 정수를 입력하세요.10
1 부터 10 까지의 총합은 55 이다.
```

결과 8 앞서 작성한 프로그램을 3의 배수의 총합을 구하는 프로그램을 for 문과 while 문으로 변경하세요.

〈for 문〉

```
na=int(input("첫 번째 정수를 입력하세요."))
nb=int(input("두 번째 정수를 입력하세요."))
total=0
for sb in range(na, nb+1, 1):
    if sb % 3==0:
        total=total+sb
print(na,"부터",nb,"까지의 3의 배수의 총합은", total,"이다.")
```

〈화면 출력〉

```
첫 번째 정수를 입력하세요.1
두 번째 정수를 입력하세요.10
1 부터 10 까지의 3의 배수의 총합은 18 이다.
```

〈while 문〉

```
na=int(input("첫 번째 정수를 입력하세요."))
nb=int(input("두 번째 정수를 입력하세요."))
total=0
sb=na
while na < nb+1:
    if na % 3==0:
        total=total+na
    na=na+1
print(sb,"부터",nb,"까지의 3의 배수의 총합은", total,"이다.")
```

〈화면 출력〉

```
첫 번째 정수를 입력하세요.0
두 번째 정수를 입력하세요.10
0 부터 10 까지의 3의 배수의 총합은 18 이다.
```

결과 9 아래의 순서도대로 while 문을 사용하여 프로그램을 작성하세요.

```
MyName=''
while True:
    print("이름을 입력하세요.")
    MyName=input()
    if MyName=='hongkildong':
        break
print("확인되었습니다.")
```

〈화면 출력〉

```
이름을 입력하세요.
hongkildong
확인되었습니다.
```

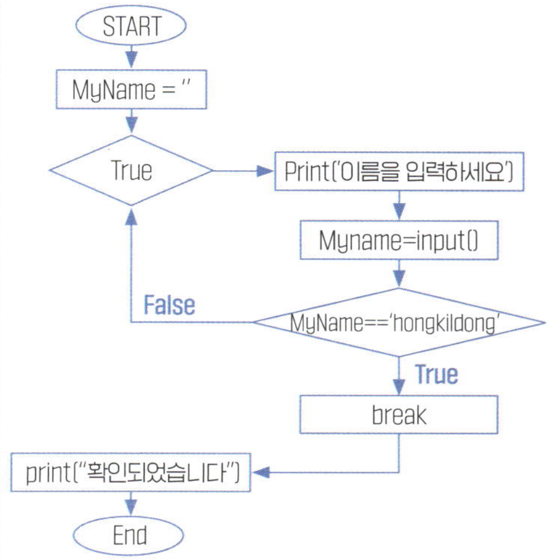

결과 10 아래의 순서도대로 while 문을 사용하여 프로그램을 작성하세요.

```
MyName=''
while True:
    print("이름을 입력하세요.")
    MyName=input()
    if MyName !='hongkildong':
        continue
    else:
        print("패스워드를 입력하세요.")
        MyPass=input()
        if MyPass=="hahaha":
            break
print("확인되었습니다.")
```

〈화면 출력〉

```
이름을 입력하세요
hongkildong
패스워드를 입력하세요.
hahaha
확인되었습니다.
```

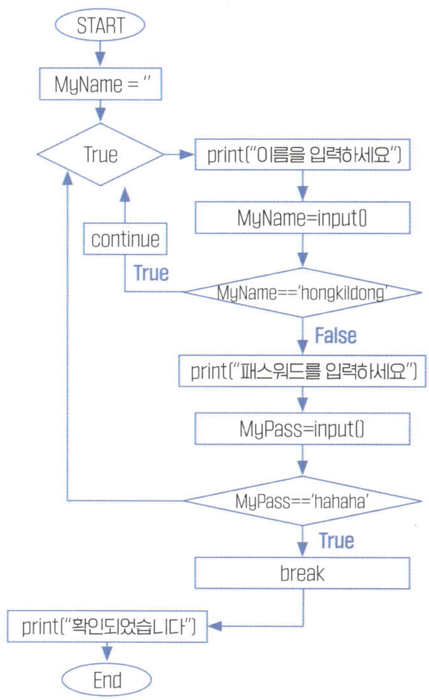

결과 11 구구단 게임 프로그램 작성하기

- "구구단 중 몇단을 알고 싶은지 입력하세요."라고 화면에 표시합니다.
- 사용자가 입력한 구구단의 결과를 화면에 출력하는 프로그램을 for 문과 while 문으로 작성하세요.

〈for 문〉

```
na=int(input("출력하고자 하는 구구단을 입력하세요."))
for sb in range(1, 10, 1):
    print(na, "*", sb, "=", na * sb )
```

〈화면 출력〉

```
출력하고자 하는 구구단을 입력하세요.4
4 * 1=4
4 * 2=8
4 * 3=12
4 * 4=16
4 * 5=20
4 * 6=24
4 * 7=28
4 * 8=32
4 * 9=36
```

〈while 문〉

```
na=int(input("출력하고자 하는 구구단을 입력하세요"))
nb=1
while nb < 10:
    print(na, "*", nb, "=", na * nb )
    nb=nb+1
```

〈화면 출력〉

```
출력하고자 하는 구구단을 입력하세요.4
4 * 1=4
4 * 2=8
4 * 3=12
4 * 4=16
4 * 5=20
4 * 6=24
4 * 7=28
4 * 8=32
4 * 9=36
```

결과 12 다음은 ChatGPT가 제출한 2중 for 문 문제이다. 스스로 프로그램을 작성해 보자.

- 1부터 5까지의 숫자를 이용하여 다음과 같은 출력을 만드는 프로그램을 작성하세요.

```
for i in range(1, 6):
    for j in range(1, i+1):
        print(j, end=' ')
    print()
```

〈화면 출력〉

```
1
1 2
1 2 3
1 2 3 4
1 2 3 4 5
```

- 다음과 같은 출력을 만드는 프로그램을 작성하세요.

```
for i in range(5):
    for j in range(i+1):
        print(chr(65+j), end=' ')
    print()
```

〈화면 출력〉

```
A
A B
A B C
A B C D
A B C D E
```

- 다음과 같은 출력을 만드는 프로그램을 작성하세요.

```
for i in range(5):
    for j in range(5):
        print('*', end='')
    print()
```

〈화면 출력〉

```
*****
*****
*****
*****
*****
```

print() 함수를 인수 없이 호출하면 기본값으로 개행 문자(₩n)가 출력되어 빈 줄이 생성된다. 7장 함수에서 디폴트 매개변수의 개념이다.

print("₩n")은 명시적으로 개행 문자를 출력한다.

5장 문제의 결과 제시 □

결과 1 한국어 요일을 영어 요일로 변경하는 프로그램이 제시되어 있다. 한국어로 '월요일'부터 '일요일'까지 요일을 입력받고 각 요일을 영어 요일로 변경해 주는 프로그램을 작성해 보세요.

```
print("월요일부터 일요일 중 영어로 번역하고 싶은 요일을 입력하세요.")
yoil=input()
if yoil=="월요일":
    print("monday")
elif yoil=="화요일":
    print("tuesday")
elif yoil=="수요일":
    print("wednesday")
elif yoil=="목요일":
    print("thursday")
elif yoil=="금요일":
    print("friday")
elif yoil=="토요일":
    print("saturday")
else:
    print("sunday")
```

〈화면 출력〉

```
월요일부터 일요일 중 영어로 번역하고 싶은 요일을 입력하세요.
월요일
monday
```

결과 2 위의 데이터를 딕셔너리로 정의하여 요일에 대한 영어 요일을 출력하는 프로그램으로 변경하세요.

```
dicta={"월요일":"monday", "화요일":"tuesday", "수요일":"wednesday", "목요일":"thursday", "금요일":"friday", "토요일":"saturday", "일요일":"sunday"}
print("월요일부터 일요일 중 영어로 번역하고 싶은 요일을 입력하세요.")
yoil=input()
print(dicta[yoil])
```

〈화면 출력〉

```
월요일부터 일요일 중 영어로 번역하고 싶은 요일을 입력하세요.
월요일
monday
```

결과 3 딕셔너리에 키 요소값에 해당되지 않는 값을 입력했을 때 '요일을 잘못 입력했어요.'라는 정보를 화면에 출력하세요.

```
dicta={"월요일":"monday", "화요일":"tuesday", "수요일":"wednesday", "목요일":"thursday", "금요일":"friday", "토요일":"saturday", "일요일":"sunday"}
print("월요일부터 일요일 중 영어로 번역하고 싶은 요일을 입력하세요.")
yoil=input()
if yoil in dicta:
    print(dicta[yoil])
else:
    print("요일을 잘못 입력했어요.")
```

〈화면 출력〉

```
월요일부터 일요일 중 영어로 번역하고 싶은 요일을 입력하세요.
월
요일을 잘못 입력했어요.
```

6장 문제의 결과 제시

결과 1 함수 호출 순서 코드 (2) 프로그램을 빼셈(fsub), 곱셈(fmul), 나눗셈(fdiv) 함수를 추가하여 사칙 연산을 하는 4개의 함수가 정의되어 있고 함수 호출 시 매개변수 값은 100, 3으로 호출해서 각 결과를 화면에 출력하는 프로그램으로 수정하세요.

```
def fadd(pa, pb):
    pc=pa+pb
    return pc
def fsub(pa, pb):
    pc=pa - pb
    return pc
def fmul(pa, pb):
    pc=pa * pb
    return pc
def fdiv(pa, pb):
    pc=pa / pb
    return pc

na=100
nb=3
nc=fadd(na, nb)
print(na, "+", nb, "결괏값은", nc,"이다.")
nd=fsub(na, nb)
print(na, "-", nb, "결괏값은", nd,"이다.")
ne=fmul(na, nb)
print(na, "*", nb, "결괏값은", ne,"이다.")
nf=fdiv(na, nb)
print(na, "/", nb, "결괏값은", nf,"이다.")
```

〈화면 출력〉

```
10+20 결괏값은 30 이다.
100 - 3 결괏값은 97 이다.
100 * 3 결괏값은 300 이다.
100 / 3 결괏값은 33.333333333333336 이다.
```

결과 2 함수 호출 순서 코드 (2) 프로그램을 임의의 수를 입력받아 실행하는 프로그램으로 변경하세요.

```
def fadd(pa, pb):
    pc=pa+pb
    return pc
def fsub(pa, pb):
    pc=pa - pb
    return pc
def fmul(pa, pb):
    pc=pa * pb
    return pc
def fdiv(pa, pb):
    pc=pa / pb
    return pc

na=float(input("연산을 위한 첫 번째 값을 입력하세요."))
nb=float(input("연산을 위한 두 번째 값을 입력하세요."))
nc=fadd(na, nb)
print(na, "+", nb, "결괏값은", nc, "이다")
nd=fsub(na, nb)
print(na, "-", nb, "결괏값은", nd, "이다.")
ne=fmul(na, nb)
print(na, "*", nb, "결괏값은", ne, "이다.")
nf=fdiv(na, nb)
print(na, "/", nb, "결괏값은", nf, "이다.")
```

〈화면 출력〉

```
연산을 위한 첫 번째 값을 입력하세요.30
연산을 위한 두 번째 값을 입력하세요.2.1
30.0+2.1 결괏값은 32.1 이다.
30.0 - 2.1 결괏값은 27.9 이다.
30.0 * 2.1 결괏값은 63.0 이다.
30.0 / 2.1 결괏값은 14.285714285714285 이다.
```

결과 3 문자열을 입력받아 해당 문자열의 길이를 반환하는 함수를 작성하세요. 즉, 아래 코드에서 len(sta) 대신에 사용할 string_length(stb) 함수를 정의하고 호출하여 동일한 결과가 나오도록 하세요.

```
sta="python example"
def string_length(stb):
    count=0
    for chara in string:
        count=count+1
    return count

lena=string_length(sta)
print(lena)
```

결과 4 두 수(10, 0)의 나눗셈을 하는 fdiv 함수를 작성하세요. 단, 임의의 두 수 중 하나의 수가 0인 경우 "0으로는 나눌 수 없다." 메시지를 출력하도록 프로그램을 작성하세요.

```
def fdiv(pa, pb):
    if pb==0:
        return "0으로 나눌 수 없음"
    else:
        return pa/pb
na=10
nb=0
nc=fdiv(na, nb)
print(nc)
```

〈화면 출력〉

```
0으로 나눌 수 없음
```

결과 5 1부터 9까지의 정수 중 입력받은 정수의 100까지 배수의 합을 구하는 프로그램을 작성하세요.

- "배수의 합을 구하고자 하는 정수를 입력하세요."라고 화면에 출력하고, 3의 배수인 경우는 3을 입력받으면 된다.

- for 문으로 작성하기

```
na=int(input("배수의 합을 구하고자 하는 정수를 입력하세요."))
total=0
for sb in range(1, 101, 1):
    if sb % na==0:
        total=total+sb
print("100까지",  na,"의 배수의 총합은", total,"이다.")
```

〈화면 출력〉

```
배수의 합을 구하고자 하는 정수를 입력하세요.3
100까지 3 의 배수의 총합은 1683 이다.
```

- while 문으로 작성하기

```
na=int(input("배수의 합을 구하고자 하는 정수를 입력하세요."))
total=0
sb=1
while sb < 101:
    if sb % na==0:
        total=total+sb
    sb=sb+1
print("100까지",  na,"의 배수의 총합은", total,"이다.")
```

〈화면 출력〉

```
배수의 합을 구하고자 하는 정수를 입력하세요.3
100까지 3 의 배수의 총합은 1683 이다.
```

• for 문을 함수 이름 funca 함수로 정의하고 함수를 호출하여 결과를 출력하도록 프로그램을 수정하기

```
def funca(nb):
    total=0
    for sb in range(1, 101, 1):
        if sb % na==0:
            total=total+sb
    return total

na=int(input("배수의 합을 구하고자 하는 정수를 입력하세요."))
nc=funca(na)
print("100까지",  na,"의 배수의 총합은", nc,"이다.")
```

〈화면 출력〉

```
배수의 합을 구하고자 하는 정수를 입력하세요.3
100까지 3 의 배수의 총합은 1683 이다.
```

7장 문제의 결과 제시

결과 1 funca 함수에서 서로 맞바꾼 값을 갖는 두 개의 변수를 return 해서 서로 swap 된 결과를 화면에 출력하도록 프로그램을 변경하세요.

```
a=10
b=20
def fswap(c, d):
    temp=c
    c=d
    d=temp
    return c, d

c=a
d=b
print("a 값은 ", a, "b 값은 ", b)
a, b=fswap(a, b)
print("a 값은 ", a, "b 값은 ", b)
```

결과 2 제시된 코드의 오류를 아래 2가지 방법으로 수정하세요.

- a를 전역 변수로 사용하도록 변경한다.

```
# a를 전역 변수로 사용하도록 변경
# global로 해결하기
b=0
print("b의 값은", b)
b=1
print("b의 값은", b)

def scope_test():
    global a
    a=a+3
    print("scope_test() 함수 안의 a 값은", a)

a=0
print("scope_test() 함수 밖의 a 값은", a)
scope_test()
print("scope_test() 함수 호출 후 a 값은", a)
```

〈화면 출력〉

```
b의 값은 0
b의 값은 1
scope_test() 함수 밖의 a 값은 0
scope_test() 함수 안의 a 값은 3
scope_test() 함수 호출 후 a 값은 3
```

• a를 지역 변수로 사용한다.

```
# a를 지역 변수로 사용하는 방법
# 지역 변수로 사용하기
b=0
print("b의 값은", b)
b=1
print("b의 값은", b)

def scope_test():
    a=0
    a=a+3
    print("scope_test() 함수 안의 a 값은", a)

a=0
print("scope_test() 함수 밖의 a 값은", a)
scope_test()
print("scope_test() 함수 호출 후 a 값은", a)
```

〈화면 출력〉

```
b의 값은 0
b의 값은 1
scope_test() 함수 밖의 a 값은 0
scope_test() 함수 안의 a 값은 3
scope_test() 함수 호출 후 a 값은 0
```

결과 3 아래 3개의 프로그램 결괏값을 적어보세요.

• 코드 (1)

```
result=10
def fadd(num):
    b=result+num
    print("변수 result 값은", result)
    print("변수 b 값은", b)
fadd(10)
```

〈화면 출력〉

```
변수 result 값은 10
변수 b 값은 20
>>>
```

• 코드 (2)

```
result=10 # ------------------> ①
def fadd(num):
    result=result+num # ------> ②
    print("변수 result 값은", result)

fadd(10)
```

〈화면 출력〉

```
    result=result+num
UnboundLocalError: local variable 'result' referenced before assignment
>>>
```

①, ②의 result는 동명이인이다. ②에서 r_value 가 먼저 처리되고 l_value가 처리된다. r_value로 사용된 result 변수가 가리키는 data를 확인하는 데 할당되어 있지 않아서 local variable 'result' referenced before assignment라는 오류가 발생한 것이다.

- 코드 (3)

```
result=10 # ------------------> ③
def fadd(num):
    global result # -----------> ①
    result=result+num # -------> ②
    print("변수 result 값은", result)

fadd(10)
```

〈화면 출력〉

```
 변수 result 값은 20
>>>
```

①에서 result 변수가 지역 변수로 지정되지 못하도록 선언한 것이다. 따라서 ②에서 r_value인 result는 ③ 전역 변수인 result 동일 변수가 된다.

결과 4 순서도대로 프로그램을 작성하세요.

```
sua=10
sub=5
suc=7
max=sua
if sub > max:
    max=sub
if suc > max:
    max=suc
print("최댓값은", max)
```

〈화면 출력〉

```
최댓값은 10
```

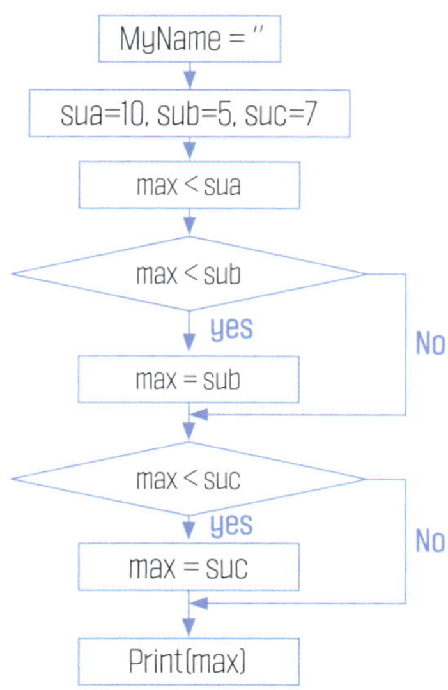

결과 5 최댓값을 구하는 프로그램을 fmax 함수로 정의하고 fmax 함수를 호출하도록 프로그램을 변경하세요.

- 최댓값을 return 한다.
- fmax 함수를 호출하고 함수에서 리턴되는 값을 받아 출력한다.

```
def fmax(sua, sub,suc):
    max=sua
    if sub > max:
        max=sub
    if suc > max:
        max=suc
    return max

sua=10
sub=5
suc=7
max=fmax(sua, sub, suc)

print("최댓값은", max)
```

결과 1 리스트에서 가장 큰 값 찾기 프로그램 작성하기

ca=[10, 17, 13, 11]으로 정의된 리스트에서 최댓값을 구하는 프로그램을 작성하고, 리스트 변수명의 규칙성을 이용하여 for 문으로 작성하세요.

- 오른쪽에 최댓값을 찾는 알고리즘을 순서도를 보며 순서도대로 작성한다.
- 이전 프로그램과 동일하게 작성하는데, 비교해야 할 정수가 4개이고, 변수명이 리스트일 뿐이다.

```
ca=[10,17,13,11]
max=ca[0]
if max < ca[1]:
    max=ca[1]
if max < ca[2]:
    max=ca[2]
if max < ca[3]:
    max=ca[3]
print(max)
```

〈화면 출력〉

```
17
```

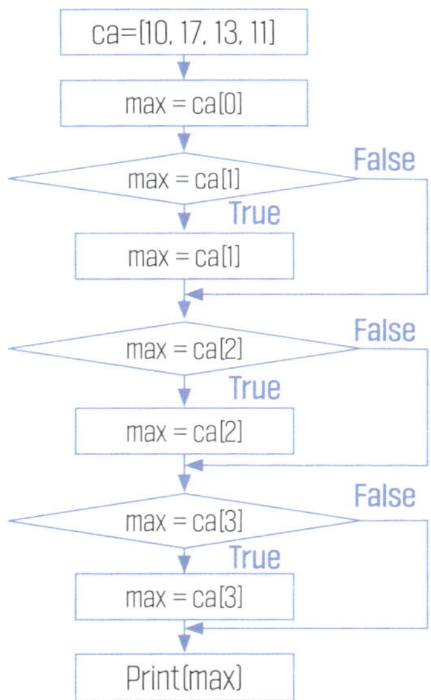

결과 2 규칙성을 찾아 for 문으로 프로그램을 변경하세요.

```
ca=[10,17,13,11]
max=ca[0]
for sb in range(1, 4, 1):
    if max < ca[sb]:
        max=ca[sb]
print(max)
```

〈화면 출력〉

17

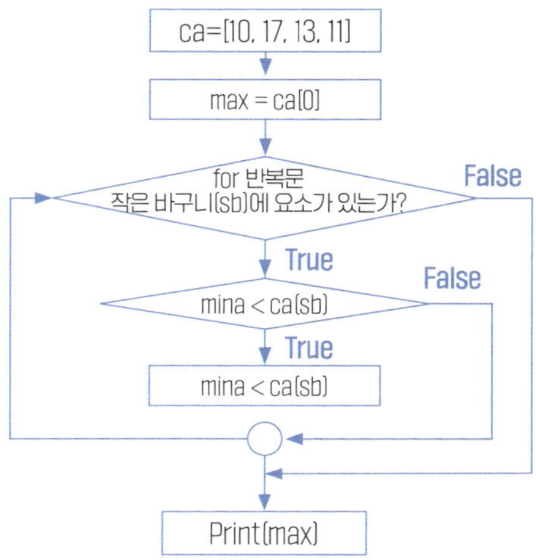

결과 3 for 문 작성 시 리스트를 큰 바구니로 사용하고 작은 바구니의 이름으로 최댓값을 찾아내도록 프로그램을 작성하세요.

```
ca=[10,17,13,11]
max=ca[0]
for sb in ca:
    if max < sb:
        max=sb
print(max)
```

〈화면 출력〉

17

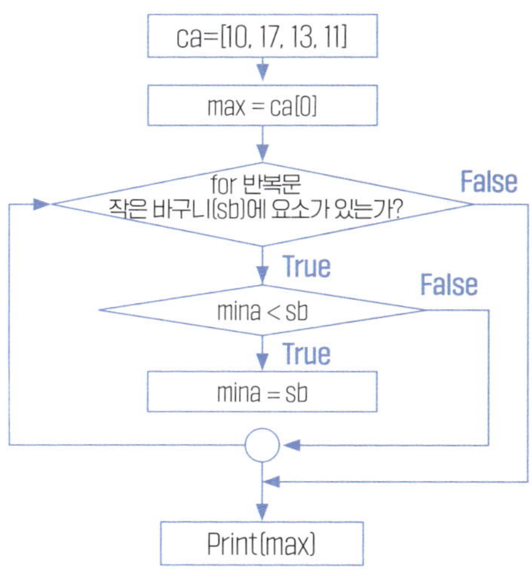

결과 4 이중 for 문으로 선택 정렬 작성하기

살펴본 프로그램 4단계에서 for 문을 사용하여 선택 정렬을 하는 프로그램을 작성하였다. 이 프로그램을 확인하면 규칙성을 찾을 수 있는데, 이 규칙성을 찾아서 중첩된 for 문으로 변경해 보세요.

- 오른쪽에 코딩 과정의 힌트로 제시한 순서도를 참고해도 좋지만, 위에서 직접 작성한 코드를 시각적으로 보고 규칙성을 찾아 중첩된 for 문으로 작성한다.

```
# 선택 정렬
ca=[21,10,11,15,13]

for sa in range(0, 4, 1):
    mina=ca[sa]
    minix=sa
    for sb in range(sa+1, 5, 1):
        if mina > ca[sb]:
            mina=ca[sb]
            minix=sb
    temp=ca[sa]
    ca[sa]=ca[minix]
    ca[minix]=temp
    print(ca)
```

〈화면 출력〉

```
[10, 21, 11, 15, 13]
[10, 11, 21, 15, 13]
[10, 11, 13, 15, 21]
[10, 11, 13, 15, 21]
```

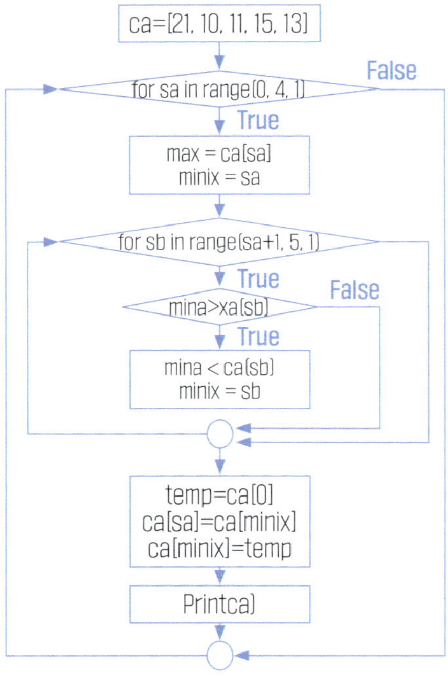

결과 5 위의 선택 정렬 프로그램에서 선택 정렬 부분을 fselsort 함수로 정의하고 제시한 코드로 호출하여 데이터가 정렬되도록 프로그램을 작성하세요.

```
ca=[21,10,11,15,13]
fselsort(ca)
```

```
# 선택 정렬
def fselsort(ca):
  for sa in range(0, 4, 1):
      mina=ca[sa]
      minix=sa
      for sb in range(sa+1, 5, 1):
         if mina > ca[sb]:
              mina=ca[sb]
              minix=sb
      temp=ca[sa]
      ca[sa]=ca[minix]
      ca[minix]=temp


ca=[21,10,11,15,13]
fselsort(ca)
print(ca)
```

결과 6 왼쪽 [Step 7]의 최댓값을 구하는 fmax 함수를 참고하여, su=[5, 4, 7,10, 6] 중 최솟값을 구하는 fmin 함수를 정의하고 호출하는 프로그램을 완성해 보자.

```
def fnin(fu):
     min=fum[0]
     for i in range(1,5,1):
          if min > fu[i]:
                min=fu[i]
     return min
```

9장 문제의 결과 제시

결과 1 아래 프로그램이 오류 없이 제시된 결괏값이 나오도록 아래 프로그램 일부를 변경하세요.

```
class Cadd:
    def fadd(self, a, b):
        self.x=a
        self.y=b
        self.hap=self.x+self.y

obj=Cadd()
obj.fadd(10, 20)
print("객체 obj 내의 인스턴스 변수 x의 값은", obj.x)
print("객체 obj 내의 인스턴스 변수 y의 값은", obj.y)
print("객체 obj 내의 인스턴스 변수 hap의 값은", obj.hap)
```

〈화면 출력〉

```
객체 obj 내의 인스턴스 변수 x의 값은 10
객체 obj 내의 인스턴스 변수 y의 값은 20
객체 obj 내의 인스턴스 변수 hap의 값은 30
>>>
```

결과 2 다음 프로그램의 객체인 obj의 구성을 그리세요.

```
class Cadd:
    def fadd(self, a,b):
        x=a
        y=b
        hap=x+y
        return hap

obj=Cadd()
ohap=obj.fadd(10, 20)

print("ohap의 값은", ohap)
```

〈화면 출력〉

```
ohap의 값은 30
>>>
```

obj

```
fadd(self, a, b)
```

결과 3 디폴트 매개변수를 이용하여 제시된 화면 출력 결과가 나오도록 fadd 함수를 정의하세요.

```
def fadd(a=1,b=2):
    x=a
    y=b
    hap=x+y
    return hap


ohap=fadd(10, 20)
print("ohap의 값은", ohap)
ohap2=fadd(10)
print("ohap2의 값은", ohap2)
ohap3=fadd()
print("ohap2의 값은", ohap3)
```

〈화면 출력〉

```
ohap의  값은 30
ohap2의  값은 12
ohap2의  값은 3
>>>
```

결과 4 디폴트 매개변수의 사용을 응용하여 클래스를 변경해 보세요.

```
class Cadd:
    def fadd(self, a=1, b=2):
        self.x=a
        self.y=b
        self.hap=self.x+self.y

obj=Cadd()
obj.fadd(10, 20)
print("객체 obj 내의 인스턴스 변수 hap의 값은", obj.hap)
obj.fadd(10)
print("객체 obj 내의 인스턴스 변수 hap의 값은", obj.hap)
obj.fadd()
print("객체 obj 내의 인스턴스 변수 hap의 값은", obj.hap)
```

〈화면 출력〉

```
객체 obj 내의 인스턴스 변수 hap의 값은 30
객체 obj 내의 인스턴스 변수 hap의 값은 12
객체 obj 내의 인스턴스 변수 hap의 값은 3
```

결과 5 다음 제시된 화면 출력 결과가 나타나도록 프로그램을 완성하세요.

```
class Cadd:
    def fadd(self, a=1, b=2):
        self.x=a
        self.y=b
        self.hap=self.x+self.y
        return self.hap

obj=Cadd()
ohap1=obj.fadd(10, 20)
print("ohp1 값은", ohap1)
ohap2=obj.fadd(10)
print("ohp2 값은", ohap2)
ohap3=obj.fadd()
print("ohp3 값은", ohap3)
```

〈화면 출력〉

```
ohp1 값은 30
ohp2 값은 12
ohp3 값은  3
```

결과 6 제시된 화면 출력 결과가 나오도록 프로그램을 완성하세요.

• 생성자 정의

```
class Cadd:
    def __init__(self, a=1, b=2):
        self.x=a
        self.y=b
        self.hap=self.x+self.y


obj=Cadd(10,20)
print("obj 객체 내의 인스턴스 hap의 값은", obj.hap)
```

〈화면 출력〉

```
obj 객체 내의 인스턴스 hap의 값은 30
>>>
```

결과 7 __init__() 생성자는 멤버 변수 x, y의 값을 할당하는 기능만을 담당하고, fadd 메소드가 두 멤버 변수의 값을 더하고 그 결괏값을 리턴하도록 __init__생성자와 fadd 메소드를 정의하세요.

```
class Cadd:
    def __init__(self, a=1, b=2):
        self.x=a
        self.y=b

    def fadd(self):
        self.hap=self.x+self.y
        return self.hap


obj=Cadd(10,20)
ohap=obj.fadd()
print("ohap의 값은", ohap)
```

〈화면 출력〉

```
ohap의 값은 30
```

결과 8 제시된 화면 출력 결과가 나타나도록 프로그램을 완성하세요.

```
class Cadd:
    def __init__(self, a=1, b=2):
        self.x=a
        self.y=b

    def fadd(self):
        self.hap=self.x+self.y
        return self.hap

    def fdiv(self):
        self.mok=self.x/self.y
        return self.mok

obj=Cadd(10,20)
ohap=obj.fadd()
omok=obj.fdiv()
print("ohap의 값은", ohap)
print("omok의 값은", omok)
```

〈화면 출력〉

```
ohap의 값은 30
omok의 값은 0.5// 10 /20 의 결괏값 제시
```

10장 문제의 결과 제시

결과 1 아래 두 개의 프로그램을 보고 turtle 모듈을 구성하는 클래스, 함수, 클래스의 메소드나 멤버 변수의 이름을 작성하세요.

#turtleex1.py	#turtleex3.py	#turtleex2.py

import turtle
for x in range(1, 100, 1):
    turtle.forward(x)
    turtle.left(90)
	import turtle
	p=turtle.Pen()
	
	for x in range(1, 100, 1):
	    p.forward(x)
	    p.left(90)
		from turtle import *
		for x in range(1, 100, 1):
		    forward(x)
		    left(90)

〈함수〉 forward(self, x) left(self, y)	**〈클래스〉** Pen() **〈멤버 함수〉** forward(self, x) left(self, y)	**〈함수〉** forward(self, x) left(self, y)

결과 2 obj 객체의 내부를 그려 보세요.

```
class Cadd:
    def __init__(self, a=1, b=2):
        self.x=a
        self.y=b

    def fadd(self):
        self.hap=self.x+self.y
        return self.hap

    def fdiv(self):
        self.mok=self.x/self.y
        return self.mok

obj=Cadd(10,20)
ohap=obj.fadd()
omok=obj.fdiv()
print("ohap의 값은", ohap)
print("omok의 값은", omok)
```

```
x   [        ]
y   [        ]
hap [        ]

fadd(self)

fdiv(self)
```

결과 3 **문제 2** 프로그램을 import 하여 프로그램을 작성하고 실행하면 화면 출력 결과가 다음과 같습니다. **문제 2** 프로그램을 다음 프로그램과 같이 사용 가능하도록 다시 저장하고 프로그램을 실행해 보세요.

```
import week2

obj=week2.Cadd(10,20)
ohap=obj.fadd()
omok=obj.fdiv()
print("ohap의 값은", ohap)
print("omok의 값은", omok)
```

〈화면 출력〉

```
ohap의 값은 30
omok의 값은 0.5
ohap의 값은 30
omok의 값은 0.5
>>>
```

결과 4 **문제 3**을 다시 실행했을 때 다음과 같이 화면 출력 결과가 나오도록 week2 프로그램을 변경해 보세요.

- 정답 예시 : week2

```
class Cadd:
    def __init__(self, a=1, b=2):
        self.x=a
        self.y=b

    def fadd(self):
        self.hap=self.x+self.y
        return self.hap

    def fdiv(self):
        self.mok=self.x/self.y
        return self.mok

if __name__=="__main__":
    obj=Cadd(10,20)
    ohap=obj.fadd()
    omok=obj.fdiv()
    print("ohap의 값은", ohap)
    print("omok의 값은", omok)
```

결과 5 **문제 4** 프로그램을 작성해서 다음과 같은 화면 출력 결과가 나오도록 프로그램을 완성하세요.

```
from week2 import *  //from week2 import Cadd
obj=Cadd(10,20)
ohap=obj.fadd()
omok=obj.fdiv()
print("ohap의 값은", ohap)
print("omok의 값은", omok)
```

〈화면 출력〉

```
ohap의 값은 30
omok의 값은 0.5
>>>
```

결과 6 생산된 자동차의 대수를 계산하는 프로그램을 조건과 지시사항을 제시하여 ChatGPT가 작성한 프로그램이므로 결과는 다르게 제시될 수 있다.

```
class Ccarmake:
    carcount=0 # 총 생산 자동차 대수를 저장하는 클래스 변수
    def ccolor(cls):
        colors=["Red", "Blue", "Green", "Yellow"]
                               # 다양한 색상의 자동차를 만들기 위한 리스트
        car_color=colors[cls.carcount % len(colors)]
                                     # carcount를 인덱스로 활용색상 결정
        cls.carcount+=1 # 자동차 생성 시 carcount 증가
        return car_color

# 색상이 결정된 자동차 생성
car1=Ccarmake()
car2=Ccarmake()
car3=Ccarmake()
car4=Ccarmake()

# 총 생산 자동차 대수 출력
print("총 생산 자동차 대수:", Ccarmake.carcount)
```

위 프로그램은 Ccarmake 클래스를 정의하고, 클래스 메소드인 ccolor를 통해 자동차의 색상을 결정합니다. 객체를 생성할 때마다 자동차가 하나씩 생산되며, 서로 다른 색상의 자동차를 생성합니다. 마지막으로 총 생산 자동차 대수를 출력합니다.

찾아보기

ㄱ ~ ㄹ

ㅁ ~ ㅂ

ㅅ ~ ㅇ

ㅈ ~ ㅊ

ㅋ ~ ㅎ